SHIDI NONGMIN ZAIJIUYE PEIXUN
XITONG CHANGXIAO JIZHI DE TANSUO

失地农民再就业培训系统长效机制的探索

邵爱国 著

苏州大学出版社
Soochow University Press

图书在版编目(CIP)数据

失地农民再就业培训系统长效机制的探索 / 邵爱国著. —苏州:苏州大学出版社,2021.9
ISBN 978-7-5672-3413-0

Ⅰ.①失… Ⅱ.①邵… Ⅲ.①农民-劳动就业-技术培训-研究-中国 Ⅳ.①D669.2

中国版本图书馆 CIP 数据核字(2021)第 162287 号

书　　名:	失地农民再就业培训系统长效机制的探索
著　　者:	邵爱国
责任编辑:	张　芳
封面设计:	吴　钰
出版发行:	苏州大学出版社(Soochow University Press)
社　　址:	苏州市十梓街1号　邮编:215006
印　　刷:	镇江文苑制版印刷有限责任公司
邮购热线:	0512-67480030
销售热线:	0512-67481020
开　　本:	700 mm×1 000 mm　1/16　印张:14.75　字数:242 千
版　　次:	2021 年 9 月第 1 版
印　　次:	2021 年 9 月第 1 次印刷
书　　号:	ISBN 978-7-5672-3413-0
定　　价:	50.00 元

若有印装错误,本社负责调换
苏州大学出版社营销部　电话:0512-67481020
苏州大学出版社网址　http://www.sudapress.com
苏州大学出版社邮箱　sdcbs@suda.edu.cn

自 序

2009 年，我首次碰触到"失地农民"这个议题。那是受苏州工业园区劳动和社会保障局委托，开展一项有关"失地农民生存与就业状况"的专题调查。为了实施这项工作，在委托单位的协调下，我分别针对失地农民和从事失地农民再就业服务的工作人员，开展了两场座谈会，并编制问卷实名调查了 2159 名失地农民。

接受项目委托之前，我对城镇化及失地农民这个群体没有形成任何的概念。但是随着项目的深入开展，我的脑海里逐渐留下了如下几点印象：一是城镇化是一项浩大工程，是社会发展的必然趋势；二是城镇化在我国已持续开展很长一段时间，并在未来很长一段时间内仍会持续进行；三是在城镇化的过程中，每个人都可能受其影响，但受其影响最直接、最大的群体就是失地农民；四是解决好失地农民问题关乎社会正义，更关乎社会和谐稳定；五是解决失地农民问题迫切需要开展系统且深入的研究，拟订出有效的解决方案。

毋庸置疑，苏州是中国城镇化最成功的典范。2001 年 9 月，我到苏州大学读研，便开始与苏州结缘。后来短暂离开了一段时间到南京师范大学读博。2007 年博士毕业之后，我到苏州科技大学入职，便正式开启了新苏州人的生活。在这个过程中，逐渐爱上了这座城市，包括这座城市悠久的历史文化、不懈进取的奋斗精神，同时也见证了这座城市取得的各项瞩目的成就及日新月异的城市面貌。但是，直到开展这个项目时才发现，自改革开放以来，苏州取得的各种成就和城市面貌上的改变，都源自城镇化这项浩大的人类工程。但这项工程的背后，有一个特殊的群体做出了巨大的牺牲——改变了千百年来的生活方式和谋生手段，在享受更多发展机会和美好生活的同时，也承受了很多"失去"和"不适应新环境"带来的焦虑。比如，失去了缓慢闲散的生活方式，失去了耕作农田带来的稳定收入，无法适应"朝九晚五"高强度的就业方式，等等。这个群体就是所谓失地失业农民。因为性别、年龄、受教育水平及价值观等方面的差异，这个群体面临着异常复杂的问题，尤其是再就业问题。

随着调查项目的开展，我充分认识到，解决这个群体再就业问题的重要性和迫切性。但与此同时，我也感受到国家及各级政府满满的责任感。事实上，国家及各级政府很早就注意到这个群体及其面临的问题，其中就包括再就业问题，并出台了很多政策、采取了很多措施，以帮助失地农民更好地适应变化之后的新生活。

这个项目的开展，让我逐渐将自身的学术研究聚焦到城镇化的议题上，开始从失地农民的视角，了解城镇化带给不同个体的微观影响，比如，面对很多初衷美好的公共政策和公共服务，不同的个体却有千差万别的反应；又比如公共就业服务部门做了大量的努力，开发出很多再就业培训项目和就业岗位，最后却发现，很多失业在家的失地农民宁愿闲在家里，也不愿接受。在调查中，虽然我们尝试给予解释，并提出了一些对策，但是，这些解释和对策总觉得还是浮于表面，并未能真正触及问题的根源。其主要原因还是我们对导致这些问题产生的因素及作用机制未能形成深刻的认识。

因为有了这次经历，我不由自主地开始关注这个群体。2011年，苏州高新区劳动就业服务管理服务中心也委托我开展了相同主题的调查项目。这次调查让我产生了一个决心，将失地农民再就业问题作为我个人学术研究的主要方向，利用多种方法探索一下导致失地失业农民"接受或不接受"政府提供的某项公共就业服务的原因或影响因素，及其背后包含的作用机制，并期待在这些探索的基础之上，建构出一套可发挥长效作用的再就业服务系统。随着调查不断地深入，问题也越来越聚焦。我最终将问题的研究对象停留在再就业服务系统中的培训子系统之上，并期望能与相关部门合作，利用行动研究的范式获得一套可推广的解决方案。遗憾的是，受制于各种主客观因素，开展行动研究的初衷并未能实现。但是，围绕"长效再就业培训系统及其运作机制""影响失地农民参与再就业培训决策的因素及机制"等问题的探索，我获得了一些实质性的成果——有了更深入的认识，并形成了一些观点。

依循最初的考虑，显然，研究开展得不够完整——所提出的对策未能通过行动研究来检验。但是，从增进对"失地农民再就业培训相关问题的影响因素及产生机制"的理解上，研究取得了一些突破，并形成了一些成果。部分成果先后刊登在《苏州大学学报》（教育科学版）、《苏州大学学报》（哲学社会科学版）、《苏州科技大学学报》（人文社科版）、《中国人力资源开发》等期刊上，其中，原载于《苏州大学学报》（教育科学版）2019年第2期的论文《基于扎根理论的长效再就业培训系统研究》还被中国人民大学复印报刊资料《劳动经济与劳动关系》（2018年第10期）和中国社会科学网成人教育专栏全文转载。也正因如此，我才有了信心将这些成果整合在一起，形成一本体系相对完整的论著出版，以供那些致力从事失地农民再就业培训服务问题研究的同人参考。

  我撰写此序，除了分享这本书选题由来及心路历程之外，也想趁此机会，对无数关心我、支持我开展这项研究的人表示感谢。感谢我的父母、爱人和女儿，因为你们的支持、包容，我有了足够多的时间投入项目的研究和写作中。感谢我的博士生导师朱永新教授，我的两位领导——苏州科技大学田晓明、韦洪涛两位教授，以及好友——苏州大学东吴商学院的李锐教授、南京大学商学院的刘润刚博士，他们在方案设计、论文写作、成果发表上，给予了很多具体的指导意见。感谢苏州高新区劳动就业服务管理中心的龚路林主任、苏州市人力资源社会保障培训指导中心的陈叙主任和杜丽君副主任，在你们的支持下，取样工作才得以顺利进行。感谢之前刊登我论文的期刊审稿专家和编辑们，在审稿和校正的过程中，给了我大量有益的修改建议。感谢苏州大学出版社的刘一霖和张芳老师，因为你们的细心校阅，本书才能以最好的状态面世。

邵爱国
2021年3月1日

本书概要

本书为全国教育科学规划"十二五"规划课题（国家社科基金教育学2013年度国家青年课题）的研究成果。项目名称为"城镇化进程中失地失业农民再就业培训系统长效机制的行动研究"，项目编号为CKA130190。

本书在文献研究的基础之上，概括出目前城镇化进程中开展失地农民再就业培训系统的长效机制研究的重要性和必要性，并认为该长效机制的探索需建立在对再就业培训系统的要素、结构及对一些具体问题背后的成因和相关机制研究的基础之上。为此，开展了如下一组研究。① 基于系统论，运用扎根理论研究范式，探索了再就业培训系统的要素与结构，建构了两个有关再就业培训系统如何运作的实质理论模型，并基于这些模型分析了该系统的长效特征，同时还以苏州为例剖析了目前再就业培训系统的优势与劣势要素的特征。② 以当前失地农民再就业培训系统中出现的培训项目参与率低和政府或就业服务机构推荐的就业岗位或工作接受率低这两个问题为例，探索了这两个影响系统有效运作的问题产生的原因（影响因素）和机制。首先，基于情境技术的实验范式，探讨了失地农民再就业培训参与决策的影响因素；其次，基于扎根理论研究范式，探索并建构了失地农民再就业培训参与决策机制和失地农民再就业决策机制。针对这两个问题的成因（影响因素）和机制的探索，有助于我们结合上述两个有关再就业培训系统如何运作的实质理论模型，拟定出更有针对性的和富有成效的建议，并为我们开展失地农民再就业培训系统的长效机制建设及解决其他问题提供范例和新思路。

目 录

第一章 我国失地农民再就业培训问题的概述 ………………… 001

第一节 中国城镇化的现状分析及挑战 …………… 001
第二节 失地农民面临的再就业困境 ……………… 004
第三节 失地农民再就业培训的作用及挑战 …… 007
第四节 问题的提出与描述 ………………………… 009

第二章 文献综述与研究设计 ………………………… 013

第一节 关于失地农民的概述 ……………………… 013
第二节 关于失地农民研究的文献分析 …………… 019
第三节 关于失地农民培训研究的文献分析 …… 047
第四节 文献述评 …………………………………… 064
第五节 研究设计 …………………………………… 069

第三章 再就业培训系统研究 ………………………… 070

第一节 再就业培训长效系统概述 ………………… 070
第二节 研究问题与方法 …………………………… 074
第三节 再就业培训系统的目的与要素 …………… 077
第四节 再就业培训系统的结构 …………………… 089
第五节 再就业培训系统的长效特征 ……………… 099

第六节	当前再就业培训系统的优势特征：以苏州为例 …………	109
第七节	当前再就业培训系统的劣势特征：以苏州为例 …………	118
第八节	长效系统构建的原则与实务建议 …………………………	128

第四章 失地农民再就业培训参与决策的影响因素及机制 ……… 133

第一节	失地农民再就业培训参与决策概述 ……………………	133
第二节	失地农民再就业培训参与决策的影响因素 ……………	139
第三节	失地农民再就业培训参与决策机制 ……………………	161

第五章 失地农民再就业决策的影响因素及机制 ……… 178

第一节	失地农民再就业决策概况 ………………………………	178
第二节	研究问题与方法 …………………………………………	180
第三节	影响失地农民再就业决策的因素 ………………………	183
第四节	失地农民再就业决策机制研究 …………………………	190
第五节	实践启示 …………………………………………………	193

第六章 总讨论与建议 ……………………………………………… 196

第一节	总讨论 ……………………………………………………	196
第二节	总建议 ……………………………………………………	201

参考文献 ………………………………………………………………… 204

附录 ……………………………………………………………………… 220

第一章

我国失地农民再就业培训问题的概述

失地农民是城镇化过程中出现的一个特殊群体。对于我国而言，城镇化能否顺利完成的一个关键就是能否有效解决好失地农民的再就业问题。向该群体提供有效的再就业培训是一种有效手段。在实践中，各地、各级政府都普遍采用这种手段，并一直努力践行之。但目前，很多政府所推出的再就业培训并没有起到理想的效果，运行中存在诸多问题。如何解决其中一些关键性问题，在一定程度上会影响到这项公共服务的实施效果。

本章从我国城镇化现状与挑战着手，论述了失地农民再就业培训存在的问题及解决的必要性与重要性，并初步提出了问题解决的思路。

第一节 中国城镇化的现状分析及挑战

一、城镇化的概念

改革开放以来，中国经历了历史上最为波澜壮阔的城镇化进程。作为一种社会历史现象，城镇化既是物质文明进步的体现，也是精神文明前进的动力。（姜爱林，2003）对于城镇化的概念，不同的学者有不同的描述。郭占恒（2012）认为，城镇化是指农村人口向城镇聚集和乡村地区转变为城镇地区的过程。董哲（2014）认为，城镇化并不是简单的城镇人口比例增加和城市规模扩大，而是产业结构、就业方式、人居环境、社会保障、生活方式等方面的城镇化。龙吉泽（2013）认为，城镇化有狭义上的理解，也有实质上的含义。从狭义上讲，城镇化"一般是指人口城市化，是指城市数量的增加和城市规模的扩大，人口在一定时期内向城市聚集的过程",而实质含义是"人类进入工业社会时代,社会经济发展导致农业活动的比重逐渐下降、非农业活动的比重逐步上升,与这种经济结构的变动相适应,出现了乡村人口逐渐降低,城镇人口比重稳步上升,居民点的物质面貌和人民的生活方式逐渐向城镇性质转化和强化的过程"。

目前与城镇化概念相近的一个概念是城市化,这两个概念经常被学者交替使用。但是,这两个概念还是有些差异的。这两个概念之所以被混淆,一方面是因为"城市"和"城镇"这两个概念在我国日常的使用上经常比较混乱。"城市"的狭义理解只含市不含镇,广义理解又包含建制镇;"城镇"的狭义理解含市和建制镇,广义理解还包含集镇。(龙吉泽,2013)龙吉泽认为,对"城市"应做广义理解,一是因为《中华人民共和国城市规划法》明确定义"本法所称城市,是指国家按行政建制设立的直辖市、市、镇",二是因为"城市化"和"城镇化"这两个概念在英文中是一个词。龙吉泽建议,在理解这两个概念的时候,不能把"城市化"片面理解为主要发展现有大中城市,也不能把"城镇化"片面理解为重点发展小城镇,否则都是对"城市化"或"城镇化"本意的扭曲。相比而言,"城市化"是一个舶来品,"城镇化"一词更符合中国国情。(姜爱林,2003)

二、我国城镇化的现状

城镇化率是国际通用的衡量城镇化水平的重要指标。作为处于社会转型过程中的发展中国家,我国在客观上存在两个城镇化率——常住人口城镇化率和户籍人口城镇化率。(李春生,2018)我国现行的城镇化率一般是指一个地区城镇常住人口占该地区(包括农村)常住人口的比例,其中常住人口是当地的户籍人口加上外来半年以上的人口,再减去外出半年以上的人口。(许经勇,2017)也就是说,城镇化率公式中的分子和分母,用到的人口数据都是常住人口,而不是户籍人口。

从国际经验看,判断一个国家或地区是否已经进入城市型社会,主要有城镇人口、空间形态、生活方式、社会文化和城乡关系五个标准。其中,城镇人口标准是最为重要的核心标准。以人口城镇化率来对城市型社会进行阶段划分:人口城镇化率在51%～60%的,为初级城市型社会;人口城镇化率在61%～75%的,为中级城市型社会;人口城镇

化率在76%~90%的，为高级城市型社会；人口城镇化率大于90%的，为完全城市型社会。(龙吉泽，2013)

中国当下正处于快速城镇化的进程中。改革开放以来，中国经济的高速增长也带来了中国城镇化的高速发展。2017年年末，我国城镇常住人口已经达到8.1亿人，比1978年增加6.4亿人；常住人口城镇化率达到58.52%，比1978年提高40.6个百分点。(陈炜伟，2018)

中国人口城镇化率首次越过50%这一拐点是在2011年，高达51.27%。这意味着中国已经进入以城市型社会为主体的新的城市时代。(郭叶波，魏后凯，袁晓勐，2013)预计到2050年，中国的城镇化率将达到81.63%（高春亮，魏后凯，2013），我国将进入高级城市型社会。

根据《人民日报》的数据，除了城镇化率显著增长之外，我国的城镇化在如下方面也取得了长足的进步。一是城市数量显著增加。2017年年末，全国城市达661个，比1978年增加468个。二是城市人口快速增多。按户籍人口规模划分，2017年年末，500万人口以上的城市达到16个，而1978年末只有上海市一个。三是城市面貌焕然一新，尤其是城市公共服务和基础设施明显改善。1978年年末，我国仅北京有轨道交通。到2017年年末，有32个城市开通了轨道交通。2016年年末，地级以上城市实有公共汽（电）车营运车辆47.7万辆，出租车95.4万辆，而1978年末全部城市公共汽（电）车拥有量只有1.7万辆。

此外，基于城市建成区面积（衡量土地城镇化的指标）这一指标也可以看到，我国城镇化发展取得了巨大的成就。我国城市建成区面积已从1980年的5 000平方公里提高到2013年的47 855平方公里。(刘东皇，杜宇玮，陈利馥，2017)

三、我国城镇化面临的挑战

城镇化是经济社会发展的必然过程，是生产方式变革、生产力进步的必然结果。尽管如此，城镇化也带来了诸多挑战。其中，最根本的挑战就是"农民失去了土地并由此产生一系列的问题"。

我国已经逐渐进入城镇化飞速建设时期。(孙建家，2016)在城镇化飞速建设时期，对土地的需求会大量增加。中国的土地实行公有制，一般具有两种形式：一种是国家所有，一种是集体所有。集体土地由农民承包经营。国家建设用地需向农民征用。（王放，2005）这使得一部分农民的土地被征用，他们也成了失地农民。而用地量需求的不断增加，必然导致相当数量农村土地被征用。（李树德，赵志强，2012）尤其是城市近郊的农民，更有可能会因为土地被征用而率先成为失地农民。换言之，城镇化导致了一个新群体的产生。这个群体就是失地农民。

在城镇化的过程中，农民的农业土地转化为非农业用地是不可避免的。（韩俊，2006）换言之，失地农民的产生是城镇化进程中的正常现象。（赵华亚，2004）随着我国经济的快速发展，未来面临失地问题的农民数量将会持续增长。（苗庆彪，杨倩，彭永超，张旖华，2015）

农民失去土地后，既有别于农民，又不同于城镇居民。说他们是农民，他们却没有土地；说他们不是农民，他们却在城镇就业和保障的边缘徘徊。土地是农民的根本，通常是农民赖以生存的生产资料和生活资料，是农村及社会稳定的基础。失去土地之后，农民虽然可以根据政策转换户籍身份，成为城镇户籍人口，但是，对失地农民而言，失去了土地就意味着失去了最根本的就业岗位。（王玉霞，2008）这意味着，失地农民的生活条件和生活环境都将面临重大改变。而这个改变往往需要一个适应过程。失地农民如果不能适应，就会爆发各种各样的社会问题，比如贫困问题、养老问题、健康医疗问题、失业与再就业问题，等等。这些问题会给各级政府带来巨大的挑战。以就业为例，失地农民如果长期不能就业，将会很快面临生计问题，并可能会引发社会动荡。因此，妥善解决好这些问题十分重要，尤其是失地农民的失业与就业问题。正因如此，苗庆彪等人（2015）认为，如何避免因失地、失业带来的一系列问题已成为当前我国城镇化进程中亟须研究和解决的一个核心问题。

第二节　失地农民面临的再就业困境

一、再就业之于失地农民的意义

就业是民生之本，是安国之策，而失业则是各类社会问题（如贫穷、社会动荡）之源。在我国城镇化的早期，失地农民的就业问题并不严重，因为国家的安置方式包括了就业安置。（梁世盛，2004）在计划经济年代，国家可以将失地农民安置到国有企业中。在那样的年代，这种解决办法非常有效，也非常受失地农民的欢迎。但是，随着市场经济的发展和企业用工制度的改革，企业用工方式逐步市场化，政府再也无法采取就业安置的办法把农民安排进企业，而成为工人也不是失地农民向往的事情。于是，失地农民的失业与就业问题逐步成为令人关注的社会难题。

毋庸置疑，城镇化的发展重构了失地农民的生活空间，不仅改变了该群体的生活环境，也使他们的身份和职业发生了转变。（王美琴，2011）对于失地农民而言，被征地首先意味着从农民到失地农民的身份转变。而这一身份转变意味着他们的就业方式或职业也将面临重大变化，因为没有了赖以生存的土地，绝大多数的失地农民需要从第一产业转移到第二或第三产业中就业。对于失地农民特别是劳动年龄段的失地农民而言，这意味着将面临一次重大的"转移再就业"的任务挑战。而应对好这一挑战对于失地农民而言，有着极为重要的意义。除了适应新的职业身份和职业环境之外，成功实现"转移再就业"还有助于失地农民解决可持续生计问题。

虽然失地农民会因为土地被征用而得到一笔征地补偿的费用，但在通常情况下，征地补偿的费用不能满足其持续的生计需要。（张永敏、李丽艳，2018）要有效解决失地农民的基本生活和长远生计问题，仅仅只考虑经济补偿和社会保障是不够的，更重要的是解决这些失地农民的就业问题。（高艳，李华，陆宁，2010）谢俊贵和陈伊哲（2010）认为，唯有稳定的就业机会和高质量的就业才能为失地农民提供长远保障，有效解决失地农民的职业转换问题。但是，由于文化水平低、就业观念陈旧、缺乏在非农就业领域中的就业经验，失地农民离开土地之后，无业或失业问题尤为突出。

此外，朱朝霞（2010）还认为，解决失地农民的就业问题不仅关系到他们的生活，还涉及整个社会的稳定。胡伟、王晓敏、查吉德和肖传亮（2008）的研究认为，失地农民实现再就业，是社会稳定和可持续发展的关键，对于构建和谐社会具有非常重要的意义。刘旭浩等人（2014）也认为，失地农民综合能力的增强和转岗就业问题的有效解决，将有利于社会的稳定和人们的安居乐业，有利于促进和谐社会的可持续和协调性发展，有利于社会主义新农村建设的全面推进。

随着新农村建设进程的加快，农用土地征收、征用的数量不断增加，速度越来越快，由此引发诸多社会问题并导致各种社会矛盾，而矛盾焦点集中在失地农民再就业问题上。因此，解决失地农民的就业问题乃当务之急。在推动城镇化的过程中，国家必须要高度重视该群体的失业与再就业问题的解决，否则，所谓城镇化就是一个"不完整的城镇化"，甚至就是"伪城镇化"。

二、失地农民所面临的再就业困境

习近平总书记在党的十九大报告中指出："就业是最大的民生。要坚持就业优先战略和积极就业政策，实现更高质量和更充分就业。大规模开展职业技能培训，注重解决结构性就业矛盾，鼓励创业带动就业。"习总书记的这段讲话可以反映出两个方面的问题：一方面，就业问题的解决具有重要意义，党和政府对就业问题高度重视。在各种就业问题中，解决失业人员的再就业问题是难点、重点，对就业管理与服务部门而言，也最具挑战性。失业是一种经济现象，任何实行市场经济制度的国家都难以避免。（梅建明，1999）各级政府应高度重视失业人员问题，积极采取措施，以帮助失业人员重新就业。另一方面，结构性就业矛盾是当前我国就业问题的主要矛盾，大规模开展职业技能培训是解决好这一矛盾的重要手段，也是关注民生、坚持就业优先战略和积极就业政策的重要体现。

潘光辉（2010）的研究显示，失地农民在土地被征用后，面临着进入新的劳动力市场竞争的困境。虽然大多数失地农民在政府部门及其自身的努力下，能够顺利适应这种失去土地之后的变化及应对"转移再就业"任务所面临的挑战，但是由于受教育程度、非农就业技能和综合素质均较低，失地农民在就业市场中常常处于劣势，缺乏就业竞争力。（赵裕杰，2018）这使得一部分失地农民在失地之后，很难实现再就业的目标；还有一部分人虽然较快地找到了工作，但由于自身就业素质无法满足岗位需求，很快又沦为失业人群。

2017年的一项调查显示，在我国的失地农民中，完全失去土地、没有工作的失地农民在1 000万以上，占失地农民的20%。（王晓君，2007）鲁江、何晓玲和王厚俊（2013）对广州市海珠区万亩果园项目中产生的 14 479 名劳动年龄段的失地农民进行调查，结果显示：有 31.95% 的失地农民处于就业状态，68.05% 的失地农民处于失业状态。此外，该调查还发现：① 教育程度与失地农民就业的正相关关系，大专及以上程度的失地农民就业率为 100%，高中程度的失地农民就业率为 86.68%，而初中、小学程度及未读书的失地农民各年龄阶段就业的比例逐步下降，即失业率逐步上升；② 影响就业的因素主要有文化水平（52.86%）、没有适合的岗位（28.42%）、缺乏就业途径（12.32%）、缺少就业信息（10.52%）和年龄健康因素（8.30%）。由此可见，文化水平低是阻碍失地农民就业的第一大因素。

邵爱国和韦洪涛（2015）的调查研究显示，年龄大、文化程度低、能力不足是阻碍失地农民再就业的最主要因素。吴婧（2017）的调查研究也说明，结构性失业严重是当前失地农民面临的主要困境之一。对于这种结构性失业问题，大规模开展职业技能培训通常是重要的应对方案。

第三节 失地农民再就业培训的作用及挑战

一、失地农民再就业培训的作用

随着新型城镇化进程的不断推进，失地农民数量呈逐年增加趋势。为了从根本上解决失地农民的基本生活和生计问题，政府需要面对并解决好就业问题。为了帮助失地农民重新就业，各地政府都将就业安置工作列为失地农民工作的重要任务之一，并积极探索各种就业安置办法。目前，最常见的一些办法有：① 制定就业促进政策，强化政策宣传；② 积极开发公益性岗位；③ 提供职业介绍服务（搜集并向失地农民提供招聘信息，为失地农民组织专场招聘会）；④ 开展再就业培训；⑤ 鼓励并扶持失地农民自主创业；等等。其中，开发公益性岗位、提供职业介绍服务、开展再就业培训通常是失地农民就业安置与促进工作的重点。

鉴于失业有不同的类型，不同的失业类型有不同的对策。如上文所述，结构性失业严重是当前失地农民面临的主要困境之一。所谓结构性失业，是指由于经济结构、体制、增长方式等的变动，劳动力在包括技能、经验、工种、知识、年龄、性别、主观意愿、地区等方面供给结构与需求结构不相一致而导致的失业。（卢纯佶，2010）由于文化水平低、就业观念陈旧、缺乏在非农就业领域中的就业经验，一部分失地农民很难满足目前劳动市场的用工需求，因此难以就业。结构性失业被称为失业中的"硬核"，是经济发展过程不能摆脱的顽疾（谷彬，2014），是我国转型关键期面临的一大重要难题（李梦花，聂思玥，2011）。

从上述有关结构性失业的定义中可以看出，导致结构性失业的因素有很多，而劳动力既有的知识、技能和主观意愿等无法满足用工市场的需求是其中的一些主要原因。因此，找到提高劳动力在上述方面的素质水平的方法必然有助于缓解结构性失业问题。而如上文所述，大力开展职业技能培训就是有效的问题解决方案。为此，有学者认为，再就业培训是解决结构性失业问题和摆脱失业困境的最佳方式（王静，刘洋，2012），是解决结构性失业问题最根本、最重要的途径（侯明，2011），是促进再就业的基本保障（张洪军，2017），是解决再就业问题的有效途径（陶明芳，王世官，2011），更是构建社会主义和谐社会的重要举措（王玉霞，2008）。

二、当前失地农民再就业培训工作面临的挑战

解决失地农民的再就业问题，关键是要对他们进行就业培训，增强失地农民的就业竞争能力。（高艳，李华，陆宁，2010）周云华和谈玉坤（2007）认为，积极并有效地开展失地农民培训，鼓励和帮助他们实现再就业，对确保失地农民可持续生存和发展具有极其重要的意义。这是因为，失地农民再就业培训有助于提高失地农民的就业素质，缓解该群体的结构性就业矛盾，帮助他们实现再就业目标，从而实现其生计的可持续性。

但是，由于制度规范缺乏、思想观念滞后、宣传工作较薄弱、培训针对性和实用性不强、管理机制不健全等因素制约，失地农民培训和再就业的效果不甚明显。（周云华，谈玉坤，2007）刘璐和宋振源（2011）的研究也显示，目前的一些失地农民再就业培训项目存在培训模式不合理、培训形式不科学、培训内容不系统、培训力度不强、组织分散、投入有限等一些问题，致使教育培训工作效果不够理想。总体而言，目前再就业培训中存在着很多的问题。这些问题的存在，使得某些再就业培训的效果不明显或不显著。为此，如何设法增强再就业培训的有效性，即改善再就业培训效果，可谓我国当前失地农民再就业培训工作面临的主要挑战。越来越多的地方政府也逐渐认识到增强再就业培训有效性的重要性。

失地农民再就业培训效果不显著或不明显的一个主要表现就是，失地农民再就业培训的参与比率低（骆海燕，2015）、接受比例低（吴坚，2011）或参与度不高（吴婧，2017）。李国梁和钟奕（2013）的调研结果显示：我国失地农民参加职业培训的参与率极低，92.8%的受访者没有参加过培训，仅有7.2%的受访者参加过培训。张雪雯和胡万玉（2016）在针对西安市长安区失地农民的调查中发现，仅有12%的受访者参加过政府组织开展的职业技能培训。参与比率低、接受比例低或参与度不高都意味着仍有不少失地农民尽管失业在家，却没有选择报名参与政府部门组织的再就业培训项目，即再就业培训项目的招生效果不够显著。黄祖辉和俞宁（2007）的研究显示，一些失地农民培训项目因为农民参与度不高而开展得不甚理想。如果报名参与培训的学员数量不具规模的话，培训项目很有可能达不到开班条件；就算勉强达到开班条件，培训机构也有可能出现利润不足乃至亏损的情况而失去办学的动力。显然，当出现这些情况的时候，失地农民再就业培训工作就很难可持续进行。

第四节　问题的提出与描述

一、需要解决的问题

通过前文分析可以看到，中国城镇化仍在进行中。伴随着城镇化的进程，失地农民仍会陆续不断地产生。而要解决这一群体的可持续生计问题，维护社会经济的和谐有序发展，仍需继续重视该群体的再就业问题。鉴于该群体的再就业问题主要是结构性失业问题，而开展再就业培训是解决结构性失业问题最根本、最重要的途径，对于各地政府和再就业培训机构而言，持续为失地农民提供再就业培训就显得格外重要。换言之，失地农民再就业培训对于我国而言，将是一项长期的公共服务事业。

作为一项长期的公共服务事业，如何可持续和有效运行非常重要。目前，失地农民再就业培训过程中普遍存在的问题是，失地农民的参与率较低或参与度不高。显然，这意味着目前再就业培训的有效性出现了问题。如果这一问题持续恶化下去，那么失地农民再就业培训就很有可能无法可持续运行，最终结果就是失地农民的再就业问题和可持续性生计问题难以解决，而这将会给社会和经济的和谐稳定带来严重隐患。为此，积极探讨如何提供长期有效的再就业培训服务就显得格外重要与迫切。

二、拟研究的问题与研究目的

努力增强失地农民再就业培训的有效性，尤其是提高失地农民参与再就业培训的积极性，是目前我国失地农民再就业培训工作面临的核心问题。然而，失地农民再就业培训是一个复杂的系统。在通常情况下，失地农民再就业培训是由一些政府委托的具有相关资质的培训机构组织开展的。这些机构负责招生和培训等相关工作，招生及培训对象一般都是失业或无业人员。在失地农民再就业培训中，培训对象主要是一些无业或需要转移就业的失地农民。这类培训的项目通常会有专门的预算。地方政府会根据参与培训的人数及培训效果，拨款给相应的培训机构。随着再就业培训工作的持续开展，各地基本上形成了一整套再就业培训管理机制。这套机制涉及培训机构、培训对象、培训内容、课程开发、培训地点、培训条件、培训经费的来源与使用、培训质量的监督与管理等方面的因素（要素），并主要包含招生、培训、考核（或技能鉴定）、推荐就业等相关环节。

失地农民再就业培训作为一个系统，往往包含着多个要素。要素和要素之间会按照特定的方式相互作用，并产生一定的结果。这种要素之间相互作用的方式，可称为机制。如果要素齐全完备，机制科学合理，系统就能产生预期的结果，从而实现系统目标。系统目标的实现同时也意味着系统能够有效运作。有效的再就业培训服务，其本质是系统有效运行的产物。我们认为，那些能长期提供有效再就业培训服务的系统，一定存在着长效机制。

在本书中，我们拟关注的核心问题是：什么样的失地农民再就业培训系统才能长期有效运行？这样的系统有着什么样的要素？这些要素如何安排和设置,才能建构出具有长效机制的系统?当下,失地农民再就业培训工作中存在诸多问题,尤其是失地农民报名不积极、参与率低等问题。该类问题的存在在一定程度上意味着目前的失地农民再就业培训系统还未形成长效机制,并有着较大的完善空间。

本书拟开展的系列研究的主要目的在于探索再就业培训系统的特征,尤其是该系统的要素、结构与长效系统的特征,以及导致目前失地农民再就业培训系统不能有效运行的瓶颈因素,并就一些关键瓶颈因素的形成原因或机制进行深入探索,为失地农民再就业培训系统的长效机制建设奠定理论基础。同时,本书也将围绕目前失地农民再就业培训系统中出现的一些典型问题,诸如培训项目报名参与率低等现实问题进行探索。探索这些问题的成因(影响因素)和机制,有助于我们结合上述对再就业培训系统要素及结构的认识,拟定出更有针对性和更富有成效的对策,从而为我们开展失地农民再就业培训系统的长效机制建设及相关问题的解决提供范例和新思路。

三、研究意义

鉴于我们致力探索失地农民再就业培训长效系统及其机制建设等问题,本研究的开展具有重要的理论与实践意义。

(一) 理论意义

本研究的开展有利于我们了解再就业培训系统的要素和结构,认识再就业培训长效系统的特征。经过各项研究的开展,我们最终可能会形成一些理论或模型。这些理论或模型将有助于我们更好地理解失地农民再就业培训长效系统形成所需要依赖的关键要素,也将有助于我们解释目前失地农民再就业培训系统一些典型问题(或瓶颈因素)形成的原因及机制。这些发现将会在一定程度上丰富和完善现有的成人教育理论。因此,本书各项研究的开展具有重要的理论意义。

(二) 实践意义

本书各项研究的开展有助于取得如下发现:① 再就业培训系统的要素、结构及长效系统的特征;② 当前再就业培训系统中的瓶颈因素;③ 目前再就业培训系统一些典型问题(瓶颈因素)形成的原因及机制。这些发现可帮助我们形成更有针对性和更富有成效的有关如何开展好失地农民再就业培训系统的长效机制建设的对策与建议。如果这样的长效机制最终能够形成，那么该系统各种层次的目的都将会实现，该系统自然而然地也就成了一个长效系统。基于该长效系统，失地农民结构性失业问题将得到解决，城镇化的战略目标将会达成，社会也将会更加和谐稳定。基于此，本书各项研究的开展具有重要的实践意义。

第二章

文献综述与研究设计

为了更好地理解失地农民再就业培训的内涵及相关问题,本章围绕失地农民的概念、类型及身份认定进行了分析,同时针对国内的失地农民研究和失地农民培训研究进行了文献分析,梳理了失地农民研究的脉络、热点与薄弱之处,并总结了目前失地农民培训研究的成果与不足。

在这些文献分析的基础之上,我们提炼出目前迫切需要研究和解决的关键性问题,并拟定了本研究的技术路线与研究内容。

第一节 关于失地农民的概述

一、基本概念

失地农民,顾名思义就是失地的农民。其中,农民是主体,失地是修饰语,也是限定语。作为限定语,并鉴于中国的土地政策,失地这两个字表述的是主体失去了自己原本具有承包权的土地。其侧重点在于强调失去土地承包权这一结果。从字面意义上看,失地农民这一概念无法表述出失地的原因,不能确定个体失地是主动的失地还是被动的失地。

目前的文献中常常也会使用"被征地农民"这一概念来指代失地农民。尤其是在中央政府的政策和文件中,被征地农民往往是更为规范的用法。据王瑞雪(2013)的研究显示,2004年之前,中央政策中主要使用"失地农民"这一概念,2004年之后,中央政策中则主要使用"被征地农民"这一概念。

就被征地农民这一概念而言,从字面意思上理解,它与失地农民的表述还是有一些差异。被征地农民,顾名思义就是土地被征用的农民。

农民依然是主体，但限定语是土地被征用。在新华字典中，征用指的是国家依法将个人或集体所有的土地或其他生产资料收归公用。也就是说，被征地农民指的是那些国家依法征用了其土地的农民。对于农民而言，只有在其本来拥有承包权的土地被国家依法征用的情况下，其才可以被视作被征地农民。

由此可见，失地农民和被征地农民这两个概念，从字面意思上看，内涵既有联系也有差异。首先，失地农民的内涵要更大一些，包括了被征地农民。这是因为，从结果上来看，被征地农民原本拥有承包权的土地也是失去了的，因此，被征地农民也是失地农民。其次，二者还是有明显差异的。失地农民这一概念更多强调失去土地这一结果，但是并没有强调失去土地的原因。一名农民可能会因为很多种原因失去土地，而土地被国家依法征用只是其中一种形式。因此，不是所有的失地农民都可以称为被征地农民，被征地农民是国家依法征用土地导致其失地这一结果的农民。因此，从字面意思上来理解，失地农民的内涵更大，包括被征地农民。但不是所有失地农民都属于被征地农民，被征地农民仅是失地农民的一种类型。

从使用频率上来看，目前在国家或地方政府的政策和文件中，被征地农民往往是更为规范的用法，失地农民几乎不被使用。但在研究领域中，失地农民往往更多被使用。我们以"被征地农民"和"失地农民"为关键词分别在中国知网（以下简称CNKI）数据库中进行了检索（检索时间为2018年6月15日，检索范围限定在篇名中）。检索结果如表2-1-1所示。在全库报纸、期刊、学位论文、国内会议4类文献数据库中，篇名中包含"被征地农民"的文献合计2 012篇，篇名中包含"失地农民"的文献合计9 348篇。篇名中包含"失地农民"的文献数量占两类文献总数的比例为82.29%。由此可见，在研究领域中，"失地农民"这一概念更多被使用。

表2-1-1 篇名中包含"被征地农民"或"失地农民"的文献统计

类型	亚类	被征地农民		失地农民	
		数量/篇	百分比/%	数量/篇	百分比/%
报纸		1 223	60.79	3 057	32.70
期刊		622	30.91	4 825	51.62

续表

类型	亚类	被征地农民		失地农民	
		数量/篇	百分比/%	数量/篇	百分比/%
学位论文	硕士	121	6.01	1 264	13.52
	博士	6	0.30	41	0.44
国内会议		40	1.99	161	1.72
小计		2 012	100.00	9 348	100.00

对此，王瑞雪（2013）认为，失地农民是一个内涵十分宽泛的概念，在不同语境下其含义迥异，但在土地征收语境下，失地农民的内涵基本等同于被征地农民，而在土地换保障语境下，失地农民与被征地农民内涵趋于一致。鉴于本书着重探讨的是城镇化进程中产生的失地农民这一群体，而这一群体的产生主要是国家因城镇化发展的需要而依法征地所致，因此，我们拟关注的失地农民在内涵上指的就是被征地农民。但是，在开展具体的研究过程中，基于如下三个方面的考虑，对失地农民的界定，本书采用的还是最宽泛的内涵：其一，被征地农民是失地农民中最主要的群体。其二，失地农民对自身是否属于被征地农民的认识往往是印象式的，并不精确。其三，大多数学者在开展有关失地农民的研究中，并没有清晰界定失地农民的概念。

二、失地农民的类型

根据不同的标准，失地农民可以有多种分类方法。

王瑞雪（2013）认为，根据征收地类的差异，失地农民可进一步划分为失耕地农民、失林地农民、失牧草地农民、失园地农民、失宅基地农民等；而根据征地对农民的影响程度，失地农民可划分为完全失地农民和部分失地农民。根据黄建伟（2009）的定义，完全失地农民是指由于种种主客观原因主动或被动失去全部土地的农民，而部分失地农民是指由于种种主客观原因主动或被动失去部分土地的农民。后者可能失去大部分土地，也可能失去少部分土地。

很多地方在进行征地补偿时，往往会以征地补偿安置方案批准之日为界限，按照年龄对失地农民（被征地农民）进行分类。以《苏州市市区征地补偿和被征地农民社会保障实施细则》为例，失地农民（被征地农民）被分为三类：一是16周岁以下（未成年年龄段）的；二是

16周岁以上至60周岁（劳动年龄段）的；三是60周岁以上（养老年龄段）的。对不同年龄段的失地农民，政府往往会在征地补偿和社会保障的方案上做出区别对待。

此外，还有学者按照土地失去时农民个人的意愿，将失地农民分为被动型失地农民和主动型失地农民。其中，被动型失地农民是指因以公共组织的名义依法征收土地或违法征占土地而被迫放弃土地经营承包权及其他衍生权的农民；主动型失地农民是指为取得所希望的户口变更、职业转化、经济补偿等利益无力或不愿意继续承包土地，而自愿放弃使用权及附着在土地上的一切权利的农民。（黄建伟，2009）黄建伟认为，相比被动型失地农民，主动型失地农民要少得多。

三、失地农民身份的认定

失地农民，尤其是其中的被征地农民，往往会涉及经济补偿和社会保障问题，因此其身份时常需要进行认定。对被征地农民这一身份的认定，目前国家和地方出台的政策中都有所涉及。

2006年4月，《关于做好被征地农民就业培训和社会保障工作的指导意见》中特别强调："被征地农民就业培训和社会保障工作的对象，主要是因政府统一征收农村集体土地而导致失去全部或大部分土地，且在征地时享有农村集体土地承包权的在册农业人口，具体对象由各地确定。"

各地的相关政策对被征地农民也时常会给出界定。以2013年出台的《江苏省征地补偿和被征地农民社会保障办法》为例，该办法中的第五条规定："被征地农民应当从征地前在拥有该土地的农村集体经济组织内享有土地承包经营权、承担农业义务的成员中产生，原土地承包经营权人享有优先权。具体办法由市、县（市）人民政府制定。被征地农民的名单由被征地的农村集体经济组织商定后提出，经乡（镇）人民政府审核，并在被征地农村集体经济组织所在地公示后，报市、县（市）人民政府确定。"

《苏州市市区征地补偿和被征地农民社会保障实施细则》（苏府办〔2014〕205号）中则对被征地农民身份的确定有着更为明确的规定。在该实施细则第七条中，被征地农民被描述为"农民集体所有农用地被征为国有后，从该农村集体经济组织成员中产生的需要安置的人员，原土地承包经营者享有优先权"。该实施细则第五条具体描述和列举了农村集体经济组织成员的构成。具体包括：

（一）在本农村集体经济组织内享有土地承包经营权，承担农业义务，户籍在册且为 2003 年 4 月 30 日《苏州市户籍准入登记暂行办法》公布实施前的农业户口人员。

（二）合法婚姻迁入人员的配偶为上述第（一）类人员，其本人属迁出地征地未安置过的农业户口人员；合法婚姻迁入人员的配偶为由于征地安置、进城工作、参军转干、读书等原因而农转非的原上述第（一）类人员，其本人属迁出地征地未安置过且享有迁入地土地承包经营权的农业户口人员（如迁出地已户籍改革的，必须是户籍改革前的农业户口人员）。

（三）参军、服刑前为上述第（一）类人员的现役士兵、判刑收监执行人员。

（四）1998 年第二轮土地承包后至 2003 年 4 月 30 日《苏州市户籍准入登记暂行办法》公布实施前出生并报户口在本农村集体经济组织在册户籍中的上述三类人员的农业户口子女；2003 年 4 月 30 日《苏州市户籍准入登记暂行办法》公布实施后出生并报户口在本农村集体经济组织在册户籍中的上述三类人员的子女。

此外，该实施细则通过第六条将如下人员排除在农村集体经济组织成员之外：

（一）在本农村集体经济组织内不享有土地承包经营权，不承担农业义务的人员。

（二）历次征地已安置的人员或已按有关安置规定落实安置措施，因本人原因未安置的人员。

（三）已按国家规定按月享受城镇退休养老待遇，且于退职、退休时由非农业户口转为农业户口的回迁（含子女顶职后退休回迁）人员。

（四）历年来由于进城工作、参军转干、读书等原因而"农转非"和出生报非农业户口，于 2003 年 4 月 30 日《苏州市户籍准入登记暂行办法》公布实施后回迁的人员。

（五）本细则第五条第（二）类农村集体经济组织成员以外的婚迁人员。

（六）婚迁以外因投资、引进人才、投靠亲戚、挂靠户口、转包（租）他人土地承包经营权等原因迁入的人员。

（七）1998年第二轮土地承包后，本细则第五条第（四）类农村集体经济组织成员以外的出生人员。

（八）机关事业单位在编人员和离退休人员。

（九）其他不可享受征地安置的人员。

由上述政策可见，被征地农民必须是农村集体经济组织成员。而要被认定为农村集体经济组织成员，首先必须是享有农村集体土地承包权的在册农业人口；其次，农村集体经济组织成员的配偶、子女，在具备一定条件时，也可被视作农村集体经济组织成员；再次，参军、服刑前为农村集体经济组织成员的现役士兵、判刑收监执行人员，仍可被视作农村集体经济组织成员。当然，一些人即使具备了上述条件，如果符合一些情况，仍然会被排除在农村集体经济组织成员之外，并将不会被认定为被征地农民。在认定是否属于被征地农民上，各地的认定条件可能会存在差异。

四、失地农民的典型特征

显而易见，失地农民首先是农民。他们受到各地城镇化的影响，因土地被征收而成为失地农民。作为个体，失地农民必然是各种各样的人，包括不同年龄层次的人、不同性别的人、不同受教育程度的人及不同就业技能（包括技能类型和技能水平）的人等。但是，作为整体，该群体也有着一些典型的特征。

首先，相对于原本的城镇居民，失地农民的显著特点就是观念陈旧、文化水平低、非农职业技能缺乏，在失去了传统务农职业后要重新就业变得相对比较困难。（韩明珠，2016）也就是说，在非农劳动力市场中，失地农民是一个劣势人群，主要呈现出"低技能、高替代性、高流动率、无社会保障"等特征。（李国梁，2014）

其次，相对于农民，失地农民面临着迥异的社会经济环境：赖以生存的土地因为征地已经没有或几乎没有了，原本来自土地的经济收入也就没有了或减少了，而这部分收入需要有新的来源加以替代，这使得他们的经济生活方式可能面临重大的调整，比如，需要在非农领域找一份新的工作。

再次，大多数失地农民还面临着"从平房搬到楼房居住"的生活环境变化，很多观念、生活习惯也要面临转换。因此，失地农民可能存在着一个心理与行为逐步调整适应的过程。

还有一个值得注意的特征是，失地农民在土地被征收之后，往往会得到一笔补偿安置款。这笔钱可供失地农民创业、从事小商铺经营，或从事其他商业活动等。李国梁（2014）认为，这些方式可以实现农民财富的增长，若选择的途径符合社会需求，持续生存能力可以得到有效提升。但是，也可能因为这笔钱的存在，失地农民降低了再就业的迫切性，提高了对再就业岗位的期望值，而这些可能会影响到他们的就业意愿。

五、失地农民的人数及发展趋势

根据杨涛和施国庆（2006）的估算，1987—2001年实际征占耕地数为4 080万亩～4 420万亩（1亩≈666.67平方米），按人均占有土地0.8亩计算（实际上发达地区人均耕地面积低于0.7亩），失地农民数在5 100万人～5 525万人。如果加上因超生等原因没有分到田地的"黑户口"劳动力，这个数目则逾6 000万。按城镇化水平和经济发展速度，我国预计每年新增250万～375万名失地农民。（何格，欧名豪，张文秀，2005）

一些专家预计，到2050年，大约将有5亿失地农民进城，变为城市人口（白昊星，2012），而随着城镇化的推进，未来我国可能将会有近6亿农民成为失去土地的农民。（杨涛，施国庆，2006）

第二节　关于失地农民研究的文献分析

一、引言

土地是农民赖以生存的生产资料和生活资料。农民一旦失去土地，生活条件和生活环境都将面临重大改变，并由此产生各种各样的问题。鉴于该群体人数之多，各种问题的影响之广泛，围绕失地农民各种问题进行的研究非常多。对于这些探索各种与失地农民相关问题的研究，我们称之为失地农民研究。

鉴于失地农民人数之多，任何一个有关失地农民的问题都可能有着广泛的影响。这使得失地农民问题很容易获得研究人员的关注。我们在CNKI数据库中搜索篇名中包含"失地农民"这一检索词的文献，在不设置任何其他条件的基础上，共获得文献9 348篇（表2-1-1）。由此可见，失地农民研究的文献很丰富。

然而，目前文献虽多，但鲜有人系统探讨过失地农民研究"是什么""遵循着什么样的脉络""当下热点在哪里"这些基本问题。我们认为，厘清这些问题有着非常重要的理论意义和实践价值，不仅有助于研究人员理解失地农民研究的内涵、了解目前研究趋势，也有助于研究人员确定出更富有价值和更具有迫切性的研究选题。

二、研究方法

（一）研究内容

为了更有效率地分析现有文献资料，我们拟以"失地农民研究"这一主题的论文关键词为研究内容，开展一项基于扎根理论范式的质性研究（为了方便描述，在本节中，我们称之为本文献研究）。一般而言，关键词是指论文中最能反映主题信息的特征词汇或词组、短语（李静，董良广，游苏宁，2012），是对一篇论文最重要的主题信息的概括。李静等人（2012）认为，一个学术研究领域较长时域内的大量学术研究成果的关键词的集合，可以揭示研究成果的总体内容特征、研究内容之间的内在联系、学术研究的发展脉络与发展方向等。为此，我们认为：① 基于"失地农民研究"主题论文的关键词分析，可有效呈现出失地农民研究文献的图景；② 用作分析的论文篇数越多，该图景也就越清晰。

论文的关键词是质性资料，而扎根理论是进行质性资料分析的经典范式。扎根理论是一种对定性资料进行分析以建构理论的研究方法，主要应用于社会科学领域。（杨飞，司红玉，桑向来，等，2008）这是一种自下而上建立理论的方法，即在系统收集资料的基础上，寻找反映社会现象的核心概念，然后通过在这些概念之间建立起联系而形成理论。扎根理论的首要任务就是建立实质理论。（陈向明，2000）根据陈向明的定义，实质理论是在原始资料的基础上建立起来的、适用于特定情境中解释特定社会现象的理论。也就是说，扎根理论研究有助于揭示现象背后一些重要概念之间的内在联系，可增进我们对特定现象的理解。除此之外，扎根理论在质化研究中吸收了量化研究的优点，还具有严谨的、系统的研究程序（何雨，石德生，2009），被认为是定性研究方法中最科学的一种方法（吴亚伟，2015）。

（二）研究材料

鉴于失地农民研究文献较多，为了缩小分析范围、更有效率地开展扎根理论研究，我们拟以 CNKI 数据库中 CSSCI 来源期刊中的论文关键词为分析内容。之所以选择 CSSCI 来源期刊论文，除了有提高分析效率的原因之外，还有一个重要的原因就是 CSSCI 来源期刊都是人文社科领域中最优秀的，所发表的论文更能反映出目标领域中的主流研究取向。

基于此，我们利用 CNKI 期刊数据库高级检索功能，在"篇名"检索条件中输入"失地农民"（选择精确查询方式）。此外，将期刊的"来源类别"选择为"中文社会科学引文索引（CSSCI）"，收集年限不限。经过搜索，最后获得期刊论文 387 篇。利用 CNKI 期刊数据库"导出/参考文献"功能，并将文献导出格式设置为"查新（自定义格式）"，导出文献对应的所有数据，包括"关键词"字段。数据以 Excel 表格的形式导出。

初步分析显示，这 387 篇论文的分布情况如下：

（1）在刊发时间上的分布情况。论文刊发时间主要集中在 2002—2014 年，其中峰值（众数）出现在 2007 年，有 54 篇，占总体比例的 13.95%。2015 至 2018 年未有相关论文发表在 CSSCI 来源期刊上。

（2）在 CSSCI 来源期刊上的分布情况。上述论文分布在 131 个 CSSCI 来源期刊上。其中，累计发刊篇数在 8 篇及以上的期刊有 9 个，分别是《生产力研究》（19 篇）、《中国土地科学》（14 篇）、《经济纵横》（11 篇）、《江西社会科学》（10 篇）、《农业经济问题》（10 篇）、《城市发展研究》（8 篇）、《城市问题》（8 篇）、《宁夏社会科学》（8 篇）、《统计与决策》（8 篇），合计发表 96 篇，这占总数的 24.81%。

表 2-2-1 关键词分布情况（$N=1499$）

序号	关键词	频次/次	百分比/%	累计百分比/%
1	失地农民	334	22.28	22.28
2	社会保障	47	3.14	25.42
3	城市化	46	3.07	28.49
4	就业	23	1.53	30.02
5	市民化	18	1.20	31.22
6	征地补偿	14	0.93	32.15
7	土地征用	14	0.93	33.08
8	城市化进程	12	0.80	33.88
9	可持续生计	11	0.73	34.61
10	养老保险	10	0.67	35.28
11	对策	10	0.67	35.95
12	城镇化	10	0.67	36.62
13	保障	10	0.67	37.29
14	权益	9	0.60	37.89
15	土地管理	8	0.53	38.42
16	社会保障制度	8	0.53	38.95
17	人力资本	8	0.53	39.48
18	征地	7	0.47	39.95
19	失地	7	0.47	40.42
20	身份认同	7	0.47	40.89

注：① 检索数据库：CNKI。② 检索时间：2018－06－15。

（3）在第一作者单位上的分布情况。上述论文中，除了其中 1 篇论文的作者单位不详之外，其余 386 篇论文的第一作者隶属 193 家单位。累计发刊数在 8 篇及以上的单位有 6 家，分别是苏州大学（12 篇）、南京大学（10 篇）、浙江大学（10 篇）、上海政法学院（8 篇）、四川大学（8 篇）、武汉大学（8 篇），合计发表 56 篇，这占总数的 14.47%。

这 387 篇论文中，共包含 668 个不同的关键词，累计频次之和为 1 499。表 2-2-1 中列举了频次最高的前 20 个关键词。这 20 个关键词分别是"失地农民""社会保障""城市化""就业""市民化""征地补偿""土地征用""城市化进程""可持续生计""养老保险""对策""城镇化""保障""权益""土地管理""社会保障制度""人力资本""征地""失地""身份认同"。这些关键词的频次累计占总体的40.89%。

(三) 资料的整理与分析

为了更有效率地分析资料数据，我们借助了质性分析软件 NVivo 11.0 (以下简称 NVivo)。利用该软件，可高效率地对质性材料进行基于扎根理论研究范式的分析。在扎根理论研究中，资料分析是通过对资料的编码和归类来实现的，资料的逐级编码是最重要的一环 (田霖，2012)。利用该软件，本文献研究依循如下程序开展了资料整理与编码分析工作：

(1) 建立项目，导入资料。首先在 NVivo 中创建一个新项目。然后将保存为 Excel 格式的数据导入进来。在该调查表中，选中要编码的"列"(关键词所在列)，将该列的属性设置为"可编码"。Excel 表中的"行"代表的是样本(每篇论文对应的数据)，一行代表一个样本。

(2) 编码分类，建立节点系统。数据导入到 NVivo 中之后，最重要的工作就是编码，建立节点系统。在 NVivo 中，编码主要就是确定节点，而节点的内容必须透过编码的方式产生。建立节点与编码这两个动作其实是密不可分的。其中，编码的目的是通过对文字资料逐字、逐句地裂解，找出研究者感兴趣而在所观察的研究情境中是重要、突出且屡次出现的社会现象，并将琐碎的资料转变成抽象的概念。(刘世闵，李志伟，2017) 节点则类似扎根理论中的编码、类属，是从原始数据中提取、分类、概括得出的。

NVivo 常用的编码方法有两种：一是根据研究主题确定节点，形成研究框架；二是先对文献信息(分析资料)进行编码，形成若干节点后进行整合。在本文献研究中，编码的方式采用的是后者。具体编码的过程如下：对"关键词"一栏的文本内容先进行开放编码，形成自由节点，再经过提取、分类、概括，逐步形成各级树状节点(节点系统)。就具体的编码方法而言，我们用了斯特劳斯(Strauss)和柯宾(Corbin)提出的三阶段编码方式(亦称三级编码)，具体包括开放编码(Open Coding)、主轴编码(Axial Coding)与选择编码(Selective Coding)。(郭玉霞, 2009)

利用 NVivo 进行编码的第一步,就是将原始资料编码成自由节点。将原始资料编码成自由节点的步骤属于开放编码阶段(一级编码),目的是将类似的事件、事例组群化,形成初步的资料范畴。(吕小勇,赵天宇,2014)在自由节点形成之后,再运用 NVivo 的树状节点功能进行归类。之前的自由节点将被分别归类在树状节点之下,并成为子节点。将自由节点归类到树状节点中属于主轴编码阶段(二级编码),目的在于将开放(性)编码中被分割的资料进行类聚,划分出更高层级的主要范畴(即形成概念范畴),并建立范畴之间的关联,形成对现象更为精确的解释。(吕小勇,赵天宇,2014)最后一步就是进行反复的质询和编码,发展出更为成熟的核心范畴,即形成更高级别的树状节点。而质询与编码的不断反复则属于选择编码阶段(三级编码)。(郭玉霞,2009)

(3)建立模型,提取理论。经过三级编码,在上述建立的树状节点的基础上,通过关系按钮将概念核心和范畴链接起来,进一步分析节点间、节点和项目间的关系(郭彦,孙明贵,2016),并在此基础之上尝试理论提取。

三、研究结果

(一) 三级编码

1. 开放编码

开放编码是扎根理论分析的第一步。本文献研究直接以关键词为参考点进行开放编码。所谓参考点,即质性资料中被编码的内容。经过开放编码,本文献研究最终获得 1 499 个参考点,其中 1 478 个参考点被概括为 38 个自由节点,如表 2-2-2 所示,有另外 21 个参考点因为难以被概括而被剔除。以"保障"这一自由节点为例,该节点中的典型参考点有"社会保障""养老保障""保障""社会保障制度""保障机制""低保""低保制度""最低生活保障""低保资金""城镇低保""医疗保障""农民养老保险""社会救助""社会救助制度"等。之所以将这些参考点概念化为"保障",是因为它们所描述的内容都是关于"保障"的,目的都在于确保失地农民在遭遇"生病"、"年老"或"贫困"等情况时,能有一份依靠,可获得必要的帮助。

表 2-2-2　开放编码结果

序号	开放编码（自由节点）	参考点数/个	百分比/%	累计百分比/%
1	失地农民	343	23.21	23.21
2	保障	138	9.34	32.54
3	对土地权益与收益的影响	101	6.83	39.38
4	对心理与行为的影响	99	6.70	46.08
5	城市化	77	5.21	51.29
6	补偿	76	5.14	56.43
7	评价内容	74	5.01	61.43
8	土地资源管理模式	72	4.87	66.31
9	就业促进与创业支持服务	60	4.06	70.37
10	安置	53	3.59	73.95
11	研究对象的选择	49	3.32	77.27
12	土地征用与流转	47	3.18	80.45
13	法制建设	43	2.91	83.36
14	治理能力	29	1.96	85.32
15	对经济与就业的影响	25	1.69	87.01
16	大力发展经济	20	1.35	88.36
17	教育与就业创业培训服务	19	1.29	89.65
18	对社会与生活的影响	17	1.15	90.80
19	分析方法	15	1.01	91.81
20	对策建议	15	1.01	92.83
21	支持性的财政金融政策	11	0.74	93.57
22	模型建构	10	0.68	94.25
23	研究问题	9	0.61	94.86
24	研究方法	9	0.61	95.47
25	现状描述	9	0.61	96.08
26	农村及集体经济组织	8	0.54	96.62
27	统计方法	7	0.47	97.09

续表

序号	开放编码（自由节点）	参考点数/个	百分比/%	累计百分比/%
28	原因分析	7	0.47	97.56
29	机制建设	7	0.47	98.04
30	农民	6	0.41	98.44
31	社会转型	4	0.27	98.71
32	均衡的子女教育服务	4	0.27	98.99
33	评价方法	4	0.27	99.26
34	机制完善	4	0.27	99.53
35	文化服务	3	0.20	99.73
36	公共服务	2	0.14	99.86
37	抽样方法	1	0.07	99.93
38	研究工具	1	0.07	100.00
	合计	1 478	100.00	

38个自由节点所包含的参考点数由大到小排序，如表2-2-2显示。对于这些参考点，可利用帕累托图分析法进行主次分析。帕累托图分析法通常又叫主次分析法，可用来确定构成一个总体的因素的主次类别。该分析方法可根据每个因素对应的累计百分比（计算累计百分比之前，需要先根据每个因素对应的频次进行由大到小排序，并计算出每个因素对应的百分比）将因素分为三类：0~80%表示主要因素（A类），80%~90%表示次要因素，90%~100%表示一般因素（C类）。（卢纹岱，2000）在本文献研究中，自由节点可被视作构成"失地农民问题"这一总体的因素。根据帕累托图分析法，这些自由节点可分为三类，即主要节点、次要节点和一般节点。

如表2-2-2所示，排序在第11位的自由节点"研究对象的选择"对应的累计百分比为77.27%，而排序在第12位的自由节点"土地征用与流转"对应的累计百分比为80.45%。据此可确定，前11个自由节点为主要节点。这11个自由节点的名称分别为：①失地农民；②保障；③对土地权益与收益的影响；④对心理与行为的影响；⑤城市化；⑥补偿；⑦评价内容；⑧土地资源管理模式；⑨就业促进与创业支持服务；⑩安置；⑪研究对象的选择。这些节点上分布的典型参考点如表 2-2-4 所示。这 11 个自由节点上的参考点数累计为 1 142 个，占总体参考点数（1 478 个）的百分比为 77.27%。

2. 主轴编码

编码的第二步是运用 NVivo 的树状节点功能对自由节点进一步归纳，这一过程即主轴编码（二级编码）。通过主轴编码可形成概念范畴。38 个自由节点经过归纳，进而形成了 13 个概念范畴。表 2-2-3 列举了这 13 个概念范畴的名称及其所包含的自由节点。依据自由节点，我们可赋予这 13 个概念范畴如下内涵：

（1）"问题的研究对象"包括 3 个自由节点，即"农民""失地农民""研究对象的选择"，指的是研究文献中涉及的研究对象。

（2）"问题形成的基础"包括两个自由节点，分别是"农村及集体经济组织"和"土地资源管理模式"。失地农民失去的土地一般是农业用地。在我国，农业用地的所有权往往隶属农村集体经济组织，农民仅仅拥有土地的使用权。很多失地农民问题的形成都建立在此基础之上。为此，我们可将上述这两个节点所反映的内容视作我国失地农民问题形成及研究的现实基础。

（3）"问题形成的外部因素"包括"城市化""土地征用与流转""社会转型"3 个自由节点。城市化会产生大量对非农业用地的需求，而城市化之前的非农业用地非常有限。为此，城市化需要征用城镇周边的农业用地。由于农业用地的使用权属于农民，农民将因为政府征地而失去土地的使用权，从而发生土地使用权的流转。本文献研究称之为"土地征用与流转"。对于失地农民而言，土地被征用之后，社会生活与经济生活都将面临重大改变。这些改变在一定层面上意味着重大的社会转型，同时也意味着失地农民将面临一系列问题。因此，"城市化""土地征用与流转""社会转型"是导致各种"失地农民问题"形成的外部因素。

（4）"形成的现实问题"包括"对土地权益与收益的影响""对社会与生活的影响""对经济与就业的影响""对心理与行为的影响"4 个自由节点，指的是失地农民因为土地被征收而面临的一些主要现实问题。

（5）"研究问题"只包括一个与自身同名的自由节点，指的是学者对失地农民遭遇到的现实问题进行选择性的关注后形成的各种研究议题。

（6）"研究目标"包括4个自由节点，分别是"现状描述""原因分析""模型建构""对策建议"，指的是学者围绕"研究问题"设定的相应"目标层次"的选题。

（7）"研究技术"包括5个自由节点，分别是"研究方法""抽样方法""研究工具""统计方法""分析方法"，指的是学者根据研究目标及选题，设计的相应研究方案，其中包含对研究方法、抽样方法、研究工具、数据或资料的统计与分析方法的选择。

（8）"提高政府公共管理水平"包括"治理能力""支持性的财政金融政策""法制建设"3个自由节点。本文献研究认为，影响政府有效解决失地农民问题的因素之一就是政府的公共管理水平，而提高政府公共管理水平的路径或办法主要有三类：一是增强政府对公共事务的"治理能力"，二是出台"支持性的财政金融政策"，三是加强"法制建设"。

（9）"合理补偿土地权益损失"包括"补偿""安置""保障"3个自由节点，指的是补偿失地农民土地权益损失的方式。目前补偿方式主要有三类：一是直接补偿；二是打造集中居住的社区，提供住房等，以安置这些失地农民，使其有居住之所；三是提供必要的社会保障，如为其办理养老、医疗等保险。

表 2-2-3 三级编码结果

选择编码（核心范畴）	主轴编码（概念范畴）	参考点数/个	百分比/%	开放编码（自由节点）
问题的形成与描述	问题的研究对象	398	26.93	农民；失地农民；研究对象的选择
	问题形成的基础	80	5.41	农村及集体经济组织；土地资源管理模式
	问题形成的外部因素	128	8.66	城市化；土地征用与流转；社会转型
	形成的现实问题	242	16.37	对土地权益与收益的影响；对社会与生活的影响；对经济与就业的影响；对心理与行为的影响
	小计	848	57.37	

续表

选择编码 （核心范畴）	主轴编码 （概念范畴）	参考点数 /个	百分比 /%	开放编码（自由节点）
研究问题界定与技术路线设定	研究问题	9	0.61	研究问题
	研究目标	41	2.77	现状描述；原因分析；模型建构；对策建议
	研究技术	33	2.23	研究方法；抽样方法；研究工具；统计方法；分析方法
	小计	83	5.62	
问题解决方案的探索	提高政府公共管理水平	83	5.62	治理能力；支持性的财政金融政策；法制建设
	合理补偿土地权益损失	267	18.06	补偿；安置；保障
	提供必要的公共服务	88	5.95	公共服务；文化服务；均衡的子女教育服务；教育与就业创业培训服务；就业促进与创业支持服务
	大力发展经济	20	1.35	大力发展经济
	小计	458	30.98	
问题解决的效果评价	效果评价	78	5.28	评价方法；评价内容
	小计	78	5.28	
问题解决机制的建设与完善	机制的建设与完善	11	0.74	机制建设；机制完善
	小计	11	0.74	
合计		1 478	100.00	

（10）"提供必要的公共服务"包括5个自由节点，分别是"公共服务""文化服务""均衡的子女教育服务""教育与就业创业培训服务""就业促进与创业支持服务"，指的是政府向失地农民及其家庭成员提供一些必要的公共服务，帮助他们解决所遇到的问题。比如，通过开展再就业培训服务来提高失地农民的就业素质，促进失地农民充分和优质再就业。

（11）"大力发展经济"只包括一个与自身同名的自由节点，指的是通过大力发展经济来解决失地农民问题。一些失地农民问题，如失地农民再就业问题，要得到解决，需依靠发达的经济基础。只有经济充分发展了，政府才能创造出足够多的就业机会，并有足够的财政收入来支撑制订并实施各种公共就业服务计划，如再就业培训服务计划。

（12）"效果评价"包括"评价方法"和"评价内容"两个自由节点。之所以将其概括为"效果评价"，是因为这两个自由节点反映的是"通过一些方法，对不同的内容（指标）进行评价，以了解失地农民在某些问题上的解决情况"。其中，"评价方法"强调的是"用什么方法来评价"，而"评价内容"强调的是"评价的指标有哪些"。

（13）"机制的建设与完善"包括"机制建设"和"机制完善"两个自由节点，指的是经过理论研究和反复实践不断建构并完善一些具体的失地农民问题解决机制。

3. 选择编码

扎根理论的第三级编码是选择编码，其目的在于对已经发现的概念范畴进一步概括与归纳，以形成核心范畴。我们对13个概念范畴进一步归纳，形成了5个更上一级的节点，即核心范畴。这5个核心范畴分别是"问题的形成与描述"（848，57.37%）、"研究问题界定与技术路线设定"（83，5.62%）、"问题解决方案的探索"（458，30.98%）、"问题解决的效果评价"（78，5.28%）和"问题解决机制的建设与完善"（11，0.74%）。其中，在"问题的形成与描述"和"问题解决方案的探索"这两个核心概念上分布的参考点数最多，累计有1 306个，占总体参考点数的百分比为88.36%。这5个核心范畴的内涵如下：

（1）"问题的形成与描述"包括"问题的研究对象""问题形成的基础""问题形成的外部因素""形成的现实问题"4个概念范畴，反映了失地农民问题形成的要素、过程，以及对具体问题的描述。

（2）"研究问题界定与技术路线设定"包括3个概念范畴，分别是"研究问题""研究目标""研究技术"。其中，前两个概念范畴侧重于对研究问题的界定，而后一个侧重于对研究技术的设定或选择。

（3）"问题解决方案的探索"包括4个概念范畴，分别是"提高政府公共管理水平""合理补偿土地权益损失""提供必要的公共服务""大力发展经济"，反映的是研究者对失地农民问题解决方案的理论思考与实践探索。

（4）"问题解决的效果评价"只包括"效果评价"一个概念范畴，

其内涵与该概念范畴相同。

（5）"问题解决机制的建设与完善"只包括"机制的建设与完善"1个概念范畴，其内涵与该概念范畴相同。

（二）关系节点分析与模型建构

经过主轴编码和选择编码之后，NVivo 中形成了一个由"自由节点""概念范畴""核心范畴"构成的树状节点系统。进行树状节点分析之后还要处理这些节点之间的关系。郭玉霞（2009）认为：如果将自由节点、树状节点视为第一层次的编码，那么关系节点就是第二层次的编码。树状节点可以表现质性研究概念间的相互关系（刘世闵，李志伟，2017），但只能用来表示项目上下的阶层关系，很难完整描述研究概念间的关联性（郭玉霞，2009）。为此，NVivo 提供了关系和模型来协助。在 NVivo 中，关系是一种特殊的节点，它可借线条符号及关系形态来说明两项之间的关联性。而模型通常由形状与连接线构成（刘世闵，李志伟，2017），有助于更加形象地呈现项（概念或变量）间的相互关系。

限于篇幅，本文献研究仅对5个核心范畴进行了关系节点分析，并在此基础之上构建了失地农民研究逻辑框架模型，如图2-2-1所示。该模型描述了开展失地农民研究的一些步骤及相互之间的逻辑关系：① 首先需要对研究对象、问题形成的基础、外部因素，以及对所形成的现实问题概况进行描述。② 需要清楚自己拟开展的研究问题，并设定好研究的技术路线，即做好"研究问题界定与技术路线设定"。③ 在做好"研究问题界定与技术路线设定"之后，应就一些具体的失地农民问题的解决方案进行有针对性的探索，即开展"问题解决方案的探索"。④ 经过"问题解决方案的探索"，"问题是否解决""解决效果如何"等往往就会成为研究人员所关注的内容，这就需要开展"问题解决的效果评价"研究。⑤ 开展"问题解决方案的探索"所获得的成果可为"问题解决机制的建设与完善"奠定基础，而"问题解决机制的建设和完善"又进一步深化了"问题解决方案的探索"。⑥ "问题解决的效果评价"的主要功能在于可为其他环节的顺利开展或优化提供必要的信息，起到信息反馈的作用。

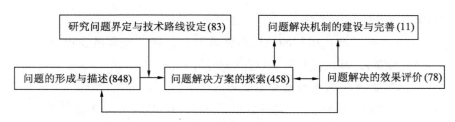

图 2-2-1　失地农民研究逻辑框架模型

（三）主要节点的类别分析

根据表 2-2-2 和帕累托图分析法，本文献研究确定了 11 个主要节点。结合主轴编码和选择编码的结果，可对 11 个主要节点进行类别分析。由表 2-2-4 可见，这 11 个主要节点分别隶属"问题的研究对象""问题形成的基础""问题形成的外部因素""形成的现实问题""合理补偿土地权益损失""提供必要的公共服务""效果评价"7 个概念范畴。其中，"失地农民""研究对象的选择"这两个节点隶属"问题的研究对象"概念范畴，合计参考点 392 个，占总体的比例为 26.53%；"城市化"节点隶属"问题形成的外部因素"概念范畴，有参考点 77 个，占总体的比例为 5.21%；"土地资源管理模式"节点隶属"问题形成的基础"概念范畴，有参考点 72 个，占总体的比例为 4.87%；"对土地权益与收益的影响""对心理与行为的影响"这两个节点隶属"形成的现实问题"概念范畴，合计参考点 200 个，占总体的比例为 13.53%；"补偿""安置""保障"这 3 个节点隶属"合理补偿土地权益损失"概念范畴，合计参考点 267 个，占总体的比例为 18.07%；"就业促进与创业支持服务"节点隶属"提供必要的公共服务"概念范畴，有参考点 60 个，占总体的比例为 4.06%；"评价内容"节点隶属"效果评价"概念范畴，有参考点 74 个，占总体的比例为 5.01%。由上可见，这 11 个主要节点累计参考点 1 142 个，在"问题的研究对象""合理补偿土地权益损失""形成的现实问题" 3 个概念范畴上分布得最多，累计有 859 个，占总体的比例为 58.12%，占 11 个主要节点累计参考点数（1 142）的比例为 75.22%。

表 2-2-4 还显示：11 个主要节点累计的 1 142 个参考点分布在"问题的形成与描述""问题解决方案的探索""问题解决的效果评价" 3 个核心范畴上。其中，"问题的形成与描述"上的参考点有 741 个，占

总体的比例为50.14%;"问题解决方案的探索"上的参考点有327个,占总体的比例为22.12%;"问题解决的效果评价"上的参考点有74个,占总体的比例为5.01%。由此可见,这11个主要节点的累计参考点在"问题的形成与描述"和"问题解决方案的探索"两个核心范畴上分布得最多,累计有1 068个,占总体的比例为72.27%,占11个主要节点的累计参考点数的比例为93.52%。

综上,11个主要节点累计的参考点主要分布在"问题的研究对象""合理补偿土地权益损失""形成的现实问题"3个概念范畴和"问题的形成与描述""问题解决方案的探索"两个核心范畴上。因此,这三个概念范畴及两个核心范畴是最关键的,都是各自层面上的研究热点。

表2-2-4 主要节点的类别分析与典型参考点

核心范畴	概念范畴	主要节点及典型参考点
问题的形成与描述（741, 50.14%）	问题的研究对象（392, 26.53%）	（1）失地农民（343, 23.21%）：失地农民,被征地农民 （2）研究对象的选择（49, 3.32%）：长三角地区;安徽;广东;江苏;浙江;南京;苏州;广州;少数民族;回族;失地妇女;性别;年龄;等等
	问题形成的基础（72, 4.87%）	（3）土地资源管理模式（72, 4.87%）：土地管理;农地产权;农地所有权;土地产权;农地发展权;土地发展权;土地产权制度;土地;农业用地;耕地;非农用地;农村土地制度;土地管理法;土地管理制度;土地征用制度;等等
	问题形成的外部因素（77, 5.21%）	（4）城市化（77, 5.21%）：城市化;城市化进程;城镇化;农村城市化;土地城市化;被动城市化;等等
	形成的现实问题（200, 13.53%）	（5）对土地权益与收益的影响（101, 6.83%）：权益;土地使用权;宅基地使用权;交换权利;农民发展权;维权;利益保护;利益保障;利益博弈;权益流失;利益损失;权益受损;土地权益损害;等等 （6）对心理与行为的影响（99, 6.70%）：市民化;身份认同;身份转换;自我认同;社会认同;心理健康;身份认同困境;边缘化;冲突;社会排斥;群体隔阂;等等

续表

核心范畴	概念范畴	主要节点及典型参考点
问题解决方案的探索（327,22.12%）	合理补偿土地权益损失（267,18.07%）	（7）补偿（76,5.14%）：征地补偿；土地补偿费；土地征收补偿；征地补偿机制；征地补偿标准；公平补偿；补偿模式；多模式补偿；征地补偿资本化；非货币补偿；经济补偿；专项资金，等等 （8）安置（53,3.59%）：居住安置；农民安置；征地安置；居住模式；居住空间；集中居住；安置；安置保障；安置补偿；安置补偿费；安置补偿模式；安置补助费；安置方式；安置模式；留地安置；留地数量；土地换保障；土地入股；安置费；入股安置；失地农民的安置；移民安置计划；社区建设；社区治理；拆迁安置房社区；失地农民社区；等等 （9）保障（138,9.34%）：社会保障；养老保障；保障；社会保障制度；保障机制；低保；最低生活保障；低保制度；低保资金；城镇低保；医疗保障；农民养老保险；社会救助；社会救助制度；等等
	提供必要的公共服务（60,4.06%）	（10）就业促进与创业支持服务（60,4.06%）：就业；就业评价体系；就业状况；失地农民就业；再就业；就业安置；就业保障；创业；创业过程；创业环境；农民创业；就业援助；工作关系；职业发展；职业获得；低端劳动力市场；劳动力供给；劳动力就业；等等
问题解决的效果评价（74,5.01%）	效果评价（74,5.01%）	（11）评价内容（74,5.01%）：可持续生计；可持续发展；持续生存能力；可行性能力；城市融入；社会融入；城市适应；社会适应；文化适应；转型适应；社会适应力；满意度；征地总体满意度；工作满意度；生活质量；就业质量；幸福感；和谐社会；城乡一体化；等等

四、讨论

我们对387篇失地农民研究论文的关键词进行扎根理论的三级编码，最终概括出一个包括38个自由节点、13个概念范畴和5个核心范畴的树状节点系统。其中，5个核心范畴分别是"问题的形成与描述""研究问题界定与技术路线设定""问题解决方案的探索""问题解决的效果评价""问题解决机制的建设与完善"。事实上，三级编码的本质就是建构树状节点系统，进行树状节点的阶层分析（即树状节点分析）。树状节点分析在一定程度上深化了我们对失地农民研究内涵的理解。而除了树状节点分析之外，本文献研究还针对5个核心范畴进行了关系节点分析，并围绕38个自由节点中的主要节点进行了类别分析。关系节点分析在一定程度上增强了我们对失地农民研究脉络的认识；而针对主要节点的类别分析促进了我们对失地农民研究热点的把握。这充分说明，本文献研究的开展有着重要的理论意义。此外，本文献研究的开展也有着重要的实践价值。对研究内涵、脉络和热点的充分认识可帮助我们找到研究的薄弱之处，确定出更富有价值和更具迫切性的研究选题。

（一）理论意义

1. 深化了我们对失地农民研究内涵的理解

树状节点分析大大深化了我们对失地农民研究内涵的理解。要想理解"失地农民研究"这一概念，关键是要基于38个自由节点和13个概念范畴来理解5个核心范畴的内涵。

（1）问题的形成与描述

第一，"问题的研究对象"这一概念范畴可帮助我们清晰描述失地农民研究问题。失地农民无疑是失地农民研究最重要的属性之一。作为概念范畴，"问题的研究对象"包括了"失地农民"和"研究对象的选择"两个自由节点。"失地农民"自由节点反映了"失地农民研究"的对象是失地农民。失地农民来自农民这一群体。因城市化的需要，一部分农民的土地被征用，这部分农民也相应成为失地农民。"失地农民"节点包含参考点343个。这意味着，在387篇论文中，平均每篇论文包含0.8863个与"失地农民"研究对象相关的参考点。而从自由节点的参考点来源可以看出，"失地农民"主要来源于"失地农民"和"被征地农民"这两个不同的关键词。这意味着，在10篇论文中，有将近9篇论文将"失地农民"或"被征地农民"列为论文关键词。该比例之所以这么高，主要是因为研究对象是"一篇论文"区别于其他论文最重要的属性之一，也是一个研究问题区别于其他问题的重要属性之一。此外，失地农民还可以依据不同的标准（如地域、性别、年龄、民族等）被细分为不同的亚群体。这些亚群体，虽具有失地农民的一些共有特征，但也有着作为亚群体的特殊性。在通常情况下，考虑到研究资源（如经费、人力和时间资源等）的有限性，研究者只能将被试限制在某些特定的亚群体上。这一限制的本质就是对研究对象的更进一步选择。比如林德明（2005）的研究选择了以苏州失地农民为研究对象，探讨了该亚群体的社会保障制度；而阳盼盼（2014）的研究是以湖南少数民族地区的失地农民为研究对象，探讨了该类群体的就业问题。"研究对象的选择"这一自由节点，正是反映研究人员对研究对象进一步细分和选择的考虑。

第二，"问题形成的基础"这一概念范畴可帮助我们更好地理解失地农民研究问题形成的内因。每个问题的形成都有内因和外因，其中内因往往是问题形成的基础。我国的土地所有权属于农村集体经济组织，农民仅享有土地使用权。这一现实基础令我国的失地农民问题区别于大多数西方国家，但也赋予了我国失地农民问题的一些共性。为此，在探索和分析失地农民问题时，政府要认识到土地所有权属于农村集体经济组织，而农民仅享有土地使用权。对土地被征收的农民进行土地补偿时，应当充分考虑到我国这种土地所有权和土地使用权分离的制度基础。有部分学者就意识到了这一问题，如王琦（2013）认为，失地农民被征收的土地是集体土地，农村集体经济组织享有所有权，而农民仅具有承包权、使用权。为此，政府在考虑赔偿多少、如何赔偿等问题时，必须要考量这一现实的土地资源管理制度。

第三，"问题形成的外部因素"这一概念范畴可帮助我们认识到失地农民问题产生的外部因素。该外部因素就是城镇化。如上所述，失地农民来源于农民。从农民到失地农民这一身份的转化是导致失地农民问题形成的根本原因。而导致这一身份转化的外部原因就是城镇化或城市化。城镇化首先是土地城市化。土地城市化就是国家通过征收的方式，将原本属于集体经济组织的土地转换为国有土地。对农民而言，土地是其最重要的生活资料。然而，因城镇化而失去土地时，这部分农民（即失地农民）的生存方式将面临巨大的改变，而这些改变会带来一系列的问题。因此，在一定意义上，城镇化是一切失地农民问题的根源。鉴于此，对"城镇化"、"土地城市化"或"土地征收"等问题的研究，以及这些问题对一些更为具体的失地农民问题形成的影响研究，就成了部分研究人员比较感兴趣的议题。比如，刘晓霞和周军（2012）的研究分析了城镇化进程中失地农民问题化的成因;刘建勋(2010)的研究讨论了土地征用与失地农民问题之间的关系。

第四,"形成的现实问题"这一概念范畴是失地农民问题的外部表现。在内外因素的共同作用下,一些有关失地农民的问题就相应形成了。失地农民源自城镇化导致的身份转换,那么失地农民因为这种身份转换到底面临着哪些具体的问题呢?"现实问题"这一概念范畴显示,失地农民问题主要表现在四个方面:① 有关"土地权益与收益"遭受影响的问题。土地征收可能会令失地农民面临着原本拥有的土地权益或收益遭受损失。对此,有大量学者给予了关注。比如,宋才发(2008)探讨了民族地区的失地农民在城市化过程中权益受损的问题,喻国华(2006)则讨论了如何在失地农民权益流失的情况下建立好保障机制的问题。当然,要判断土地权益或收益是否受损及受损的程度,首先需要了解失地农民原本拥有什么样的权利、权益或收益。曹荣庆(2005)的研究就专门论述了失地农民该拥有的社会保障权利,并就这些权利的获取途径提出了自己的建议。② 有关"社会与生活"遭受影响的问题。土地被征收之后,农民失去了宅基地、耕地,他们不得不从平房搬到楼房,原来闲散缓慢的乡村生活也变成了节奏较快的城镇生活。虽然居住环境更加方便舒适了,但邻里结构和邻里关系发生了较大的改变,生活成本也相应提高了。由此可见,失地农民的社会生活,尤其是生存方式、生活水平和可持续性生计等方面都可能会因为土地被征收而受到影响。对于这些因征地而产生的社会生活上的变化,很多学者开展了研究。比如:吴岩等人(2011)探讨了失地农民生活水平评价体系的建构问题,目的在于更好地评估土地征收之后失地农民生活水平的变化;李苏(2012)调查了198户宁夏回族失地农民家庭的生存境况;刘晓霞和汪继福(2008)则围绕失地农民生计的可持续性方面所遭受的影响进行了分析。③ 有关"经济与就业"遭受影响的问题。土地被征收之后,失地农民可能不再拥有土地,虽然可以获得一次性的经济补偿,但是获得补偿之后就无法再从土地上定期或周期性地获得收入了。为了维持可持续性生计,失地农民不得不从第一产业中走出来,进入第二、第三产业就业,并开始适应有着严格企业管理制度约束的工作生活方式。可见,那些原本依赖土地收入谋生的失地农民,将不得不面临职业转换或转移问题的挑战(章辉美,易帆,2008)。但是,如果职业转移不成功,那就意味着持续无业或失业在家。而导致失地农民持续无业或失业在家的原因有很多,比如,年龄太大、教育水平过低、非农就业技能缺乏等。大量学者围绕失地农民失业问题进行了探索,比如刘永庭(2005)、谢勇(2010)和张洪军(2017)等。失地农民一旦失业,就不会有稳定收入了,那么,当家中储蓄和征地的经济补偿款用完之后,失地农民的经济生活必将受到严重的影响,很多失地农民的家庭生活水平就会下降,甚至走向贫困。一些学者围绕失地农民贫困问题及其治理进行了探索,比如汤夺先和高朋(2012)。④ 有关"心理与行为"遭受影响的问题。土地征收之后,失地农民的生存环境将面临巨大的改变。面对这种巨大的环境变化,失地农民必须要经历一个适应的过程。而适应意味着个体必须要放弃一些旧事物、旧观念,并改变一些旧行为,同时也要接受一些新事物、新观念,乃至要习得一些新行为。这个过程的本质是个体心理和行为调整的过程。在这个过程中,失地农民必然会遭遇很多心理与行为问题的挑战。由"对心理与行为的影响"这一自由节点所包括的典型参考点可以看出,失地农民主要面临市民化、身份认同、身份转换、自我认同、社会认同、心理健康等心理与行为问题的挑战。这些问题如果处理不好,可能会导致身份认同困境、边缘化、冲突、社会排斥、群体隔阂等问题。而在这么多问题中,市民化和身份认同问题最受研究者关注。如林乐芬、赵辉、安然、李佳和沈颖妮(2009)开展了城市化进程中失地农民市民化现状的研究;严蓓蓓和杨嵘均(2013)以江苏省N市J区为例,对失地农民的市民化状况进行了调查,并分析了困境及其破解路径;姚俊(2011)则在长三角地区进行了相关数据的调查,围绕着失地农民的"身份认同障碍"进行了分析;王慧博(2008)则专门探讨了失地农民社会排斥机制的问题。

(2)研究问题界定与技术路线设定

城镇化导致农民的土地被征收并形成了很多问题,其中一些问题被研究者关注,经过专业分析与描述之后,被转换为"研究问题"。有部分论文围绕着失地农民问题进行了描述、分析和讨论,如陈玉照(2011)的研究论文《"应"式分解:失地农民问题研究的一种思路破析》,宋全成(2009)的研究论文《中国城市化进程中的失地农民问题及对策——非自愿移民与社会学研究的双重视角》,瞿容(2012)的研究论文《后现代发展理论视野下的失地农民问题研究》,等等。

根据目标层次上的差异，失地农民研究大致可分为四类：一是现状描述研究，其目的主要在于描述问题的特征、分析研究的现状。如：李明月和胡竹枝（2012）以广东省为例，探讨了失地农民的内涵与数量；范建荣、李宗洁、张云龙和郭洪燕（2008）以银川市为例，调查了该地区失地农民的现状；黄建伟（2008）基于对中国期刊论文和学位论文的分类统计，对中国失地农民问题的研究现状及其动态进行了分析；等等。以上这些研究有助于我们了解失地农民问题的概念、内涵及研究现状。二是原因分析研究，其目的在于探究因果关系，致力了解问题形成的原因或影响因素。如刘晓霞和周军（2012）的论文《城镇化进程中失地农民"问题化"的成因分析》就是一个典型的"因果关系研究"。三是模型建构研究，其目的主要在于通过建立各种模型，实现基于自变量来对因变量进行预测。马鸿佳和孙红霞（2011）的论文《转型期中国失地农民创业动机模型构建》就是这类研究的代表。四是对策建议研究，其目的在于探讨问题的解决方案。如：陈美球等人（2013）基于南昌市红谷滩新区沙井街道的调研开展了主题为"失地农民市民化现状剖析与对策探索"的研究；黄宗华（2007）开展了主题为"稳妥解决失地农民问题的对策思考"的研究；傅圆圆（2006）开展了主题为"城市化、工业化进程中失地农民生产生活问题解决"的研究；等等。

清晰界定好研究问题之后，还需设定好研究的技术路线。大多数研究论文都会详细描述所使用的研究技术。概括而言，对研究技术的描述主要涉及如下几个方面：① 在研究方法上，应用问卷调查法还是实验法，抑或其他研究方法。如丁玲华（2012）就是利用问卷调查法对珠三角地区失地农民媒介认知状况进行了调查分析，王伟和马超（2013）则应用准自然实验法探讨了"不同征地补偿模式下的失地农民福利变化"。② 在研究工具或抽样方法上，张训保等人（2009）利用 SCL-90，采用整体抽样法，着重分析了失地农民就业状况对其心理健康水平的影响。③ 在统计方法上，回归分析法被多次提及（陈浩，陈雪春，谢勇，2013；郭玲霞，高贵现，彭开丽，2012；李永友，徐楠，2011；王立勇，高伟，2014）。④ 在分析方法上，比较、分类和归因等分析方法较为常用。

(3) 问题解决方案的探索

目前对失地农民问题解决方案的探索主要聚焦在四个方面：

一是积极探索如何通过提高政府公共管理水平来解决某些失地农民问题。在征地的过程中，政府扮演着重要的角色。这些角色扮演得好坏，很多时候决定着"很多问题是否会出现""问题带来的影响是大是小""问题出现之后能否被及时解决"等。换言之，这些角色扮演得好坏，充分体现了政府的公共管理能力。目前文献提及的有关"提高政府公共管理水平"的路径主要有增强政府对公共事务的治理能力、出台支持性的财政金融政策、加强法制建设。治理能力主要体现为政府有较强的社会管理能力。如黄永青和张学军（2012）的研究，以福州 M 村为例，分析了政府加强社会管理能力的建设在促进失地农民的城市化中的作用。地方政府的社会管理能力会显著影响失地农民问题的解决。支持性的财政金融政策指的是中央及地方政府给予的配套的财政或金融支持政策，比如，政府部门提供专项资金保障失地农民子女的义务教育（郑涛，2013），为失地农民的创业提供金融方面的政策支持（郑风田，孙谨，2006），等等。而法制建设强调的是，若要解决失地农民问题，相关的政策、制度和法律法规要健全并能得到有效执行。

二是积极探索如何通过合理补偿土地权益损失来解决某些失地农民问题。在失地农民的诸多问题中，较为突出的一个就是失地农民的权益或利益会因为土地被征收而受损。为此，努力做到公平合理的补偿最为重要，而这也是研究人员最为关注的议题之一。根据研究文献，对失地农民权益或利益损失进行补偿的形式有多种：有现金的形式，也有实物（住房）的形式；有即刻的补偿，也有逐步兑现，致力提供基本安全保障、满足最基本生活需要的补偿（如为失地农民提供各种形式的社会保障，包括养老金、医疗保险，等等）。对于研究者而言，最关心的往往还是究竟采用什么样的补偿方案才能令失地农民感觉到"获得了公平且价值最大化"的补偿。从树状节点分析中可以看到，目前有关"利益或权益损失补偿"方面的研究主要涉及三大类：① 直接开展的有关"补偿"问题的研究。比如：孔祥智和王志强（2004）对我国城镇化进程中失地农民补偿问题的研究，张瑛和周国新（2008）以南京为例对失地农民征地补偿标准的测算研究，李轩红（2011）对补偿机制的研究，等等。② 有关"安置"问题的研究。比如：冷霞和阳乐（2004）

讨论了如何妥善安置失地农民的问题；吕维平（2007）对失地农民住房安置模式进行了探讨；刘乐和杨学成（2009）以泰安市高新技术产业开发区为例，对失地农民补偿安置及生存状况进行了研究；李明月和胡竹枝（2009）以广州市为例，调查了失地农民安置情况，并就相应问题的对策提出了自己的看法；等等。③ 有关"保障"问题的研究。比如冯健（2004）对失地农民社会保障问题的探索、张士斌（2010）对失地农民"土地换保障"模式的探索、凌文豪（2010）对失地农民社会保障体系构建的探索、关宏超（2007）对失地农民养老保障制度创新的探索等。

三是积极探索如何通过提供公共服务来解决某些失地农民问题。一些失地农民问题需要政府提供一些公共服务来促进解决。目前文献中提及的公共服务主要有文化服务、均衡的子女教育服务、教育与就业创业培训服务和就业促进与创业支持服务等。一般来说，向失地农民提供一些文化服务和均衡的子女教育服务，可以丰富他们及子女的精神生活，增强他们及子女对新环境的适应力，从而使他们更好地适应城市生活，顺利实现市民化；而提供就业与创业培训服务和就业促进与创业支持服务可以帮助失地农民提高文化水平、增强非农就业技能，增进对就业和创业信息等方面的了解，获得更多的就业机会或创业支持，从而更好地面对经济与就业生活上的挑战。为此，"如何更有效地利用公共服务来帮助失地农民及其子女更好地应对各种各样的挑战"就成了研究者们的关注点。在"就业与创业培训服务"主题上，吴坚（2011）和张洪军（2017）等人围绕（再）就业培训进行了探索和分析，鲍海君（2012）围绕失地农民创业培训体系的建设进行了探索；在"就业促进与创业支持服务"主题上，叶继红（2007）以南京市为例探讨了失地农民就业的类型、路径与政府引导等议题，刘融融、陈怀录和陈龙（2014）以西咸新区为例分析了失地农民的就业路径，马鸿佳和孙红霞（2011）围绕失地农民创业动机模型的建构进行了探索。此外，也有个别研究人员围绕"文化服务"和"均衡的子女教育服务"的提供进行了研究，如郭桂英（2014）就公共图书馆如何面向失地农民开展文化服务进行了探索，苏东海和杨文笔（2007）则以银川市的回族地区为例对失地农民的子女教育情况进行了调查研究。

四是积极探索如何通过大力发展经济来解决某些失地农民问题。在各种失地农民问题中,有些问题的解决需要依赖"本地产业的合理规划和经济的健康快速发展",比如就业问题的解决。只有产业合理规划、经济快速健康发展,才可以催生更多适合失地农民的就业机会。也只有经济发展起来了,政府才能有更多的税收、充足的财政预算,提供更多优质的公共服务和更多的渠道来促进失地农民问题的解决。在这方面的代表性论文有:赵志凌和黄贤金(2003)的论文《为经济建设和失地农民权益找寻平衡点——海门市农村集体建设用地的调查和思考》,邱腺扬、袁霜凌和明庆忠(2009)的论文《"5·12"地震灾后失地农民异地安置产业重建的统筹机制研究》。

(4)问题解决的效果评价

失地农民问题的解决方案被提出并实施之后,随之就会产生诸如方案是否有效、如何进行评估等问题。而要回答好这些问题,往往需要应用一些方法、选择一些指标(如城市适应性、补偿满意度、城市融入、生活质量和幸福感等)来进行评价。根据树状节点分析的结果,涉及效果评估方面的开放编码有两个:一是评价方法。王伟和马超(2013)的研究就涉及这方面。该研究以宜兴市和太仓市为例,运用模糊数学评价模型,并采用倍差法,针对"农民失地后福利水平的变化"及"不同征地补偿模式对其福利状况影响的差异性"进行了评估分析。二是"评价内容",即一些可衡量失地农民问题解决效果的重要指标。诸如可持续性生计、城市适应性(力)、补偿满意度、城市融入、可行能力、生活质量、幸福感等指标,都可以用来衡量失地农民问题治理的情况。在这方面颇具代表性的研究有:冀县卿和钱忠好(2011)对"城市适应性"的研究,王立勇和高伟(2014)对"补偿满意度"的研究,赵爽(2007)对"市民化"的研究,吴丽和吴次芳(2009)、周林刚(2009)对"生活质量"的研究,吴丽、杨保杰和吴次芳(2009)对"幸福感"的研究。如果这些指标表现得好,那么相关经验就值得被总结、提炼和推广;如果这些指标表现得不好,那么意味着相关问题的解决方案还需要优化和调整。

(5)问题解决机制的建设与完善

树状节点分析显示,有部分学者着重于对"问题解决机制"的研究。这类研究主要包括两类,一类是着重于"机制建设"的研究,另一类是着重于"机制完善"的研究。通常而言,"机制"的含义有多种,但主要有两种:一是泛指一个系统中各元素之间的相互作用的过程和功能,具有机构和制度的含义。二是经过实践检验被证明有效的方法。这些方法需要经过一定的加工,并系统化、理论化,才能有效地指导实践。在"问题解决机制"的建设和完善中,"机制"更偏向于后一种含义。一般而言,当某一问题的解决方案经过反复实践并被证明有效时,就会被总结(系统化、理论化)为机制。机制的形成可避免试误带来的成本损耗。一旦问题出现,机制就可以被启动并用来解决问题。此外,机制形成之后,还可以不断地完善。当机制足够完善后,如果能长久用来解决问题,那么在事实上就构成了长效机制。由此可见,有关"机制建设"和"机制完善"的研究非常重要。而很多有关"问题解决机制"研究的最终目的都在于获取问题解决的长效机制。在这些方面的代表性文献有:杜伟(2008)的论文《构建失地农民权益保障长效机制的思考》,主张要进一步完善农地产权立法,改革农地征用制度,提高征地补偿标准,加强征地工作管理,完善社会保障体系,加强教育与培训,积极拓展就业渠道,构建失地农民权益保障的长效机制;金丽馥和陈红艳(2009)的论文《构建失地农民充分就业的长效机制》,论述了建构失地农民充分就业长效机制的重要性,并认为应重视可促进失地农民就业的支撑机制、培训机制、市场服务机制、配套机制和扶持机制的建设;赵玉田(2011)围绕"构建失地农民社会保障的长效机制"进行了研究。以上这些研究,无不在强调长效机制建设的重要性。只有建构并形成了长效机制,才能从根本上解决好失地农民的相关问题。

2. 增强了我们对失地农民研究脉络的认识

对核心范畴的解读可以在一定意义上深化我们对失地农民研究内涵的理解,关系节点分析则可帮助我们理解五大概念范畴之间的内在联系(关系),增强我们对失地农民研究脉络的认识。

对一个事物或现象的探索往往是分阶段、逐步进行的。就失地农民研究而言,对问题进行描述并探索其形成过程,毫无疑问是开展研究的第一步。这一阶段需要界定问题的主体,分析问题形成的基础、影响因素、类别及表现特征等。"问题解决方案的探索"是失地农民研究的核心。探索之前需要对拟研究的问题进行界定,确定研究的目标,并选择恰当的研究技术;然后依据所研究问题的类别及特征进行有针对性的探索,形成相应的解决方案。这一研究过程就是"问题解决方案的探索"。经过理论思考与实践探索而形成的解决方案便可应用于"问题解决机制的建设和完善"这一过程。由此可见,"问题解决方案的探索"为"问题解决机制的建设和完善"奠定了基础,机制建设和完善工作的开展又可进一步推进研究人员对"问题解决方案的探索"。需要强调的是,在"问题解决方案的探索"之后,有必要进行"问题解决的效果评价"。开展效果评价至少有三大积极作用:一是为建构或完善问题解决机制指明方向,提供有益思路;二是为"问题解决方案的探索"过程的优化提供反馈信息;三是有助于发现新问题,从而启动更进一步或新一轮的研究。

3. 促进了我们对失地农民研究热点的把握

在开放编码形成的自由节点中,根据帕累托图分析法,我们可确定"失地农民""保障""对土地权益与收益的影响""对心理与行为的影响""城市化""补偿""评价内容""土地资源管理模式""就业促进与创业支持服务""安置""研究对象的选择"这11个主要节点。作为主要节点,所涉及的内容无疑也是失地农民研究的热点。

这11个主要节点累计有1 142个参考点。这些参考点在13个概念范畴和5个核心范畴上的分布情况如下:①"问题的研究对象""合理补偿土地权益损失""形成的现实问题"3个概念范畴上分布的参考点数最多,因此它们是最关键的概念范畴;②"问题的形成与描述""问题解决方案的探索"两个核心范畴上分布的参考点数最多,因此它们是最关键的核心范畴。其中,"问题的研究对象"和"形成的现实问题"概念范畴属于"问题的形成与描述"这一核心范畴,而"合理补偿土地权益损失"概念范畴属于"问题解决方案的探索"这一核心范畴。也就是说,有关"问题的研究对象"和"形成的现实问题"方面的研究是"问题的形成与描述"这一类别研究的热点,而有关"合理补偿土地权益损失"方面的研究是"问题解决方案的探索"这一类别研究的热点。

"问题的研究对象"概念范畴上分布的参考点数之所以最多,主要是因为将"失地农民"或"被征地农民"作为关键词可突出论文的研究对象是"失地农民"或论文的主题是"失地农民研究"。正如前文数据所显示的,在387篇论文中有334篇论文(占比为86.30%)以"失地农民"为关键词。其目的无疑是强调研究对象是"失地农民"或论文的主题是"失地农民研究"。

在"合理补偿土地权益损失"概念范畴上分布的参考点数位居第二，意味着"如何合理补偿失地农民权益损失"是研究人员关注的研究内容之一，也是失地农民研究的主要热点之一。"补偿""安置""保障"3个节点隶属11个主要节点，可见对失地农民如何进行合理补偿、安置和保障是当前的热门研究议题。

在"形成的现实问题"概念范畴上分布的参考点数位居第三，意味着对"农民因土地被征收而遇到的问题"进行描述、分析，同样也是目前失地农民研究的主要热点之一。"对土地权益与收益的影响"和"对心理与行为的影响"两个节点隶属11个主要节点，这意味着，对失地农民因土地被征收而在"土地权益与收益"和"心理与行为"两个方面受到的影响进行描述和探索也是热门的研究议题。

"形成的现实问题"隶属"问题的形成与描述"这一关键研究内容，"合理补偿土地权益损失"隶属"问题解决方案的探索"这一关键研究内容，这意味着，相比其他3个核心范畴，"问题的形成与描述"和"问题解决方案的探索"这两个核心范畴所涵盖的研究议题更多地被研究人员关注。

（二）实践价值

对失地农民研究内涵、脉络与热点越来越清晰的认识，使我们有机会一窥当下失地农民研究的薄弱之处。

在"问题解决方案的探索"这一研究领域，与"合理补偿土地权益损失"这一解决方案相比，研究人员对"大力发展经济""提高政府公共管理水平""提供必要的公共服务"这三个方面的探索力度显然不够。探索"合理补偿土地权益损失"这一问题固然重要，但我们也不能忽视其他问题的解决。本研究认为，当下积极探索如何通过提供公共服务来解决失地农民面临的就业或失业问题，同样很迫切、很重要。但是，目前有关这方面的研究相对较少。此外，加强探索如何通过"大力发展经济""提高政府公共管理水平"来解决失地农民问题也很重要。

另外一个较为薄弱的研究领域是"问题解决机制的建设与完善"。开展"问题解决方案的探索"的最终目的是获得一套可发挥长效作用的问题解决机制。基于上述分析可以发现，目前致力研究"问题解决机制的建设与完善"的文献较少。本研究认为，应加大这方面的研究力度,尤其是一些重要问题解决的长效机制探索,如再就业长效培训机制。

综上所述,本文献研究的开展有助于我们了解失地农民研究的薄弱之处,有助于我们确定出更富有价值和更具迫切性的研究选题,因此具有重要的实践价值。

(三) 不足与展望

1. 研究不足

以 CSSCI 来源期刊论文的关键词为扎根理论分析材料,可能存在两大不足:一是关键词虽能反映论文主题信息,但仅能反映研究者对重要议题的关注情况,难以有效呈现失地农民研究目前已经取得的成果;二是 CSSCI 来源期刊的学科分布情况,以及对论文风格或类型的偏好,可能导致某些主题的论文被忽视或被过度强调。毋庸置疑,CSSCI 来源期刊在学科分布上是不均衡的,而特定刊物对论文的风格或类型往往也会有自己的偏好,比如,有些期刊"重科学轻人文""重实证轻质性",有些期刊则可能"重定性轻定量""重思辨轻实证"。这些问题可能会使被纳入分析的关键词存在一些倾向,而不能充分反映目前失地农民研究的现状。

此外,受限于方法论,本文献研究所建构的树状节点系统和逻辑框架模型,虽然有助于促进我们对失地农民研究内涵及脉络的认识或理解,但给予的分析和解释具有一定的主观性,能否有效反映现象的真实情况、揭示事物的规律,还需多方验证。

2. 研究展望

本文献研究的开展在一定程度上揭示了目前失地农民研究在某些主题上的探索还比较薄弱,如"长效机制的建设和完善"这一主题的研究。为此,研究者今后可加大在此类研究主题上的探索。

为避免 CSSCI 来源期刊"学科分布不均衡"和"对论文风格或类型的偏好"带来的研究误差,未来研究者不妨扩大扎根理论分析材料的范围,比如,将 CSSCI 来源期刊扩大到《中文核心期刊要目总览》来源期刊,将更多关于失地农民研究的主题论文的关键词纳入扎根理论分析的材料中,并将研究结果与本研究进行对比验证。

此外,为了挖掘出更多有价值的信息,在进行以关键词为分析材料的扎根理论研究时,研究者不妨结合对论文研究结果的考察,对失地农民研究的内涵、脉络与热点进行更加深入的分析。

五、小结

本研究经过三级编码分析，最终概括出一个由 38 个自由节点、13 个概念范畴和 5 个核心范畴构成的树状节点系统，再基于该树状节点系统，围绕着 5 个核心范畴进行关系节点分析，同时针对 38 个自由节点中的 11 个主要节点进行类别分析。

这一系列分析在理论方面深化了我们对失地农民研究内涵的理解，增强了我们对失地农民研究脉络的认识，促进了我们对失地农民研究热点的把握；在实践方面，有助于我们获得更富有价值和更具有迫切性的失地农民研究选题。

第三节　关于失地农民培训研究的文献分析

一、文献状况

失地农民再就业培训，顾名思义，就是为促进失地农民充分再就业而开展的职业素质培训。提高失地农民职业素质，促进该群体更好地满足人力资源或劳动力市场的需要，早点脱离无业或失业状态，就是此类培训的目的。

在 CNKI 数据库中搜索所有篇名中包含"再就业培训"这一检索词的文献，可获得 593 篇文献（检索时间为 2018 - 06 - 15），其中期刊论文 492 篇、报纸文章 85 篇、硕士学位论文 14 篇、博士学位论文 0 篇、国内会议论文 2 篇。可见，相对于篇名中包含"失地农民"这一关键词的研究文献数量，在篇名中包含"再就业培训"一词的文献不甚丰富。

进一步搜索篇名中同时包含"失地农民"和"再就业培训"这两个词的文献，仅获得 12 篇，其中期刊论文 11 篇、报纸文章 0 篇、硕士学位论文 1 篇、博士学位论文 0 篇、国内会议论文 0 篇。以下是 12 篇论文的题目、作者及发表（或发布）年份：① 切实增强失地农民再就业培训的实效（周云华，谈玉坤，2007）；② 失地农民再就业培训调查研究——以广州市番禺区为个案（胡伟，王晓敏，查吉德，肖传亮，

2008）；③失地农民再就业培训调查研究——以广州市番禺区为个案（胡伟，王晓敏，查吉德，王雪莲，2008）；④失地农民再就业培训的有效模式：混成学习（刘璐，宋振源，2011）；⑤苏州失地农民再就业培训机制的研究（赵春燕，周芳，2012）；⑥长株潭两型社会构建中失地农民的再就业培训机制问题研究（周立华，2012）；⑦浅议失地农民再就业培训中心理关怀的重要意义（张娜，严蓉，2014）；⑧西安市城中村失地农民再就业培训研究（苗庆彪，杨倩，彭永超，等，2015）；⑨德宏州少数民族失地农民再就业培训机制研究（赵兴国，张吉，2016）；⑩失地农民再就业培训需求调查与思考——以河南省鄢陵县为例（杨波，2016）；⑪新常态下失地农民的再就业培训——以广西为例分析（刘超伟，2018）；⑫失地农民再就业培训体系研究（王晓红，2008）。其中，王晓红（2008）的论文《失地农民再就业培训体系研究》是硕士学位论文，其余11篇都是期刊论文。而在这12篇论文中，篇名中精确包含"失地农民再就业培训"一词的有9篇。

考虑到一些研究者未必以"再就业培训"来指称"致力促进失地农民就业或再就业的培训"，为了避免疏漏，我们去除了"再就业培训"中的"再就业"一词，也就是说，在CNKI中搜索所有篇名中包含"失地农民"和"培训"的文献。结果发现，文献由原来的12篇增加到131篇，其中期刊论文113篇、硕士学位论文13篇、会议论文3篇、报纸文章2篇。为了全面反映目前失地农民再就业培训的研究情况，并基于研究文献的学术性，我们拟将113篇期刊论文和13篇硕士学位论文进行文献综述（对这两种类型合计126篇的论文，本节统称为"论文"）。

二、篇名分析

对这126篇论文的篇名进行分析，结果发现，"培训"一词的使用有19种情况，其中：以"就业培训"一词的形式出现的频次最多，有28次，占总体的百分比为22.22%；单独以"培训"一词的形式出现的频次有25次，占总体的百分比为19.84%；以"教育培训"一词的形式出现的频次有19次，占总体的百分比为15.08%；以"再就业培训"一词的形式出现的频次有12次，占总体的百分比为9.52%；以"职业培训"一词的形式出现的频次有10次，占总体的百分比为7.94%。这五种形式出现的频次累计占总体的百分比为74.60%。根据帕累托图分析法（卢纹岱，2000），我们可将这五种形式视为"培训"一词的主要使用形式。

表 2-3-1 "培训"一词在论文篇名中的使用情况分析（$N = 126$）

序号	概念	频次/次	百分比/%	累计百分比/%
1	就业培训	28	22.22	22.22
2	培训（单独）	25	19.84	42.06
3	教育培训	19	15.08	57.14
4	再就业培训	12	9.52	66.67
5	职业培训	10	7.94	74.60
6	技能培训	7	5.56	80.16
7	职业技能培训	6	4.76	84.92
8	创业培训	5	3.97	88.89
9	就业创业培训	2	1.59	90.48
10	再就业教育培训	2	1.59	92.06
11	非正式培训	2	1.59	93.65
12	职业教育培训	1	0.79	94.44
13	岗位技能培训	1	0.79	95.24
14	订单式培训	1	0.79	96.03
15	市民化教育培训	1	0.79	96.83
16	再就业职业技能培训	1	0.79	97.62
17	择业培训	1	0.79	98.41
18	职业技能教育培训	1	0.79	99.21
19	转业培训	1	0.79	100.00

注：① 检索数据库：www.cnki.net。② 检索时间：2018 - 06 - 15。

由表 2-3-1 可知，在 19 种使用形式中，除了"培训（单独）""非正式培训""教育培训""订单式培训""市民化教育培训"这 5 种使用形式之外，其他 14 种培训都直接与技能、职业、转业、就业或创业有关。事实上，即使是"培训""非正式培训""教育培训""订单式培训""市民化教育培训"这 5 种使用形式，在内涵上也包含对职业或就业技能的培训。可见，大多数针对失地农民的培训，其目的都在于增强失地农民就业或创业的能力，促进他们更充分或更优质地就业。为了更充分地了解失地农民再就业培训工作开展及当前研究的现状，我们拟在这126篇文献的基础上，对这些研究的主题及代表性的研究结果（或观点）进行深入地归纳分析。

三、主题分析

经过对这126篇论文的结构（一级或二级标题）及内容进行分析，我们最终概括出19个研究主题，如表2-3-2所示。按照包含主题的论文篇数从大到小排序，结果如下：① 再就业培训工作有效开展的对策或建议（71，56.35%）；② 当前再就业培训存在的问题（43，34.13%）；③ 再就业培训工作的现状（34，26.98%）；④ 再就业培训体系、机制、模式或模型（25，19.84%）；⑤ 再就业培训的作用、功能或意义（15，11.90%）；⑥ 再就业培训的需求（12，9.52%）；⑦ 再就业培训工作的实践探索（11，8.73%）；⑧ 政府在再就业培训中应承担的职责（7，5.56%）；⑨ 影响（再就业）培训的因素或各种问题形成的原因（6，4.76%）；⑩ 再就业培训的政策（5，3.97%）；⑪ 创业培训（3，2.38%）；⑫ 再就业培训的国际经验（3，2.38%）；⑬ 再就业培训工作的活动报道（2，1.59%）；⑭ 当前再就业培训工作评价指标或体系（2，1.59%）；⑮ 当前再就业培训的供给情况分析（2，1.59%）；⑯ 有关失地农民（再就业）培训主题文献的综述（2，1.59%）；⑰ 致力促进失地农民市民化的培训（1，0.79%）；⑱ 再就业培训工作开展的经验（1，0.79%）；⑲ 对未来再就业培训工作的展望（1，0.79%）。其中，涉及"再就业培训工作有效开展的对策或建议"这一研究主题的论文最多，有71篇，在126篇论文中，所占的比例为56.35%。根据每个研究主题对应的选择百分比，我们可计算出每个研究主题对应的累计百分比。再利用帕累托图分析法（卢纹岱，2000），可确定出"再就业培训工作有效开展的对策或建议""当前再就业培训存在的问题""再就业培训工作的现状""再就业培训体系、机制、模式或模型""再就业培训的作用、功能或意义"这5个主要研究主题所对应的选择百分比累计为76.42%（累计百分比）。

表 2-3-2 研究主题分析（$N=126$）

	研究主题	包含主题的论文数量/篇	个案百分比/%	选择百分比/%	累计百分比/%
1	再就业培训工作有效开展的对策或建议	71	56.35	28.86	28.86
2	当前再就业培训存在的问题	43	34.13	17.48	46.34
3	再就业培训工作的现状	34	26.98	13.82	60.16
4	再就业培训体系、机制、模式或模型	25	19.84	10.16	70.33
5	再就业培训的作用、功能或意义	15	11.90	6.10	76.42
6	再就业培训的需求	12	9.52	4.88	81.30
7	再就业培训工作的实践探索	11	8.73	4.47	85.77
8	政府在再就业培训中应承担的职责	7	5.56	2.85	88.62
9	影响（再就业）培训的因素或各种问题形成的原因	6	4.76	2.44	91.06
10	再就业培训的政策	5	3.97	2.03	93.09
11	创业培训	3	2.38	1.22	94.31
12	再就业培训的国际经验	3	2.38	1.22	95.53
13	再就业培训工作的活动报道	2	1.59	0.81	96.34
14	当前再就业培训工作评价指标或体系	2	1.59	0.81	97.15
15	当前再就业培训的供给情况分析	2	1.59	0.81	97.97
16	有关失地农民（再就业）培训主题文献的综述	2	1.59	0.81	98.78
17	致力促进失地农民市民化的培训	1	0.79	0.41	99.19
18	再就业培训工作开展的经验	1	0.79	0.41	99.59
19	对未来再就业培训工作的展望	1	0.79	0.41	100.00
	合计	246	195.23	100.00	

四、结果分析

根据上述分析，我们可确定出目前有关失地农民培训的研究文献有 5 个主要研究主题。受篇幅限制，下面仅对这 5 个研究主题对应的研究文献所包含的代表性结果（或观点）进行概括、总结与分析。

（一）再就业培训的作用、功能或意义

失地农民失去了土地，在一定程度上就意味着失业。一部分失地农民能很快在非农就业领域重新就业，而另外一部分失地农民因为观念陈旧、文化欠缺、职业技能缺乏等因素难以就业。失地农民如果长时间不能摆脱无业或失业状态，在很大程度上会影响到自身的可持续生计，可能还会带来一系列社会经济问题，比如失地农民的基本生活难以保障、出现针对失地农民的社会排斥、影响社会的和谐稳定及可持续性发展，等等。在上述 126 篇论文中，不少学者围绕失地农民（再就业）培训的作用、功能及重要意义进行了论述和说明，主要观点可概括为如下三个方面：

一是（再就业）培训具有提高或拓展失地农民就业或职业素质（包括知识、能力和观念）的作用。比如，杨文（2010）认为，教育培训可促进失地农民更新观念，转变思想，增强非农技能；高艳、李华等人（2010）认为，进行就业培训可增强失地农民的就业竞争能力和创业能力；鲍海君和冯科（2010）认为，对失地农民开展的职业技能培训是一种补偿性培训，可消除失地农民文化上的欠缺，增强他们的发展能力；陶明芳和王世官（2011）认为，对失地农民进行职业技能培训，有助于提高和增强该群体的综合素质和就业能力。

二是就业（或职业）素质的提升可促进失地农民充分就业。一些学者认为，（再就业）培训是解决失地农民再就业问题的有效途径（陶明芳，王世官，2011），是促进失地农民再就业的强大动力（王玉霞，2008），可为失地农民的职业技能培训和转移就业奠定基础（鲍海君，冯科，2010），可帮助失地农民"失地不失业"（闻齐新，2008），可谓"解决失地农民就业的关键"（于波，2010）。为此，孙建家（2016）认为，积极探索"如何通过提供（再就业培训）公共服务"来解决失地农民面临的就业或失业问题，同样很迫切、很重要。概言之，失地农民经过培训，观念转变、文化水平提高、职业能力增强，最终可促进自身

更好地就业。

三是失地农民再就业问题的解决会带来许多积极社会效应。一些学者认为，开展（再就业）培训，可最大限度地消除社会排斥（鲍海君，冯科，2010），有效地解决失地农民的基本生活和长远生计问题（高艳，李华，陆宁，2010），保障失地农民的可持续生计（鲍海君，冯科，2010），是失地农民实现成功转型的"翅膀"（杨文，2010），同时也是社会稳定和可持续发展的关键（王玉霞，2008），对于构建和谐社会具有非常重要的意义（胡伟，王晓敏，查吉德，肖传亮，2008）。

（二）再就业培训工作的现状

在前述126篇论文中，有34篇调研了失地农民再就业培训工作的现状。考虑到时效性，下面着重针对2013年以来的若干具有代表性的研究文献进行分析。

1. 培训参与率

李国梁和钟奕（2013）的调研结果显示：我国失地农民参加职业培训的参与率极低，92.8%的受访者没有参加过培训，仅有7.2%的受访者参加过培训。

赵兴国和张吉（2016）对少数民族失地农民的调查显示：自学和短期培训是学习职业技能的两种主要方式，其中79.7%的人是通过自学的方式获取职业技能的，仅有13.6%的人是通过短期培训的方式获取职业技能的。这意味着，少数民族失地农民参加短期职业技能培训的比例还有待提高。

张雪雯和胡万玉（2016）在针对西安市长安区失地农民的调查中发现：仅有12%的受访者参加过政府组织开展的职业技能培训；对于政府出台的致力促进失地农民就业的相关政策，只有11%的失地农民表示"了解"和"比较了解"，而表示"完全不了解"的失地农民的比例高达63%。

综上所述，失地农民参与再就业培训的比例较低，即通过参加培训获取职业技能的人员比例较低。这可能与失地农民再就业培训相关政策的传达不到位有一定的关系。

2. 培训项目的组织

刘凤（2014）针对"4050"失地农民参与的就业培训项目开展了调研，发现这类培训具有如下一些主要特征：① 提供（再）就业培训的机构，多数都是由政府通过项目招标的方式来确定的。② 在项目运作及管理机制上，往往是由相关街道办事处、发改局、经贸局、财政局、水务农业局等政府部门的一把手联合建立领导小组。领导小组承担基层就业服务机构的建设责任，与培训机构一起做好就业培训的前期准备工作，同时也会根据本地实际情况制定严格的监管条例，并通过定期进入培训机构检查、随堂听课、访谈培训人员等措施来确保培训质量。③ 在培训项目的资源投入上，往往由政府设立失地农民培训专项资金，通过在人力、财力、物力等方面给予保障来促进对失地农民进行有效的就业培训。④ 在具体的培训方式上，有课堂授课、现场培训、计算机网络和多种方式混合等。⑤ 在课时安排上，有半工半读的，也有全日制的。

周晓敏（2016）以浙江省余姚市牟山镇开展的为期三年的失地农民免费培训为例，概括出该地区失地农民再就业培训工作在组织形式上的三大特征：① 政府主导、经费到位；② 营造氛围、广泛发动；③ 多措并举、全力惠民。

赵兴国和张吉（2016）针对少数民族的调查结果显示：有53%的失地农民选择的是"从亲戚、朋友、村民处获取"的培训信息；有41%的失地农民选择的是"从相关部门的宣传中获取"的培训信息；剩下6%的失地农民选择的是通过"其他途径"获取的培训信息。这在一定程度上反映了相关部门在失地农民再就业培训项目的宣传上，还有较大的拓展空间。

3. 培训内容

刘凤（2014）针对"4050"失地农民的调查结果显示，在培训内容上，政府先后实施了包括农用技能养殖培训和农产品的种植培训，以及非农业技能的电脑知识、美容美发、电工、焊工、家政服务、糕点制作等多种层次和类型的技能培训。

赵兴国和张吉（2016）针对少数民族失地农民的调查结果显示，在培训内容上，种类较多，主要包括电焊、厨师、养殖、驾驶、民族手工艺等。

4. 培训效果

周晓敏（2016）以浙江省余姚市牟山镇开展的为期三年的失地农民免费培训为例，评估了该地区失地农民再就业培训工作的成效。主要成效如下：① 大部分学员实现了转移就业或增资增收；② 推动了乡村特色产业发展；③ 形成了政府与百姓信任互动的良好局面；④ 逐步摸索出了开展农民培训的有益经验。

赵兴国和张吉（2016）针对少数民族失地农民再就业培训效果的调查结果显示：67.3%的失地农民选择效果"一般"；12.6%失地农民选择效果"较好"；选择效果"较差"的失地农民比例相对较高，占18.2%。调查结果还显示，有部分少数民族失地农民对培训效果不满意，认为"培训后仍然无法达到用人单位的技能要求"。这两项研究结果在一定意义上说明，再就业培训项目的实施肯定是有积极效果的，但效果提升的空间依然很大。

（三）失地农民再就业培训存在的问题

在126篇文献中，有43篇探讨了失地农民再就业培训中存在的问题。鉴于不同区域、不同类型的失地农民所遭遇到的再就业培训问题存在很多差异，许多研究者往往会聚焦不同区域、不同类型的失地农民再就业培训问题研究。此外，也有部分研究者聚焦整体，探讨失地农民再就业培训的一般问题。鉴于此，下面从三个方面来综述失地农民再就业培训的研究文献。

1. 特定地区的失地农民再就业培训存在的问题

一部分学者围绕特定区域的失地农民再就业培训中存在的问题进行了调查分析，主要研究及结论如下：

鲁江等人（2013）针对广州市海珠区失地农民再就业培训的情况进行了调查分析，结果显示，所开展的再就业培训项目存在如下一些问题：① 政府行为（主要在职责、组织、职能和立法这四个方面）的定位单一；② 政府资金保障不足；③ 政府监督机制不健全；④ 政府评估考核缺乏全面性和科学性；⑤ 政府就业培训工作的回应性较低（体现在失地农民对于政府培训就业行为的低反应上，如不满或不积极）。当前出现的"政府积极、农民消极""上头热、下头冷"就是这一现状的切实反映。

李国梁和钟奕（2013）针对广西桂林市荔浦县荔城镇失地农民再就业培训的开展情况进行了调查和分析，结果显示，目前的培训存在如下一些主要问题：① 失地农民对职业培训的潜在价值缺乏正确认识，不能充分认识职业培训的市场价值，甚至还错误地认为参与培训反而会浪费他们务工的时间。② 失地农民的职业培训体系不完善。失地农民职业培训应当被看作一个完整的工作流程，但在实践中，各种失地农民职业培训都只是对失地农民进行一些简单的知识或一般性技能的讲授，只关注具体的培训授课这一环节，既没有进行详细科学的培训需求分析，也没能为培训内容的转化创造条件，或者提供后续辅导，更缺乏培训效果的评估，最终导致失地农民职业培训的内容与就业市场需求不匹配。③ 失地农民职业培训缺乏统一规划与监管。目前，失地农民职业培训主要有以政府为主体和以市场为主体的两种模式培训机构。政府主办的一些职业培训，因缺乏统筹规划与协调，很容易出现多头管理、条块分割的现象，这使得培训效率低下，还容易导致重复培训的问题。此外，失地农民培训政策的不完善，造成培训经费投入不足，培训环境简陋，设备陈旧，稳定的培训师资队伍缺乏，从而导致失地农民职业培训的授课效果不佳。而一些社会职业培训过于依赖企业，收费过高，诚信不足，也令农民望培训而止步，甚至还有培训机构虚设课程，捏造人数，骗取培训经费等违法行为。

赵青（2014）以黄石为例，调查了该地区失地农民再就业培训情况，并发现了如下一些问题：① 培训方法单一；② 培训内容针对性不强；③ 培训需求分析不够；④ 培训项目设计不合理；⑤ 培训效果不佳；⑥ 针对就业培训效果的科学评估和跟踪辅导缺乏；⑦ 针对失地农民培训的专门渠道缺乏；⑧ 培训市场缺乏竞争；⑨ 针对失地农民就业培训的专项经费供给不足；⑩ 资金管理制度尚未形成。

周晓敏（2016）以浙江省余姚市牟山镇为例，发现目前失地农民再就业培训中面临的主要问题有：① 培训主体实力不强。失地农民培训的主要实施机构是农村成人学校，而多数农村成人学校场地小、经费少、人员配置不理想，面对大型培训往往力不从心。② 教育资源整合不充分。成人学校自身教育资源匮乏，要完成复杂的培训工作必须向外寻求资源，然而各部门的资源因为缺乏有效的合作机制而无法整合，导致教育资源浪费、培训效益低下。③ 讲授式培训模式效益较低。④ 培训与就业、创业的衔接度较低。

刘超伟（2018）以广西为例，基于新常态下的背景分析了失地农民再就业培训中存在的主要问题：① 政府投入力度不足；② 培训质量参差不齐；③ 失地农民培训意愿低。

2. 特定类型的失地农民再就业培训存在的问题

有一部分学者针对特定类型的失地农民再就业培训中的问题进行了探讨，比如刘凤（2014）着重分析了"4050"失地农民再就业培训中的问题，而赵兴国和张吉（2016）调查分析了少数民族失地农民再就业培训中的问题。

刘凤（2014）认为，当前"4050"失地农民培训主要存在的问题有单一的培训内容及模式化的培训方式不能满足失地农民多样化的需求，以及对失地农民的就业培训效果不理想。导致"4050"失地农民培训效果不理想的原因是多方面的，涉及政府、企业（征地方）、农民、相关的培训机构等诸多方面主体。其中，导致培训效果不佳的政府方面原因主要有：① 政府对于失地农民就业培训工作重视程度不够；② 政府缺乏对培训机构培训质量的实时监督和及时评估；③ 政府行为定位单一；④ 政府与企业关于失地农民的就业安置问题的沟通力度不够；⑤ 培训内容和方式大多针对的是所有失地农民，对"4050"失地农民缺乏针对性；⑥ 政府对失地农民的就业培训缺乏前瞻性思考。

赵兴国和张吉（2016）认为，目前失地农民再就业培训存在如下一些典型问题：① 培训方法不科学，比如再就业培训多以短期培训为主，培训时间最短的为1天，最长的为3个星期，大部分失地农民因为培训时间较短而无法掌握核心技术；② 考核制度不完善；③ 宣传动员不到位；④ 目标群体自身对再就业培训不够重视。

3. 失地农民再就业培训存在的问题的总体分析

有学者的论文从整体的角度探讨了失地农民职业培训中的问题，比如马琪（2015）的研究论文《我国失地农民就业培训的强化措施探讨》、孙建家（2016）的研究论文《做好失地农民就业培训工作的对策探讨》、周晓敏（2017）的研究论文《失地农民职业培训体系的优化策略》。

马琪（2015）概括分析了我国失地农民就业培训中存在的问题主要有如下三个方面。① 政府主管部门的问题，主要表现为：相关的就业培训机制并不健全，在制度上有所缺失；政府部门没有拨出足够的资金予以支持，没有形成正规的资金发放机制，导致资金发放不定时，就业培训工作不具备长期有效的机制，进而难以持续性发展；政府在培训信息的通知上也没有给予足够的重视，忽视了信息传递工作（主要表现在有关部门通知失业农民进行培训的时候，大多采用的是张贴通知的方式，很难确保信息真的传达到位）。② 就业培训过程的问题，主要表现为：培训的方法、内容及形式没有较强的实用性；培训没有形成健全的测评、激励与反馈机制。③ 失地农民自身的问题，主要表现为：失地农民对政府的期望太高，凡事依靠政府，对自身的工作生涯没有足够的计划，安于现状；失地农民的综合素养还不高，比如知识薄弱、不具备专业技术、职业素质不高。

孙建家（2016）认为，我国失地农民就业培训中主要存在如下问题：① 培训模式依旧以政府办学为主，单一化的模式导致师资配置单一，无法满足新时期失地农民就业的多样化需求；② 培训内容需要进一步拓展；③ 培训教师知识单一，授课方式陈旧；④ 部分培训机构因为资金缺乏，培训设施建设不完善，设备相对老化；⑤ 培训场地缺乏，部分相对热门的培训课程不能够组织进行，导致就业培训内容和劳动力市场的实际需求之间不匹配。

周晓敏（2017）在论文中分析了当前我国失地农民职业培训体系中存在的问题，并概括出九个方面的问题：① 失地农民职业培训主体过于单一；② 教育资源分散，导致失地农民职业培训软硬件条件不足；③ 单纯的教育服务无法满足失地农民就业需求，培训与就业创业的衔接度较低；④ 统一规范的培训标准缺乏，培训之后取得的相应证书时常得不到业界的认可；⑤ 科学公正的评价机制缺乏，包括对失地农民学习成果的评价与对培训机构的评价；⑥ 地方政府对失地农民职业培训工作重视不足；⑦ 失地农民职业培训经费缺乏；⑧ 失地农民职业培训制度支持缺乏；⑨ 失地农民职业培训师资保障缺乏，师资问题突出，主要表现在专职教师配置不理想，兼职教师聘请难。

（四）促进再就业培训工作有效开展的对策或建议

为了促进失地农民再就业培训工作的有效开展，部分研究者针对再就业培训中存在的各种问题，纷纷给出了自己的解决办法。

1. 针对各地失地农民再就业培训问题的对策或建议

以下是鲁江等人（2013）、李国梁和钟奕（2013）、赵青（2014）、张雪雯和胡万玉（2016）、周晓敏（2016）、刘超伟（2018）针对某些特定地区失地农民再就业培训中存在的问题提出的具体对策或建议。

鲁江等人（2013）针对广州市海珠区失地农民再就业培训中政府

行为中的不足，提出了如下建议：① 政府要明确定位（包括职责、组织、职能和立法四个方面的定位）、多元规划（政府、市场和社会要三结合，建立积极有效的公众参与机制）。② 政府要增加失地农民培训质量保障的资金投入，包括：设立就业培训专项资金；逐步提高失地农民培训经费投入比例；尽快研究出台有关政策，从农发基金、土地出让金等基金中专门建立失地农民培训教育基金，并制定专项基金的管理使用办法；建立资金的监督和评估机制，保证专项资金的专项使用，保证资金的使用效果；积极引入市场机制，鼓励和引导民间资本和外资积极参与，增强就业培训的供给能力。③ 政府要建立科学的监督和评估机制，不仅要对受训农民受训结果和培训机构教学质量进行评估，更重要的是还要对政府行为效果进行评估。④ 政府要创新激励机制，提高就业培训机构和失地农民的培训积极性。⑤ 政府要加强政府行为回应性机制建设。

为了提升失地农民职业培训的整体成效，李国梁和钟奕（2013）针对广西桂林市荔浦县荔城镇失地农民再就业培训中存在的问题提出了如下建议：① 提升失地农民参加职业培训的积极性，确保培训对他们未来的就业选择有帮助和收益。② 建立失地农民培训经费投入制度。③ 建立培训与就业的对接机制，如开展"订单式培训"，将培训服务与就业指导和安置工作紧密联系起来，让失地农民直接感受到培训后立竿见影的短期利益回报。④ 提供个性化的职业培训课程，比如，实行"菜单式"培训，为不同的失地农民提供不同的可选择的课程。⑤ 构建完整的失地农民职业培训体系。只有构建适合失地农民的职业培训体系，才能从根本上增强培训效果。

赵青（2014）基于黄石失地农民再就业培训的现状及问题，提出了四个方面的建议：① 制定失地农民就业培训的相关政策；② 构建失地农民就业培训服务体系；③ 鼓励社会力量办学，积极培育市场化培训机制；④ 鼓励政府、失业者、非营利性中介组织和培训机构合作共建一个"四位一体"的就业培训模式。

张雪雯和胡万玉（2016）针对西安市长安区失地农民再就业培训中的不足，提出了如下几个方面的建议：① 加大失地农民职业培训的力度；② 职业培训的内容要从实际出发，科学设置。培训课程要根据对失地农民和企业、市场双向的调查结果来开设。只有如此，才有可能开发出一些既受失地农民欢迎又能满足企业、市场用工需求的课程。此外，培训机构/学校在课程安排上应注重实效性和实用性。为此，学校应该多与用人单位交流人才供需情况，多组织学生到企业中直接进行交流、学习，等等。

周晓敏（2016）针对浙江省余姚市牟山镇再就业培训工作中的不足，提出了自己的建议：① 要积极应用多元主体模式。② 要积极应用"成校＋职校"双主体模式。具体策略是由成人学校负责培训的组织工作，职业院校负责教学实施。积极发动职业院校参与失地农民的职业技能培训工作，是加强（失地）农民培训力量的有效手段。③ 要重视非正规的短期培训。这类培训因其短平快的特点更适合成人。④ 要根据成人学习的特点开展培训。⑤ 要积极搭建从培训到就业的服务平台。

刘超伟（2018）以广西为例，针对当前失地农民再就业培训中的问题，提出了如下几方面的对策：① 在政府方面，应加大培训资金的投入力度、培训项目的宣传和扶持力度，加速各类培训资源的整合；② 在培训机构方面，应加强学校、企业、失地农民的联系，科学设置培训专业，加强学校师资队伍的培养，灵活设置培训形式（包括培训时间、日常管理和教学形式等方面），方便失地农民接受培训，降低培训成本。

2. 针对各类失地农民再就业培训问题的对策或建议

以下是刘凤（2014）、赵兴国和张吉（2016）针对"4050"失地农民和少数民族失地农民再就业培训中存在的问题提出的对策或建议。

刘凤（2014）针对如何优化"4050"失地农民群体就业培训提出了两大方面的建议。一是优化就业培训中的政府行为，具体包括：① 政府应提高对失地农民就业培训的重视程度；② 政府应建立科学有效的监督机制，并及时创新激励机制；③ 政府应明确定位，进行多元化规划；④ 政府必须加强与当地企业的沟通力度，合力解决失地农民就业问题；⑤ 政府应具备"4050"失地农民就业培训的前瞻性思考。二是加强培训内容和培训方式的针对性，具体包括：① 在培训内容上，加强对"4050"失地农民培训需求的调研，选择适合该群体特点、符合社会需求的培训内容，使得培训与需求相统一；② 在培训方式上，针对"4050"失地农民的年龄较大、受教育水平较低、非农业技能基础薄弱、接受新事物相对较慢的特点，采取相对较灵活的方式。政府要采取措施鼓励培训机构积极创新培训方式，以寻找到最适合该群体的培训方式。

赵兴国和张吉（2016）针对少数民族失地农民再就业培训中的问题提出了三个方面的对策：① 改进培训方法，完善培训内容；② 积极宣传动员，完善考核制度；③ 改变传统观念，提高综合素质。

3. 针对我国失地农民再就业培训中普遍存在问题的对策或建议

以下是马琪（2015）、孙建家（2016）和周晓敏（2017）针对我国失地农民再就业培训中普遍存在的问题提出的对策或建议。

马琪（2015）提出了两方面的建议：① 增强政府的执行力。具体包括健全培训政策信息传达环节，改变原有的考核方式，以增强培训参与各方的积极性。② 保证培训的可操作性。具体包括在明确培训内容的时候，改变原有的单一决策方式，健全公众参与机制，努力参考多方面的意见，创建一个综合性强的决策体系，同时丰富培训方式。

孙建家（2016）的研究给出了五点具体的建议：① 要提高对培训的重视程度；② 要不断创新培训方式；③ 要逐渐完善培训内容，对不同的失地农民给予不同的培训内容；④ 要加大培训资金支持力度；⑤ 要增强提升失地农民的学习意识。此外，孙建家还特别给培训组织机构提出了建议：要加强和地方政府部门的沟通交流，组织开办具有较强针对性的专业技能培训课程；和企业签订用工协议，推行订单式培训，在失地农民培训结束且考核合格后即可安排失地农民上岗。

周晓敏（2017）围绕失地农民职业培训体系的优化，提出了九个方面的建议：① 培育多元合作的培训主体格局。政府应当在建立有效监督评估机制的前提下，引入市场机制，创设条件（如通过政府公开招标购买服务、发放失地农民培训券、给予参与培训企业税收优惠等方式），引导社会力量参与失地农民培训。② 建立统筹协调的管理运行模式。为充分调动各部门及社会闲散的教育资源，政府必须建立培训领导机构来统筹协调本地区的失地农民培训工作。③ 搭建务实惠民的就业服务平台。④ 制定统一规范的培训标准，加快出台国家职业资格证书制度。⑤ 建立科学公正的评价机制。⑥ 强化政府为主的组织保障。⑦ 建立一个"政府投入为主、社会多方参与、个人合理分担"的失地农民职业培训经费多元投入机制。⑧ 健全成熟规范的制度保障。具体包括制定并出台失地农民培训法律法规，形成失地农民培训的长效机制，促进失地农民培训的规范化发展，健全完善成人教育法律法规，营造支持各类成人教育培训的良好氛围。⑨ 建设专兼结合的师资保障。

（五）再就业培训体系、模型或机制的建构

1. 再就业培训体系研究

所谓体系，泛指一定范围内或同类的事物按照一定的秩序和内部联系组合而成的整体（刘宽，2016）。针对失地农民再就业培训体系的建构与优化，是基于系统论的行为，目的在于促进再就业培训这个工作系统更加有效。越来越多的学者认识到开展失地农民再就业培训体系研究的重要性。比如，鲍海君（2012）从培训资金、培训内容、培训机构、培训模式及培训监督机制等多个方面，系统论述了失地农民教育培训体系如何构建的问题；周艳丽和胡江陵（2016）围绕海南国际旅游岛建设中出现的失地农民问题，就"构建科学合理的失地农民就业培训体系及模式"问题进行了探讨；周晓敏（2017）则围绕当前失地农民"职业培训体系的优化"进行了深入分析。

除了从系统的角度探讨失地农民（再就业）培训体系建设与优化之外，还有一些学者关注某些特殊主题（如创业培训）、特殊环境背景（如社区教育）、特殊培训形式（网络化教育）及特定子系统下的培训体系建设。

比如，鲍海君（2012）和周芳（2012）就对失地农民创业培训体系的构建进行了探讨。其中，周芳（2012）在对苏州失地农民创业现状调研的基础上，分析了失地农民创业培训中存在的主要问题及成因，并主张从创业意识的培养、创业机会的识别、创业项目的选择、创业过程的辅导等几个方面来构建苏州失地农民创业培训体系。创业培训无疑是特殊主题内容的再就业培训。

再比如，骆建艳和周春蕾（2008）就基于社区教育的失地农民就业培训体系的建设提出了若干对策。刘旭浩等人（2014）则为了有效保证失地农民再就业培训的效果，改变目前单一职业技能培训的现状，提出了构建失地农民网络化培训体系的主张。刘旭浩等人认为，网络化教育培训体系的构建包括四个方面：培训机构的网络化、培训模式的网络化、培训内容的网络化和培训技术的网络化。培训机构的网络化指的是由政府培训机构、私人培训机构和非营利培训机构共同构成相互补充、相互合作、相互制衡的培训网络。培训模式的网络化指的是由社区

培训模式、订单培训模式、远程培训模式等构成培训模式。培训内容的网络化指的是培训内容多样化，可以是职业技能培训、创业培训，也可以是补偿性培训等。培训技术的网络化指的是在培训中综合使用微型移动学习模式、教育虚拟社区、混成学习等新型学习模式。上述研究，分别是基于特殊环境背景（如社区教育）和特殊培训形式（如网络化教育）进行的再就业培训体系建构或优化的典型案例。

还有学者针对培训子系统的建设与优化进行了讨论。比如，刘红燕（2009）以上海市为例，提出要建立一个由政府、学校和失地农民三方相互合作与制约的"立体链评价体系"，而这个系统可视作评价子系统的建设或优化。刘红燕认为，在对再就业培训的有效性进行评价时，政府、学校和失地农民应从不同的角度进行评价。政府应对培训的数量和质量进行评价；学校应从培训的经济效益和社会效益出发来评价培训；失地农民则应侧重于对培训的近期效益和潜在效益进行评价。此外，高艳、陆宁和刘吟月（2010）提出了应构建失地农民就业培训支持系统的主张。鲍海君（2014）则建议从教育政策、税收金融政策、财政与土地政策等多个方面来探索失地农民教育培训政策保障系统的建构。

2. 再就业培训模式研究

所谓模式就是事物的标准样式。把解决某类问题的方法归纳到理论高度，那就是模式。模式的应用有利于找到问题解决的最佳办法。部分学者从不同的角度探讨了失地农民再就业培训问题解决的一些模式。岳晓娜（2015）利用职业院校的培训优势构建了职业院校对失地农民的培训模式。刘璐和宋振源（2011）则基于计算机网络和远程教育的普及，提出了失地农民再就业培训的"混成学习"模式。所谓"混成学习"模式，指的是通过对"面对面教学"和"在线学习"两种学习模式的有效整合，达到降低成本、提高效益的一种教学方式。"混成学习"模式包括"确定学习目标及预期绩效""选择相应层次的培训内容""选取'混成学习'模式""考核和评价"四个部分。刘璐和宋振源认为，相对其他培训模式而言，"混成学习"模式便于对失地农民实施差别化的培训策略，有利于提高固定成本下的培训绩效，有效解决失地农民的工学矛盾。政府及失地农民自身应高度重视并积极推广"混成学习"模式，并应充分利用现有教学资源，建立多层次的网络培训体系。

3. 再就业培训机制研究

一些学者认识到机制建设之于再就业培训工作有效性的作用。李晋蓉（2004）认识到帮助失地农民建立起长效发展机制具有重要意义，主张建立失地农民培训、就业、社会保障一体化的长效机制。胡伟、王晓敏和郑彩云（2009）围绕广州失地农民的"技能培训机制创新"提出了三点主张：一是要以政府为主导建立长效培训机制；二是要以实现就业为目标，做好培训课程的开发与设置；三是要提高失地农民的人力资本与社会资本，实现信息的多元化之路。赵春燕和周芳（2012）以苏州为例，在对失地农民的就业情况、工资收入、学历层次、技能培训意愿、创业意愿进行实地调研的基础上，探讨了失地农民再就业培训机制建构的内容、方法与路径。李树德和赵志强（2012）则从经济学观点出发，全面论述了失地农民的培训机制与形式，还特别针对失地农民再就业保障制度的构成要素进行了讨论分析。

除了对失地农民再就业培训整体机制的建设进行讨论之外，还有学者关注培训中某个方面（环节）的工作机制建设。鲍海君和何林倩（2012）鉴于当前教育培训模式中普遍存在"没有充分考虑失地农民的分散性、广泛性和多层次性的特征"的问题，建议构建适合当前失地农民培训模式的信息化机制。此外，还有学者围绕目前失地农民（再就业）培训管理机制的优化进行了讨论，比如周晓敏（2017）的研究论文《优化失地农民职业培训管理机制的若干思考》。

第四节 文献述评

一、述评

基于CNKI数据库，我们对CSSCI来源期刊中的篇名包括"失地农民"的论文关键词进行了扎根理论分析，结果显示：在致力各种失地农民问题解决方案的探索中，研究人员更关注对如何实现"合理补偿土地权益损失"这一解决方案的探索，而对如何"提供必要的公共服务"这一类问题解决方案的探索力度显然还不够。我们认为，通过提供公共服务来解决失地农民面临的就业或失业问题同样很迫切、很重要。在各种公共服务中，向失地农民提供再就业培训服务无疑是促进失地农民更充分和优质就业的有效手段。但是，基于上述扎根研究可以发现，积极探究"失地农民再就业培训"的 CSSCI 期刊来源论文非常少。事实上，即使不考虑 CSSCI 期刊来源的限制，篇名中同时包含"失地农民"和"再就业培训"这两个词汇的期刊论文也只有 11 篇。

由于再就业培训可促进失地农民更充分和优质就业，即有助于失地农民再就业问题尤其是结构性失业问题的解决，各地政府纷纷将再就业培训列入公共就业服务清单，并向"有需要"的失地农民，尤其是无业或失业的失地农民免费开放。但是，要利用再就业培训解决失地农民的再就业问题，关键是确保所提供的再就业培训服务是有效的。只有那些有效的培训服务，才能发挥出积极的作用，促进该群体就业问题的解决。然而，目前针对失地农民再就业培训服务有效性的研究几乎没有，特别是还没有很系统的研究。因此，我们有必要围绕如何加强失地农民再就业培训服务有效性开展系统的研究。

由于我国的城镇化进程仍在持续进行中，失地农民仍在源源不断地产生。因此，失地农民再就业问题将会长期存在。一批又一批失地农民的再就业问题需要解决，这也意味着我们的政府及培训机构需要在很长的一段时间内向失地农民提供再就业培训服务。在这种情况下，政府要想增强再就业培训服务的有效性，就应当努力建构失地农民再就业培训的长效机制。

在通常情况下，我们遭遇某一问题时，会想着探索解决方案。经过反复探索和实践之后，可能会形成特别有效的方案。在这种情形下，我们就可能需要在这个有效方案的基础之上，总结出问题解决的机制。问题解决机制的形成可避免试误带来的成本损耗。机制形成之后，还有不断完善的过程。经过反复的完善和健全，这套机制可能会长久地适用于某个问题的解决。这样的机制事实上就成了某个问题解决的长效机制。由此可见，围绕某个问题解决进行机制建设和机制完善的研究非常重要。然而，通过文献分析可以看到，探讨失地农民问题解决长效机制的研究非常少。126 篇有关"失地农民再就业培训"这一主题的文献中更是没有这方面的研究。为此，我们认为非常有必要围绕"失地农民再就业培训系统的长效机制"的建设和完善去开展相关的研究。

二、迫切需要探讨的关键问题

（一）迫切需要围绕失地农民再就业培训系统开展研究

通过对"失地农民就业培训"这一主题的相关文献进行分析可以发现：目前在这一主题上的研究，焦点主要在现状研究、问题研究和对策建议研究这三大方面。大多数研究者往往会首先聚焦某些特定区域或特定群体的失地农民再就业培训现状的描述和问题的揭示，然后根据揭示出来的问题，提出一些有针对性的对策或建议。不同的研究者揭示出来的失地农民再就业培训问题涉及的内容多种多样也有差异。这是因为不同地区、不同群体面临的失地农民再就业培训问题的确存在差异。这些差异同研究者的分析视角、经验能力及样本代表性很可能相关。不可否认的是，每位研究者在关注到一些差异特征时，都可能会疏忽另外一些差异特征。也就是说，每位研究者所发现的问题都只是潜在的失地农民再就业培训问题中的一部分。

目前，研究者大多是基于各自研究发现的问题提出对策和建议。毋庸置疑，这些对策往往都很有针对性。但是，在缺乏对失地农民再就业培训进行系统思考的前提下，所揭示出来的问题往往都很碎片化，提出的建议和对策在更多的情况下，也只能是"头痛医头，脚痛医脚"，很难获得标本兼治的效果。这导致很多围绕失地农民再就业培训相关工作的优化措施的效果十分有限。

为此，我们认为，要想彻底解决问题，就必须对失地农民再就业培训及其有效性形成一个系统的认识。这就需要我们对失地农民再就业培训系统进行深入的探索。只有充分了解了该系统的要素、要素之间的关系（结构），才能全面考虑各种问题解决的对策与建议，才能取得标本兼治的效果。

（二）迫切需要围绕失地农民再就业决策影响因素及相关机制开展研究

如果一个系统要长期存在，其功能就必须要有效发挥，其目的就必须要能够达成。如前文所述，失地农民再就业培训是为促进失地农民充分再就业而开展的职业/就业素质培训。换言之，失地农民再就业培训的最终目的是为了促进失地农民充分再就业，而之所以开展再就业培训，是因为再就业培训具有提升受训人员职业/就业素质的功效。在失地农民再就业培训中，受训人员即失地农民。从一定意义上讲，提升受训人员的职业/就业素质可被理解为再就业培训的直接目的。因此，从系统的角度来看，失地农民再就业培训系统的功能是提升失地农民的职业/就业素质，提升失地农民的职业/就业素质也是该系统的直接目的。除了直接目的之外，该系统还有一个最终目的，即促进失地农民充分再就业。

然而，要达到这两个目的，失地农民的积极参与非常重要。首先，失地农民要积极参与再就业培训；其次，经过再就业培训的失地农民，要能够积极参与到就业的决策中。换言之，在面对再就业培训系统提供的再就业培训项目时，要有足够多的失地农民能够做出参与培训的选择；而培训结束之后，在面临各种就业机会时，失地农民要能够积极做出"愿意接受"的行为反应。如果提供的再就业培训项目没有足够多的失地农民选择参与，或者培训之后，失地农民在面临各种再就业机会时，不愿做出"接受"的选择，那么前者意味着再就业培训的直接目的难以达到，后者则意味着再就业培训的最终目的无法达到。在失地农民再就业培训系统中，失地农民必然是一个不可或缺的参与者，也是一个关键的要素。有效的再就业培训系统应当能够促使失地农民在面对上述两项选择时，能够积极做出参与或接受的选择。为此，我们认为，政府及再就业培训机构应当围绕这两个目的，积极采取行动，优化再就业培训系统的各个要素与结构。然而，要高效实现这两个目的，需要开展如下一些研究。

1. 需围绕影响失地农民再就业培训参与决策的因素及相关机制开展研究

如上所述，有效的再就业培训项目被开发出来之后，应当有足够多的失地农民积极报名参与。换言之，政府或培训机构开发出来的再就业培训项目应当产生足够的吸引力，促使失地农民做出参与培训的选择。有足够高的报名参与率或足够多的参与人数，应当成为衡量再就业培训系统是否有效的关键性指标。反之，如果报名参与率太低或报名人数太少，就意味着再就业培训系统推不出有吸引力的项目，也就意味着再就业培训系统已经失去了存在的价值。

为此，我们认为，努力提高失地农民报名参加再就业培训的积极性非常重要。而要提高失地农民报名参加再就业培训的积极性，首先应当围绕影响失地农民再就业培训参与决策的因素及相关机制开展研究。我们只有充分了解了影响失地农民做出是否参加再就业培训决策的因素和相关机制，才能拟定出有效的措施，确保再就业培训系统能够推出有足够吸引力的再就业培训项目，也才能解决失地农民再就业培训面临的各种问题。

2. 需围绕影响失地农民再就业决策的因素及相关机制开展研究

失地农民再就业培训的最终目的是促进失地农民充分再就业。因此，检验失地农民再就业培训是否有效的最终标准就是"经过培训的失地农民学员，最终有多少或多大比例实现了再就业目标"。也就是说，实现再就业的学员人数越多、比例越高，再就业培训的有效性就越强。再就业培训的有效性越强，意味着系统的运作就越健康。然而在实务操作中，并非所有有就业意愿的失地农民在面临一些就业机会时，都会做出接受的选择。换言之，一些因素可能会影响失地农民进行再就业决策。如果政府不了解这些因素及作用机制的话，就可能导致如下情况出现：政府花了大量资源来培训失地农民，但失地农民投入了时间并积极参与培训后，在面临各种就业机会时，仍选择"赋闲在家继续无业或失业"。因此，为了避免这一现象的出现，促进更多或更高比例的受训失地农民实现再就业目标，围绕影响失地农民再就业决策的因素及相关机制开展研究就很有必要。

我们认为，实现了再就业目标的受训失地农民学员，必然是积极做出接受"再就业决策选项"的学员。对于这类学员，能够做出接受"再就业决策选项"，意味着劳动市场上，或政府和培训机构推荐开发的再就业机会中，存在着学员"预期的"或"觉得值得去做的"就业机会。因此，我们有必要去探索"如何做"才能促进失地农民学员产生这样的预期或印象（感觉），具体包括"提供什么样的培训（培训哪些就业素质）""培训后提供哪些后续服务""政府、培训或其他一些机构如果要推荐一些就业机会，应推荐具有哪些特征的就业机会"等。要回答这些问题，首先需要了解"影响失地农民再就业决策的因素及相关机制"，即要弄清楚：① 哪些因素会促使失地农民学员做出接受"再就业决策选项"的行为反应；② 该选择机制是什么。一旦清楚了这些问题，政府、培训或其他机构就可以设计或开发出有效的再就业培训项目，以及培训后配套的再就业服务项目（如就业推荐服务项目）。

失地农民只有形成如下一种印象或预期，即"大多数失地农民学员在经过再就业培训之后，能够在劳动力市场或人力资源市场上找到一份值得自己选择的就业岗位或机会"时，才会积极做出参加再就业培训的选择，再就业培训系统也才有可能持续运作下去。

第五节 研究设计

一、技术路线

本书各项研究的技术路线借鉴了行动研究中的螺旋循环模式，如图2-5-1所示，即首先提出初始问题，然后拟订研究计划，利用访谈、问卷调查、实验等方法或手段搜集研究资料，接着分析资料，概括出相应的结论；与此同时，如果在研究的过程中发现新的问题，就循环之前的路线。

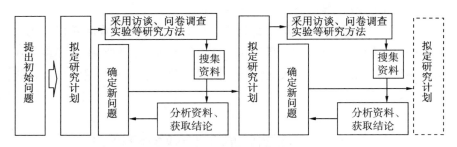

图 2-5-1 研究的技术路线

二、研究内容

基于前面的文献分析，我们拟将初始问题确定为"再就业培训系统有哪些要素""要素之间存在什么样的关系"。基于这两个问题，先开展一项基于扎根理论研究范式的质性研究，探索失地农民再就业培训系统的要素、结构及长效特征（即长效再就业培训系统的特征），并以样本所在城市为例，分析该地区再就业培训系统的优势与劣势，即哪些要素是优势要素，哪些要素是劣势要素或瓶颈要素。

在完成上述研究之后，我们再选择当前失地农民再就业培训系统中存在的若干关键性问题，通过进一步研究，探索这些关键性问题的成因、相关机制及解决之道，并以此作为失地农民再就业培训系统长效机制建设的突破口与参考范例。

第三章

再就业培训系统研究

再就业培训无疑是一个系统,包含很多要素。这项工作能否有效开展,会受到很多要素的影响。为此,要深入剖析失地农民再就业培训工作中存在的各种瓶颈问题,首先需要把这个系统好好地进行剖析,尤其是要能够清晰地了解该系统的要素与结构。

在本章中,我们以苏州再就业培训为例,通过开放式问卷搜集到大量有关该系统的特征描述。基于扎根理论研究范式,我们探索了再就业培训系统的要素、结构与长效特征,同时还分析了苏州再就业培训系统的优劣特征。

第一节 再就业培训长效系统概述

一、系统论的基本观点

根据系统论的观念,系统无所不在,万事万物都处在一个系统之中。失地农民再就业培训无疑也是一个系统。所谓系统,一般是指由若干相互联系、相互作用的要素所构成的具有特定功能的有机整体,其中,要素有时候也被称为元素。(周吉,陈文,1985)依据系统论的观点,要构成一个系统,必须要有两个以上的要素。单个的要素是不能构成系统的。而系统和要素的区别是相对的,又是相互依存的。任何一个系统都是较高一级的要素;任何一个要素本身,通常又是较低一级的系统(周吉,陈文,1985)。

系统有三个基本特征(谭跃进,高世楫,周曼殊,1996):① 系统是由若干元素组成的;② 这些元素相互作用和相互依赖;③ 元素间的相互作用，使系统作为一个整体具有特定的功能。按照系统论的观点，任何一个客观系统都存在着构成系统的诸元素之间的联系，以及系统与其构成元素的联系。我们把系统的这种内部联系称为结构。任何一个客观系统也存在着系统与其所在环境的联系。我们把系统的这种外部联系称为功能。（毛祖桓，1988）一般系统论认为，系统结构通过改变或增加系统内部的组织性和有序性决定系统的整体功能，也就是说，系统功能的根据在于结构。（陈建新，1985）

根据不同的分类标准，系统有多种类型。一般系统论把客体系统划分为自然系统、工程技术系统和社会经济系统三大类。（陈建新，1985）陈建新认为，相对于其他两种类型的系统，社会经济系统由于直接由人类有目的的实践活动构成，是具有目的性的。所谓目的，不是指客观世界那种由自然原因引起的自然结果，而是行为主体根据自身的需要，借助意识、观念的中介作用预先设想的行动结果。社会经济系统因为具有目的性而被视为目的系统。而系统的目的能否有效达成，在一定程度上是衡量一个目的系统的结构是否合理及元素的功能是否充分发挥的根本性标准。

一个系统能长期存在，意味着该系统有着较强的稳定性，即能够更长久地保持稳定状态。一般而言，目的系统具有环境适应性，因为环境适应性可使系统保持一种稳定性。当然，具有稳定性的系统也并非在一切条件下在所有时间内都能保持稳定性。当系统的形成要素或子系统发生局部变异时，当这种变异加上外界干扰超过一定限度时，系统就可能处于不稳定状态。处于不稳定状态的系统，其发展前景有两种：一种是由于在外界交换物质、能量和信息的情况下重新获得有序，系统逐渐趋向于新的稳态；另一种是系统处于周期性振荡或由于干扰越来越大而趋向于瓦解（周吉，陈文，1985）。显然，在前一种情况下，系统将会继续存在，并再次趋向于稳定。一个系统如果在面临各种内外环境变化时，总能通过自我的调整，形成一种新秩序，达到一种新平衡，维持一种目的不变、持续存在的状态，就可被称为长效系统。长效系统所具有的稳定性，并非静态的，而是动态的。这类系统在面临内外部环境变化时，能够自我调整，不会被瓦解。调整后的系统依然可以通过"自身运作"来促进系统目的的达成。这种自我调整的能力，在某种意义上，构成了系统的环境适应力。

二、机制与长效机制的内涵

系统有自我调整或环境适应的能力往往意味着它具备某种机制。这种机制的存在，使系统具有了一种自我控制、反馈与调节的能力。周吉和陈文（1985）认为，目的系统之所以具有环境适应性，是与其具有目的性和控制、反馈、调节能力分不开的。对于长效系统而言，这种独特的机制值得我们关注。建立并健全这种机制，将有助于系统长期稳定并可持续地存在下去。那么，如何理解"机制"这一概念呢？在《现代汉语词典》（第7版）中，"机制"一词有4种解释：① 机器的构造和工作原理，如计算机的机制。② 机体的构造、功能和相互关系，如动脉硬化的机制。③ 指某些自然现象的物理、化学规律，如优选法中优化对象的机制。④ 泛指一个工作系统的组织或部分之间相互作用的过程和方式，如市场机制，竞争机制。

在系统论的视角下，"机制"这一概念毫无疑问使用的是上述第四种解释，即一个工作系统的组织或部分之间相互作用的过程和方式。为此，吴亚东和李钊（2010）直接将机制定义为一个系统中各元素之间的相互作用的过程和功能。这种相互作用的过程反映的是系统元素之间的联系。根据上文毛祖桓（1988）的定义，各元素之间相互作用的过程可被理解为系统的结构；而系统各元素即系统子系统的功能反映的是元素（子系统）与其所在环境（系统）的联系。因此，我们可认为，机制就是系统的结构（元素之间的关系）与元素的功能（元素与系统之间的关系）。机制的有效性是基于系统目的能否达成而言的。如果系统的结构及元素的功能可促进系统目标的达成，那么机制相对于系统而言就是有效的。反过来说，一个系统要长期稳定的存在，其机制就必须要长期保持有效性。对于一个系统而言，这样的机制就是长效机制。

由于系统的外部环境经常变化，系统要始终达到目的，其结构及元素的功能就不可能保持不变，因此系统需要具有一种保持动态平衡的能力——在系统遭受各种内外因素扰动时，系统要能迅速实现自适应，尽快恢复到原有的或达成一种新的平衡状态。可见，一个具有长效机制的系统，其本质应当是一个动态稳定的系统。该类系统往往具有自调节、自组织、自适应等系统特性。（周吉，陈文，1985）

因此，从系统论的角度，我们可将一个具有长效机制的系统理解为要素能有效发挥功能、结构能适应外部环境变化、系统目的能长期实现的系统。这类具有长效机制的系统也可称为长效系统。因此，长效系统的建构，其本质就是建设系统的长效机制。在一定意义上，长效机制建设就是围绕系统目的，不断健全系统要素，优化系统结构，增强系统适应环境变化的能力，确保系统及其关键要素的功能正常发挥。

三、失地农民再就业培训长效系统与机制建设

自20世纪50年代系统论、控制论、信息论被应用于教育研究以来，"教育是一个系统"这一命题已被大家广泛接受。（聂长胜，2014）教育系统是因一定的教育目的，由一定的要素构成一定的组织形式来实现一定的教育功能的整体。（颜泽贤，1991）

正如前文所述，任何系统都是较高一级的要素；任何要素本身，通常又是较低一级的系统。培训是成人教育中非学历教育的一种形式。成人教育是一种有别于普通全日制教学形式的教育，因此，成人教育可被视作教育系统的要素或子系统，也可以被视作一个包含着更低一级要素的系统。培训是成人教育的一种类型，因此培训无疑也是一种系统，是成人教育系统的子系统。朱康全（1998）认为，培训是一个复杂系统，具有所有系统的共性，用系统工程的方法来加强对培训的宏观控制和微观管理是一件极有现实意义的大事，如果能够运用系统工程方法来对培训工作进行统筹规划，就会收到事半功倍的效果。

作为培训的一种类型，再就业培训是培训系统中的子系统。而作为一个社会经济系统，再就业培训系统也是一种目的系统，有着自己独特的目的，是一个以"提高失业人员就业素质水平"为直接目的，以"促进失业人员成功再就业"为最终目的的系统。顾名思义，失地农民再就业培训就是以失地失业农民为对象的再就业培训，可被看作再就业培训系统的子系统。

马育运（1991）认为，人们必须把研究和处理的对象看作一个完整的系统，并辩证地看待它的整体与部分、部分与部分、系统与环境等的相互作用和相互联系，以求对问题做出最佳处理。政府要想让失地农民再就业培训长期稳定地存在下去，就必须要积极探索长效机制的建设方法，即要围绕失地农民再就业培训的系统目的，不断健全该系统的要素，优化该系统的结构，增强该系统适应环境变化的能力，确保该系统

及其关键要素的功能始终能正常发挥。换言之,长效系统的建构,其本质就是一个系统的长效机制建设问题。要做好这些,首先需要探索具有长效机制的系统有哪些要素,每个要素有着什么样的功能(作用),哪些要素的功能最关键、最核心,要素之间存在什么样的关系,哪些要素是瓶颈,等等。对诸如此类问题的探索,是长效系统建构或长效机制建设的基础与前提。

第二节 研究问题与方法

一、问题的提出

秦红和石伟平(2010)在梳理战后英、法、德等西方国家再就业培训政策时发现,这些国家基本上建立和完善了再就业培训体系。这些国家在制定再就业培训政策时,都较好地应用了系统理论。杨佳(2011)在研究美国再就业培训的立法历程及管理体系时发现,该国现行的再就业培训系统除了注重联邦、州和地方政府之间的有效合作外,还十分注重与各种社会机构(如社区学院、培训组织和当地企业)的合作。为此,杨佳认为,再就业培训是一项系统工程,涉及各种群体和机构,需要社会多方面力量的参与;多种机构合作有助于政府部门了解市场信息、掌握劳动力需求情况、利用各方资源并且得到有效监督。

相比而言,我国再就业培训的政策制定及实务工作的开展还未能充分做到基于系统论进行考量,一些要素或环节上还存在一些瓶颈,部门之间、机构之间的合作还不充分。这使得整个再就业培训系统无法发挥出最强的功效。我国著名教育家朱永新(2017)在分析我国当前被征地农民(失地农民)再就业培训所存在的问题时特别强调,再就业培训不是一项简单工作,它是一个系统工程,再就业培训是否有效取决于再就业培训系统中的诸多要素是否齐备充分,以及各要素之间的作用机制是否顺畅、能否取得协同效应,等等。朱永新建议,各级政府应组织政策、理论及实务专家基于系统理论,设计出一套始终以就业为导向、具有长效作用的被征地农民再就业培训机制。

鉴于失地农民再就业培训是以失地农民为对象的再就业培训,随着公共服务均等化的推进,一些地方的失地农民再就业培训是和其他类型失业人员的再就业培训合并在一起做规划统筹的，在实务操作上，通常仅在生源、经费来源、补贴方式等方面有所差异。考虑到在实务运作中再就业培训更是一个被重视并独立对待的培训工作，对再就业培训系统先进行探索就很有必要。在梳理文献时发现，有不少学者主张"要把再就业培训当作一个系统来对待"，但这是一个什么样的系统，究竟包含哪些要素，要素之间具有什么样的关系（结构），哪些要素是瓶颈，诸如此类问题还鲜有人涉及。

因此，要建构再就业培训长效系统，应先围绕系统本身进行探讨，最好能建构出一套有关再就业培训系统的理论去描述再就业培训系统的要素及结构，并在其基础之上，分析目前再就业培训系统的不足，确定出瓶颈要素。只有如此，才能提出更加有针对性的优化策略，以促进系统功效的最大化与持久化。

二、研究方法

为了探讨上述问题，本书开展了基于扎根理论研究范式的质性研究。

（一）研究工具

进行扎根理论研究首先要搜集、研究与主题相关的经验事实。为了更高效地搜集质性资料，基于拟探讨的问题，笔者自编了一份问卷（如附录1所示）。问卷包括两大部分：一部分是人口变量，具体包括性别、教育水平、技术职称和工作岗位四个方面的多选题；另一部分则由三道开放式问题构成。这三道开放式问题分别是：

（1）您认为一个可发挥长效作用的再就业培训系统，应具备哪些重要的特征？（以下简称"问题1"）

（2）您认为目前我市的再就业培训系统，在运行上所表现出来的最出色的方面有哪些？（以下简称"问题2"）

（3）您认为目前我市的再就业培训系统，在运行上所表现出来的最薄弱的方面有哪些？（以下简称"问题3"）

这三道开放式问题将分别用来搜集和分析再就业培训系统的长效特征，以及当前再就业培训系统的优势与劣势特征。长效特征是"期望中"的特征。通过对长效特征的分析，我们可以了解长效系统中最核心的要素有哪些。而优势与劣势特征能反映出促进或制约系统功效或系统目的达到的要素有哪些。我们认为，建构长效系统的基本策略就是把握重点、扬长补短。对再就业培训系统长效特征、优势特征及劣势特征的分析可以实现上述目的。另外，无论是哪类特征，都是对系统某一要素或某些要素属性的认识。综合多个角度来分析这些认识，可以更完整、更全面地呈现系统要素的构成及系统要素之间的关系（结构）。基于这三道开放式问题获得的质性资料将是基于扎根理论研究范式进行分析的主要内容。

（二）研究对象与资料搜集

对再就业培训工作介入最深的是来自再就业培训机构的教师（含理论教学人员和实训教学人员）及项目支持人员（含教学辅助人员和管理人员）。他们是系统的一部分、再就业培训项目的直接参与者，更是最熟悉、最了解系统运行状况的那部分人。因此，我们以这两类人员为研究对象，搜集他们对再就业培训系统的看法。

目前很多地方的失地农民再就业培训并非单独开展。以苏州为例，许多失地农民再就业培训项目同城镇下岗失业人员的再就业培训很多时候已合在一起开展。这使得失地农民再就业培训和城镇下岗失业人员再就业培训很难完全区分开来。事实上，两类再就业培训的区别主要在于学员本身的差异。鉴于此，我们在对再就业培训系统的要素及结构进行探索的过程中，将不考虑两类系统的差别。

在本项研究中，我们向苏州市 24 家从事再就业培训业务的培训机构的教师和项目支持人员发放了问卷。剔除掉无效问卷，最终获得 221 份有效样本。这些样本在人口变量上的分布如表 3-2-1 所示。

表 3-2-1 样本分布（$N=221$）

变量	类别	人数/人	百分比/%
（1）性别	男	94	42.53
	女	127	57.47
（2）教育水平	大专以下	19	8.60
	大专	49	22.17
	本科	139	62.90
	硕士及以上	14	6.33

续表

变量	类别	人数/人	百分比/%
（3）技术职称	无职称	52	23.53
	初级	66	29.86
	中级	74	33.48
	副高级	22	9.95
	正高级	7	3.17
（4）工作岗位	理论教学	112	50.68
	实训教学	102	46.15
	教学辅助	43	19.46
	管理	60	27.15

（三）资料整理与分析

为了更有效率地分析资料数据，我们同样借助了质性分析软件NVivo 11.0。

第三节 再就业培训系统的目的与要素

一、三级编码分析

（一）开放编码

我们首先对"问题1"采集到的文本资料进行开放编码，结果得到了179个参考点。这些参考点最终被归纳为29个自由节点。以"就业导向"这一自由节点为例，典型参考点有"要能有助于就业""要能够基于就业岗位来开发培训项目""培训内容要有用""实用性要强""在形式上，要能理论与实践相结合"等。鉴于这些参考点都要求培训项目（或内容）和就业直接或间接相关，因此，我们将这些参考点概念化为"就业导向"。

之后，我们再基于这些自由节点对"问题2"采集到的文本资料进行编码，获得了303个参考点。这些参考点可被纳入29个自由节点中的21个中。同时，我们还发现少部分的文本资料不能被编码并纳入这29个自由节点中的任何一个中。为此，针对这些文本资料，又进行了开放编码，形成了一些自由节点，而对这些节点进行提取、分类和概括之后，最终又获得了4个新节点（含7个参考点）。这4个新节点分别被命名为：① 价值认识；② 报名积极性；③ 考试或鉴定合格率；④ 用工需求的满足度。至此，"问题1"和"问题2"采集到的文本资料经编码、归纳，累计获得的自由节点有33个，"问题2"采集到的文本资料经编码获得的参考点合计有310个。

接下来，基于这33个自由节点，我们对"问题3"采集到的文本资料进行编码，最终获得了187个参考点。这些参考点可被纳入上述33个节点中的22个节点中。同时我们也发现一些文本资料不能被编码并纳入这33个自由节点中的任何一个自由节点中。对这些文本资料再次进行开放编码，又形成了一些新的自由节点。对这些自由节点进行提取、分类和概括，得到了6个新节点（含29个参考点）。这6个新节点分别被命名为：① 用工需求；② 招工难度；③ 人口素质；④ 就业意愿；⑤ 学习能力；⑥ 成本管控。至此，这三个问题采集到的文本资料经编码、归纳，累计获得的自由节点有39个，"问题3"采集到的文本资料经编码获得的参考点有216个。

经过对三道开放式问题采集到的文本资料进行开放编码，我们最终获得39个自由节点和705个参考点。其中，"问题1"采集到的文本资料可编码获得参考点179个，分布在29个自由节点上；"问题2"采集到的文本资料可编码获得参考点310个，分布在25个自由节点上；"问题3"采集到的文本资料可编码获得参考点216个，分布在28个自由节点上。这些自由节点的名称及参考点的分布情况如表3-3-1所示。在NVivo中，参考点即质性材料中被编码的内容。自由节点的本质就是对参考点内容进行范畴化、概念化。

表3-3-1 基于扎根理论的三级编码结果

选择编码	主轴编码	开放编码	参考点数/个			
			问题1	问题2	问题3	合计
动力(149)	外部支持（18）	上级部门或领导重视	3	1	0	4
		地方政府重视	2	4	0	6
		社会关注	1	0	7	8
	政策保障（75）	政策保障	2	52	21	75

续表

选择编码	主轴编码	开放编码	参考点数/个			
			问题1	问题2	问题3	合计
动力（149）	经费补贴（51）	学费补贴	1	19	8	28
		机构补贴	9	14	0	23
	招工形势（5）	用工需求	0	0	1	1
		招工难度	0	0	4	4
需求（128）	生源质量（45）	人口素质	0	0	17	17
		就业意愿	0	0	2	2
		学习意愿	2	0	20	22
		学习能力	0	0	4	4
	宣传引导（64）	项目宣传	12	21	32	65
		价值认识	0	1	2	3
	招生效果（19）	报名积极性	0	4	0	4
		招生人数	3	5	3	11
供给（292）	项目引力（161）	就业导向	19	17	14	50
		基于需求	15	8	10	33
		有针对性	2	0	14	16
		丰富多样	3	23	11	37
		系统专业	6	11	5	22
		整体评价	3	0	0	3
	培训力量（131）	成本管控	0	0	1	1
		师资力量	1	14	5	20
		机构设施	2	26	5	33
		管理信息化	6	1	1	8
		机构声誉	2	0	1	3
		运营管理	20	24	11	55
		师资选拔与发展	7	0	0	7
		激励机制	3	1	0	4

续表

选择编码	主轴编码	开放编码	参考点数/个			
			问题1	问题2	问题3	合计
产出(75)	培训效果(58)	就业素质提升	6	11	3	20
		考试或鉴定合格率	0	1	0	1
		再就业率与就业质量	12	12	4	28
		培训质量	3	0	0	3
		满意度评价	3	0	2	5
		用工需求满足度	0	1	0	1
信息(61)	就业服务(17)	就业服务	12	5	0	17
	考试评鉴(27)	考试评鉴	7	14	6	27
	监督反馈(34)	监督反馈	12	20	2	34
合计	参考点数		179	310	216	705
	自由节点数		29	25	28	39
	新增参考点数		29	4	6	

（二）主轴编码

表3-3-2 主轴编码与选择编码

选择编码（核心范畴）	主轴编码（概念范畴）	参考点数/个	百分比/%	开放编码（自由节点）
动力	外部支持	18	2.55	上级部门或领导重视；地方政府重视；社会关注
	政策保障	75	10.64	政策保障
	经费补贴	51	7.23	学费补贴；机构补贴
	招工形势	5	0.71	用工需求；招工难度
	小计	149	21.13	
需求	生源质量	45	6.38	人口素质；就业意愿；学习意愿；学习能力
	宣传引导	64	9.08	项目宣传；价值认识
	招生效果	19	2.70	报名积极性；招生人数
	小计	128	18.16	

续表

选择编码（核心范畴）	主轴编码（概念范畴）	参考点数/个	百分比/%	开放编码（自由节点）
供给	项目引力	161	22.84	就业导向；基于需求；有针对性；丰富多样；系统专业；整体评价
	培训力量	131	18.58	成本管控；师资力量；机构设施；管理信息化；机构声誉；运营管理；师资选拔与发展；激励机制
	小计	292	41.42	
产出	培训效果	58	8.23	就业素质提升；考试或鉴定合格率；再就业率与就业质量；培训质量；满意度评价；用工需求满足度
	就业服务	17	2.41	就业服务
	小计	75	10.64	
信息	考试评鉴	27	3.83	考试评鉴
	监督反馈	34	4.82	监督反馈
	小计	61	8.65	
合计		705	100.00	

如表 3-3-2 所示，对 39 个自由节点进行归类，可获得 13 个概念范畴。具体名称及内涵如下：①"外部支持"，包括"上级部门或领导重视""地方政府重视""社会关注"这 3 个自由节点，指来自相关方面的关注、重视及支持。②"政策保障"，指可保障或促进系统稳定有序运行的政策或制度。③"经费补贴"，包括"学费补贴""机构补贴"这两个自由节点，指确保各项活动正常开展的经费，主要来自政府的财政拨款。④"招工形势"，包括"用工需求""招工难度"这两个自由节点，指当下劳动力市场招工需求被满足的难易度。⑤"生源质量"，包括"人口素质""就业意愿""学习意愿""学习能力"这 4 个自由节点，指失业人员自身具有的可能会影响招生、培训及相关活动开展或效果实现的素质特征。⑥"宣传引导"，包括"项目宣传""价值认识"这两个自由节点，指为有效招生开展的宣传活动及其效果。⑦"招生效果"，包括"报名积极性""招生人数"这两个自由节点，反映的是招生工作成效。⑧"项目引力"，包括"就业导向""基于需求""有针对

性""丰富多样""系统专业""整体评价"这6个自由节点,指培训项目的吸引力。具有这些特征的培训项目对失业人员往往更具吸引力。⑨"培训力量",包括"成本管控""师资力量""机构设施""管理信息化""机构声誉""运营管理""师资选拔与发展""激励机制"这8个自由节点,指培训机构提供优质再就业培训服务的能力。⑩"培训效果",包括"就业能力提升""考试或鉴定合格率""再就业率与就业质量""培训质量""满意度评价""用工需求满足度"这6个自由节点,指培训活动带来的改变或影响。⑪"就业服务",指相关部门或机构组织开展的致力促进就业的服务活动(培训活动之外的)。⑫"考试评鉴",指相关部门或机构开展的结业考试或职业技能等级鉴定等活动。⑬"监督反馈",指主管部门、第三方或培训机构对开展的活动的效果及是否遵循有关规定、流程或标准而进行的评估与反馈活动。在上述概念范畴中,"政策保障""就业服务""考试评鉴""监督反馈"这4个概念范畴只包括一个与其自身同名的节点。

(三)选择编码

扎根理论的第三级编码是选择编码。选择编码的实质就是对所有已经发现的概念范畴进一步概括、归类,以形成核心范畴。如表3-3-1、表3-3-2所示,13个概念范畴可进一步概括出5个核心范畴,即"动力"、"需求"、"供给"、"产出"和"信息"。这5大核心范畴形成了更高一级的树状节点。其中:

(1)"动力"包括"外部支持""政策保障""经费补贴""招工形势"这4个概念范畴。这些概念范畴之所以被概括为"动力"这一核心范畴,是因为它们所发挥的作用犹如一股股"力量",推动着或促进着系统中各项活动的开展。这些"力量"如"动力"一般,维持着整个系统的有效运行。

(2)"需求"包括"生源质量""宣传引导""招生效果"这3个概念范畴。这些概念范畴之所以被概括为"需求"这一核心范畴,是因为它们都同"学员"的获得有关,而"学员"是"需求"的主体。作为一个系统,再就业培训的核心功能是提供"培训服务",以满足"学员"对该服务的"需求"。对于再就业培训系统而言,如果没有"需求",再好的"培训服务"都不能实现系统的核心功能。

(3)"供给"包括"项目引力""培训力量"这两个概念范畴。之所以将它们概括为"供给"这一核心范畴，是因为它们都同"培训服务"的"供给"有关。对于再就业培训系统而言，如果只有培训服务的"需求"，而无培训服务的"供给"，其核心功能同样无法实现。

（4）"产出"包括"培训效果""就业服务"这两个概念范畴。之所以将它们概括为"产出"这一核心范畴，是因为它们都与再就业培训带来的"改变"有关。其中，"就业服务"虽然与培训带来的"改变"不直接相关，但可以加速和放大培训带来的"改变"。换言之，培训可以带来学员在就业素质上的改变，"就业服务"则可以给这些"改变"带来更进一步的"改变"，即令学员更迅速地再就业。而以上这些"改变"都可被视为学员接受培训服务之后的"产出"。

（5）"信息"包括"考试评鉴""监督反馈"这两个概念范畴。之所以将它们概括为"信息"这一核心范畴，是因为它们代表着两类活动：一是结业考试或职业技能等级鉴定；二是主管部门、第三方或培训机构对活动开展的效果及是否遵循有关规定、流程或标准而进行的评估与反馈活动。这些活动最重要的产出都是"信息"。不同的是，前者是有关"学员经培训之后在就业素质上的改变"的信息，后者是有关"活动开展的效果"或"活动开展是否遵循有关规定、流程或标准"的信息。

二、再就业培训系统的目的与要素

（一）系统目的分析

再就业培训是政府向失业人员提供的一项公共服务，其目的是通过培训来提高失业人员的就业素质水平，以帮助他们最终实现再就业。由此可见，作为一个系统，再就业培训系统的直接目的是提高失业人员的就业素质，而最终目的是促进失业人员实现再就业。有效的再就业培训，毫无疑问，应当达到这两个目的。

根据 NVivo 分析结果，39 个三级子节点中就有"就业素质提升"和"再就业率与就业质量"这两个节点，而这两个节点都隶属"培训效果"这个亲节点。这意味着，上述两个目的是否达到是衡量培训有效性的重要指标。当然，要达到这两个目的，就要先达到一个过程目的。这个过程目的就是经过各种"宣传引导"工作，吸引足够多的失业人员"报名参与"培训活动。

（二）系统要素分析

毫无疑问，再就业培训系统是一个复杂的系统，包括多个要素。而系统和要素的区别既是相对的，又是相互依存的。任何一个系统都是较高一级的要素；任何一个要素本身，通常又是较低一级的系统。换言之，每个要素相对上一级系统而言又是子系统。利用NVivo进行选择编码分析后，我们获得了5个核心范畴，而13个概念范畴又分别是构成这5个子系统的核心要素（以下简称"子系统要素"）。

这5个核心范畴，就是再就业培训系统的基本要素，同时又是5个子系统，即："动力"要素（子系统）、"需求"要素（子系统）、"供给"要素（子系统）、"产出"要素（子系统）和"信息"要素（子系统）。作为系统要素（子系统），每一个都扮演着不同的角色，发挥着不同的功效："动力"要素（子系统）提供了整个系统的运行动力，其功能是促进培训服务的生产活动和消费活动能够可持续地发生；"需求"要素（子系统）是培训服务的需求者，其功能就是消费培训服务；"供给"要素（子系统）是培训服务的供给者，其功能就是生产再就业培训服务；"产出"要素（子系统）是培训服务的结果，其功能是衡量培训服务目标是否达成、价值是否实现；"信息"要素（子系统）的功能在于生产并传递系统动态运作所需要的信息。

一个系统要长期存在并有效运行，其每个要素都不可或缺。对于再就业培训系统而言，没有"动力"要素，就好比汽车没有发动机或燃油；没有"需求"要素，就好比汽车没有乘客；没有"供给"要素，就好比汽车已不能奔跑；没有"产出"要素，就好比汽车在预定时间内到达不了目的地；而没有"信息"要素，就好比汽车没有传感系统或信号接收系统。概言之，这5个要素对于再就业培训系统而言缺一不可。

子系统是由更低一级的要素构成的。根据对树状节点的分析，这5个核心范畴是从13个概念范畴中归纳出来的。换言之，这13个概念范畴可视作5个子系统的核心要素（以下简称子系统要素）。当然，子系统中的要素远远不止这13个。

1. "动力"子系统的要素分析

任何一个系统，要维护自身的稳定运行，都需要从外部环境中获取充足的资源，以谋求到足够的动力。这些资源可能是外部的支持与肯定，也可能是完善的政策或制度，还有可能是足够的经费或补贴。对于这些可以转换为动力的外部资源，我们称之为"动力"要素或"动力"子系统。而根据主轴编码获得的概念范畴，可确定出"动力"子系统涉及4个子系统要素。

一是"外部支持"要素，其主要功能在于促进必要政策的出台与完善，具体表现为"上级部门或领导重视"、"地方政府重视"和"社会关注"（如媒体报道）等。在一部分被试的认识中，获得这些重视或关注将有利于再就业培训工作的开展。在通常情况下，得到的这些重视或关注越多，相应政策就会更加被优先考虑且周全合理，出台的速度往往更快，而执行的效率也会更高。

二是"经费补贴"要素，其功能在于激发学员报名参与培训的积极性、提高培训机构开展培训服务的积极性，具体表现为"学费补贴"和"机构补贴"充足，到位及时。作为一项社会经济系统，再就业培训系统功能的发挥依赖各项活动的顺利开展，比如宣传、招生、培训、考试、技能鉴定和就业服务等。而这些活动的开展需要有人来推动或参与，也需要有相应的场所、设备和材料，这些方面都需要有充足的经费来提供支持和保障。可见，充足的经费是系统获取动力最主要的能源。这些经费一般来自政府的财政补贴。就补贴对象来看，一是培训者，二是培训机构。给培训者的补贴往往是以学费补贴的形式；给机构的补贴往往是以专项经费的形式，这笔经费可用作人员工资、设备购置、场地租赁等方面的支出。

三是"政策保障"要素，其主要功能在于提供培训经费及有序运作的制度保证，具体表现为出台必要的、完善的扶持或管理政策。政府在再就业培训上的经费补贴多来自政府的公共财政。公共财政的支出必须要有相应的政策。因此，再就业培训系统要想源源不断地获得政府公共财政的经费补贴，就必须要有相应的政策加以保障。

四是"就业机会"要素，其源自社会各类单位的用工需求，是培训服务价值得以实现的前提和必要保障。如果社会各类单位没有用工需求，再就业培训服务的价值就无法得到转化，失业人员就会失去参与培训、努力学习的动力，那么整个再就业培训系统就会停止运转。具体而言，"就业机会"要素主要表现为"用工需求"的多少与"招工难度"的大小。"用工需求"多，意味着就业机会多，而"招工难度"大意着市场上的劳动力满足不了用工单位的需求。对学员而言，这意味着：① 劳动市场上有更多的就业机会。② 各种能够提供"可用人力资源"的渠道在这个时候往往会更受到重视。鉴于再就业培训可以将"不可用人力资源"转变为"可用人力资源"，因此在"用工需求"多与"招工难度"大的情况下，再就业培训系统也会更容易获得企业、上级部门及地方政府的关注和重视，并可能会由此获得所需要的"社会支持"。

2. "需求"子系统的要素分析

一个社会经济系统之所以能持续存在，原因就在于系统存在着被需要的价值。对于再就业培训系统而言，所提供的主要产品是培训服务，而一项服务必须要有足够的需求者或消费者。为此，我们认为再就业培训系统要想有效运作起来，首先要将那些对再就业培训有需要的人聚集起来。这些人就是有意愿接受培训，并能够做出"报名并参与培训"这一决策的失业人员。他们是再就业培训这项公共服务的需求者。然而，这部分人并非自然而然地存在着，需要培训机构去识别、宣传和招募。只有最后招募到足够的有培训需要、有能力和有意愿接受培训的失业人员，培训服务活动才能启动起来，服务才能被消费，而系统的价值也才能得以实现。对于整个系统而言，这些为了获取有效需求者的活动、努力及结果，我们称之为"需求"要素或"需求"子系统。该子系统包含3个子系统要素。

一是"生源质量"要素，其功能在于确保培训有一定质量的学员，而学员是培训服务的需求者、消费者。该要素有四个关键属性，即"就业意愿""学习意愿""人口素质""学习能力"。一般而言，就业意愿强、有学习意愿、素质高、学习能力卓越的潜在学员，在接受培训项目宣传后，更倾向于肯定培训项目的价值，在随后的报名活动和培训活动中，也往往表现得更加积极、主动和踊跃。

二是"宣传引导"要素，其功能是宣传培训的相关信息，使失业人员能充分认识到培训项目的存在及价值，外部表现为"项目宣传"活动效果及经过宣传之后潜在学员对培训项目产生的"价值认识"情况。经过"项目宣传"后，潜在学员对参与培训的重要性有更多的"价值认识"，因此，"价值认识"情况可被看作"项目宣传"的效果。

三是"招生效果"要素，其作用主要体现为潜在学员"报名积极性"的高低及最后"招生人数"的多少。毋庸置疑，潜在的报名者越积极踊跃（报名积极性），报名且被录取的人数就可能越多（招生人数），"招生效果"自然就越好。

3. "供给"子系统的要素分析

再就业培训系统的功能要充分实现，还需要具备另外一个关键条件，就是"要有可提供足够多优质培训服务的供给者"。要具备这样的条件意味着：① 本地区的培训力量必须要强大；② 本地区的培训机构要能够提供足够有吸引力的培训服务。而决定本地区的培训力量是否强大、培训服务是否具有吸引力的因素有很多。我们将这些因素称为"供给"要素或"供给"子系统。"供给"子系统涉及两个子系统要素。

一是"项目引力"要素，其功能是向学员提供可选择的培训课程。有吸引力的培训项目主要表现为具有"就业导向""基于需求""有针对性""丰富多样""系统专业"等方面的特征。当系统具有这些属性的正面特征时，再就业培训项目将会更具有吸引力，报名效果和培训效果必将更好。

二是"培训力量"要素，其功能在于提供高质量的培训服务，以满足学员提升就业素质的需求。基于对NVivo编码的分析，我们可看到该要素涉及的内容有"成本管控""师资力量""机构设施""管理信息化""机构声誉""运营管理""师资选拔与发展""激励机制"。这些内容反映的都是影响本地区培训力量的因素。一般而言，区域内培训机构成本管控严格、师资力量雄厚、设施齐全、管理信息化水平高、声誉好、运营管理能力强、有好的师资选拔与发展机制、激励机制科学合理，培训力量就会很强。

4. "产出"子系统的要素分析

判断一个系统是否有效运行，关键是看其功能是否充分发挥。而要衡量功能是否充分发挥，关键还是要看其效果。那些与再就业培训效果直接或间接相关的活动、指标（变量）或影响因素，我们称之为"产出"要素或"产出"子系统。"产出"子系统涉及两个子系统要素。

一是"培训效果"要素，即培训服务带来的影响，其功能是用来衡量再就业培训工作的效果。基于对NVivo编码的分析，我们可看到该要素涉及"培训质量""就业素质提升""考试或鉴定合格率""再就业率与就业质量""用工需求满足度""满意度评价"这六个方面的内容。毋庸置疑，这些内容都是衡量培训是否有效的重要指标（变量），值越高，培训效果就越好。

二是"就业服务"要素，其功能在于促进再就业培训的直接目的（就业素质提升）向最终目的（实现再就业）的转换。该要素主要涉及的就是"就业服务"机制。失业人员在接受再就业培训之后，如果再获得相应的就业服务，比如就业指导、就业推荐或就业安置等，那么，通过培训提升就业素质以促进就业这一系统目的就能够更加顺畅地达到。

5. "信息"子系统要素分析

一个系统要周而复始、长久地运作下去，就需要维持一种动态的平衡。而要实现这种动态的平衡，需要基于一个有效的信息反馈调节机制。在这个机制中，及时获取系统各个要素、各个环节运作的状态信息非常重要。为此，我们将这种为了进行有效系统反馈而获取系统运作信息的活动或机制称为"信息"要素。根据主轴编码的结果，可确定出信息子系统涉及2个子系统要素。

一是"考试评鉴"要素，其功能是获取学员就业素质提升的信息，在培训结束后，对学员在就业观念、就业知识或就业技能等方面所产生的变化进行评估。评估所获得的信息，比如考试分数或技能等级，在一定程度上反映了培训效果的好与坏。如果考试分数不好或技能等级不高，可能意味着再就业培训系统在某些要素或环节上出现了问题。

二是"监督反馈"要素，其功能一方面在于获取整个培训过程中各方面的信息，另一方面在于将所获得的信息反馈到各个要素中。通过监督反馈，相关机构可对再就业培训系统中一些关键环节或活动是否按照相应标准或程序开展进行评估。如果这些关键环节或活动偏离了标准或程序，培训的效果就可能会受到影响，相关机构应及时调整过来。

无论是"考试评鉴"还是"监督反馈"，最终获得的都是信息。只有获得了这些信息，系统内的反馈调节机制才能有效运作起来。

第四节 再就业培训系统的结构

一、关系节点与模型构建

经过三级编码,我们获得了具有多个层级的树状结构。树状结构可以显现概念间的相互关系,但是树状结构只能用来表示项目上下的阶层关系,很难完整描述概念间的关联性。利用关系这项节点可以弥补树状结构的不足。(郭玉霞,2009)为了更好地探索再就业培训系统的结构,我们利用 NVivo 的关系功能对 5 个核心范畴及 13 个概念范畴之间的关系进行了分析,并分别利用 5 个核心范畴和 13 个概念范畴建构了两个系统模型。

(一)基于核心范畴的模型建构

如前文所述,5 个核心范畴意味着再就业培训系统包含"动力""需求""供给""产出""信息"这 5 个要素或子系统。基于这 5 个要素的关系分析,可以描绘出再就业培训系统的基本结构。如图 3-4-1 所示,这 5 个要素之间包含 9 个关系假设:① 动力→需求;② 动力→供给;③ 动力→信息;④ 需求→产出;⑤ 供给→产出;⑥ 信息↔动力;⑦ 信息↔需求;⑧ 信息↔供给;⑨ 信息↔产出。其中,"→"代表前者对后者有直接影响,"↔"代表前者与后者会相互影响。

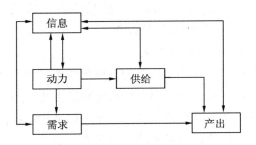

图 3-4-1 再就业培训系统结构模型

关系假设 1(动力→需求)描述的是,系统的"动力"要素如果足够强,就可以促进"需求"要素的功能充分发挥。"动力"要素强,意味着可用的宣传资源更多,动员力量更大,潜在学员中积极报名参与培训的人数也会更多。

关系假设 2（动力→供给）描述的是，系统的"动力"要素如果足够强，就可以促进"供给"要素的功能充分发挥。"动力"要素强，意味着培训机构拥有更多的资源，培训实力会更强，培训课程的质量也会更高，换言之，即系统提供出来的再就业培训服务会有更高的品质并富有吸引力。

关系假设 3（动力→信息）描述的是，系统的"动力"要素如果足够的强，就可以促进"信息"要素的功能充分发挥。"动力"要素强，意味着可用作监督和信息反馈的资源也会更多，那么相关工作的开展会更富有成效，所获取的信息会更全面、真实，而信息的反馈也会更为及时。

关系假设 4（需求→产出）描述的是，如果系统的"需求"要素的功能充分发挥，比如有更多的潜在学员积极报名参与培训，那么"产出"必然会更多，即再就业培训的效果会更好。

关系假设 5（供给→产出）描述的是，如果系统的"供给"要素的功能充分发挥，比如培训机构实力强大、培训项目富有吸引力，那么"产出"必然会更多，即再就业培训的效果会更好。

关系假设 6—9（信息↔动力，信息↔需求，信息↔供给，信息↔产出）描述的是："信息"要素会与"动力"要素、"需求"要素、"供给"要素、"产出"要素，通过"考核评价""监督反馈"等手段进行信息的传递。"动力""需求""供给""产出"各大要素会经"考核评鉴"或"监督反馈"产生"信息"，然后再基于反馈回来的"信息"进行"自我调节"，并做出相应的改变。

（二）基于概念范畴的模型建构

鉴于再就业培训是一个系统，为了更形象地呈现上述概念范畴之间的关系，我们引入了系统动力学分析及建模的方法。系统动力学是一门分析研究信息反馈系统问题的学科，也是一门认识系统问题和解决系统问题交叉的综合性的学科，是系统科学和管理科学的一个分支。（王其藩，1994）王其藩认为：系统动力学建模的目的（就）在于研究系统的问题，加深对系统内部反馈结构与其动态行为的研究和认识，并进行改善系统行为的研究；在系统动力学中，系统结构是建立在反馈的因果关系之上的，而系统动力学模型的基本结构为反馈回路。为了更深入地探讨再就业培训系统的结构，揭示要素与要素之间动态变化的关系，我们借鉴了系统动力学的分析方法。

根据王荣辉和尹相勇（2005）的观点，应用系统动力学认识和解决系统问题是一个逐步深入、多次反复循环、螺旋上升的过程。这个过程大致可分为五步：第一步，用系统动力学的理论、原理和方法对研究对象进行系统分析；第二步，进行系统的结构分析，划分系统层次与子块，确定总体的与局部的反馈机制；第三步，建立数学的、规范的模型；第四步，以系统动力学理论为指导借助模型进行模拟与政策分析（可进一步剖析系统得到更多的信息，发现新的问题然后反过来再修改模型）；第五步，模型的检验与评估。其中，第一、第二步是质性的分析，第三、第四、第五步则是量化的分析。鉴于我们拟开展的是质性研究，我们仅实施第一、第二步的定性分析。在这两步的探索中，主要任务就是进行系统的目标分析、要素（子块）分析及反馈机制的分析。

鉴于上一节已经针对系统的目标和要素进行了分析，本节将着重分析概念范畴之间的关系。为此，我们利用系统动力学的分析及建模的方法，构建了如图 3-4-2 所示的因果反馈关系模型。在该图中，至少有 10 条反馈回路：① 外部支持→政策保障→经费补贴→宣传引导→招生效果→培训效果→外部支持（反馈回路 1）；② 外部支持→政策保障→宣传引导→招生效果→培训效果→外部支持（反馈回路 2）；③ 外部支

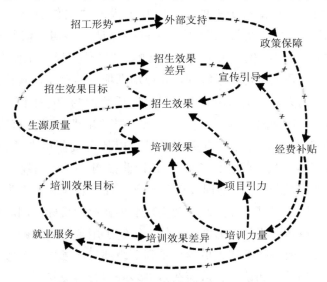

图 3-4-2　再就业培训系统因果反馈关系模型

持→政策保障→经费补贴→培训力量→项目引力→招生效果→培训效果→外部支持（反馈回路3）；④ 外部支持→政策保障→经费补贴→培训力量→项目引力→培训效果→外部支持（反馈回路4）；⑤ 外部支持→政策保障→经费补贴→培训力量→培训效果→外部支持（反馈回路5）；⑥ 外部支持→政策保障→经费补贴→就业服务→培训效果→外部支持（反馈回路6）；⑦ 培训效果→项目引力→培训效果（反馈回路7）；⑧ 招生效果→招生效果差异→宣传引导→招生效果（反馈回路8）；⑨ 培训效果→培训效果差异→培训力量→培训效果（反馈回路9）；⑩ 培训效果→培训效果差异→就业服务→培训效果（反馈回路10）。

（1）反馈回路1。第一，该回路强调了"外部支持"对"政策保障"有直接影响。一般而言，那些获得了更多人（包括领导或公众等）关注、重视和支持的议题，政府更愿意投入资源去制定或健全相关的政策，以促进该议题的解决，即"外部支持"越多，"政策保障"就越齐全完备。第二，该回路强调了"政策保障"对"经费补贴"有直接影响。通常而言，在"政策保障"齐全完备的情况下，解决一个议题所需要的"经费补贴"往往就会更加充足稳定。第三，该回路强调了"经费补贴"对"宣传引导"有直接影响。一般而言，"经费补贴"充足稳定，就可以保证有更多的人力、物力投入"宣传引导"中，那么"宣传引导"的力度及效果就更容易得到保证。第四，该回路强调了"宣传引导"对"招生效果"有直接影响。"宣传引导"工作有效开展，意味着更多失业人员可以了解到再就业培训项目的存在及其价值，相应地会有更多的失业人员积极报名参与培训活动，"招生效果"也会更加显著。第五，该回路强调了"招生效果"对"培训效果"有直接影响。"招生效果"显著，意味着有更多学员可以从再就业培训项目中受益，"培训效果"自然也就更大。第六，该回路强调了"培训效果"对"外部支持"有直接影响。"培训效果"显著，往往意味着更多失业人员的就业素质获得了提升，并因此成功实现了再就业的目标，同时也意味着企业获得了更多可用的人力资源，从而缓解了用工短缺问题。而这些都是具有社会正效益的事情，更容易受到上级部门或领导、各级政府，乃至社会公众的关注和认可，从而获得更多的"社会支持"。

（2）反馈回路2—4。相比反馈回路1，反馈回路2强调了"政策保障"对"宣传引导"有直接影响。如果"政策保障"齐全完备,培训机构可以获得来自社区资源和媒体资源的帮助,那么"宣传引导"的效果就会更加显著。相比反馈回路1,反馈回路3强调了"经费补贴"对"培训力量"有直接影响、"培训力量"对"项目引力"有直接影响及"项目引力"对"招生效果"有直接影响。如果"经费补贴"更加充裕、合理,那么培训机构既可以用之来加强师资力量建设,也可以用之来开展培训机构管理运营能力建设——"培训力量"显然可以提升到一个更高的水平。"培训力量"的水平提升,意味着培训机构可以开发出更符合失业人员期望的培训项目。这样的项目一般将会具有更大的吸引力(项目引力)。而"项目引力"大,通常会吸引更多失业人员报名参与培训,相应的招生人数就会更多,"招生效果"就会更大。相比反馈回路3,反馈回路4强调的是"项目引力"对"培训效果"有直接影响。通常而言,"项目引力"大,意味着培训项目有着更高的效价。根据目标期望理论,目标的效价越高,所产生的激励就越大。对于学员而言,感受到的激励越大,在学习上的投入度也会越高,"培训效果"自然也就更好。因此,我们认为"项目引力"会直接影响"培训效果"。

(3)反馈回路5—7。相比反馈回路4,反馈回路5强调的是"培训力量"会直接影响"培训效果"。"培训力量"大,意味着培训机构师资力量雄厚、各种软硬件齐全完备,更有可能产出优质的培训服务。培训服务质量越好,学员参与培训的收益也就越大,相应的"培训效果"也会越大。相比反馈回路5,反馈回路6强调的是"经费补贴"对"就业服务"有直接影响、"就业服务"对"培训效果"有直接影响。如果"经费补贴"充裕,培训机构就可以投入更多的资源在"就业服务"上,那么"就业服务"效果必然会更好。而"就业服务"做得好,学员就可以获得更充分、更优质的就业机会,就业率和就业质量也会提高,而该指标又是"培训效果"的重要指标之一。因此,我们可以认为,"就业服务"有助于实现"培训效果"的最大化。相比反馈回路4,反馈回路7强调了"培训效果"会反过来增强"项目引力"。通常而言,"培训效果"好,会增强学员对项目的"预期效用",增强学员对项目的价值感受,从而增强"项目引力"。

(4)反馈回路8—10。"反馈回路8"描述的是,基于"监督反馈"

机制，系统可获得"招生效果"的实际值与目标值的差异信息——"招生效果差异"。当"招生效果差异"大于0时，系统就会发出指令，要求"宣传引导"继续工作并加大力度。随着"宣传引导"力度的加强，"招生效果"会越来越好，"招生效果差异"则会越来越小。当"招生效果差异"小到0时，系统就会发出指令停止"宣传引导"。而"反馈回路9"和"反馈回路10"强调的是，基于"监督反馈"机制，系统可获得"培训效果"的实际值与目标值的差异信息。当"培训效果差异"大于0时，系统就会发出指令，要求加大"培训力量"或"就业服务"上的投入。随着"培训力量"或"就业服务"方面的投入加大，"培训效果"会越来越好，"培训效果差异"则会越来越小。当"培训效果差异"小到0时，系统就会发出指令停止在"培训力量"或"就业服务"上的投入。而相比其他概念范畴，"考试评鉴"与"监督反馈"所扮演的角色更多的是生产和传递上述概念范畴之间相互作用所需要的信息。有了这些信息，概念范畴之间的相互作用才能有效产生。

二、再就业培训系统的结构

（一）系统的基本结构分析

基于前一节有关系统目的的分析，我们了解到，再就业培训系统的直接目的是提高就业素质，而最终目的是促进失业人员实现再就业。我们认为，系统要最大限度发挥功能，达到上述两个目的，需要具备如下5个条件：一是系统的"供给"要素功能要充分发挥。系统要有能力通过再就业培训机构向失业人员提供足够多可供选择的且具有一定质量的再就业培训服务。二是系统的"需求"要素功能要充分发挥。系统要有能力从失业人员中招募到足够多有意愿接受再就业培训服务的需求者（学员）。三是系统的"动力"要素功能要充分发挥。整个系统的有效运行（尤其是在招生、培训、考试评鉴和监督反馈等环节）需要有源源不断的外部资源输入，尤其是各种动力资源（如政策保障、经费补贴）。四是系统的"产出"要素功能要充分发挥。系统在经历再就业培训服务的生产和消费过程之后，会有一些产出。这些产出主要是失业人员在接受了再就业培训服务之后所发生的改变（主要是就业素质和就业状态上的改变）。系统要确保这些改变朝向预期的方向发展并能尽可能地实现最大化，同时还能以恰当的形式呈现出来。五是系统的"信息"

要素功能要充分发挥。系统各大要素及子系统要素，除了要充分发挥出自己的功效之外，相互之间还要能良性互动起来，而这些互动通常是建立在一些必要信息的收集与反馈的基础之上的。

基于图 3-4-1 描述的再就业培训系统结构模型，我们认为，要满足上述 5 个条件，再就业培训系统的 5 个子系统（要素）的功效都要充分发挥出来：① 第一个条件的满足，意味着"供给"子系统要充分发挥出功效。而这需要系统能拥有雄厚的"培训力量"，开发出富有"项目引力"的再就业培训课程，从而提供具有一定质量的再就业培训服务。② 第二个条件的满足，意味着"需求"子系统要充分发挥出功效，即"招生效果"要显著。一方面，系统需要有效开展"宣传引导"工作，另一方面，第一个条件获得满足也很重要。系统如果不能开发出富有"项目引力"的再就业培训课程、提供具有一定质量的再就业培训服务，就很难吸引足够多的失业人员报名参与培训，"招生效果"自然就不会很好。③ 第三个条件的满足，意味着"动力"子系统要充分发挥出功效。"外部支持""政策保障""经费补贴""招工形势"都可为系统的有效运行提供"动力"。④ 第四个条件的满足，意味着"产出"子系统要充分发挥出功效，再就业培训服务要能够带来符合预期方向的改变。而这需要有一套"培训效果"的产出和评价机制。⑤ 第五个条件的满足，意味着"信息"子系统要充分发挥出功效。该子系统的功能就是提供要素之间相互作用所需要的信息，而这些信息主要建立在"考试评鉴"和"监督反馈"这两个子系统要素之上。

事实上，这 5 个子系统扮演着不同的角色，有各自的功效，同时又是相互联系的。"动力"子系统可为其他子系统的有效运作提供所需动力，"信息"子系统则为其他子系统的有效运作及子系统间的良性互动提供所需信息。没有这些动力和信息，各大子系统都很难有效运行起来，子系统间也难以产生良好的互动关系。"供给"子系统提供了系统的核心产品，即再就业培训服务。没有该服务产品，系统就失去了存在的根基。"需求"子系统为再就业培训这一服务产品提供了消费主体。有了足够多的学员，再就业培训服务的价值才有实现的可能。"产出"子系统能确保系统价值得以转换，并以"培训效果"的形式展现出来。影响培训效果的因素较多，除了"产出"子系统本身的因素之外，还有其他子系统的因素，比如"供给"子系统中的"培训力量"和"项目引力","需求"子系统中的"招生效果"和"生源质量"。系统如果不能提供具有一定质量的再就业培训服务,就招募不到足够多的报名者。没有足够多的报名者,培训效果自然就不会显著。事实上,对于整个系统而言,要实现最大的效果,需要每个子系统及其要素都充分发挥出各自功效。任何一个子系统或子系统要素出现瓶颈,都可能会阻滞整个系统效果的实现。

(二) 系统的反馈回路分析

如图3-4-2所示,基于13个概念范畴,我们构建了一个有关再就业培训的因果反馈关系图。事实上,该图基于更微观的视角,构建了可以反映子系统要素之间关系的再就业培训系统结构模型。在通常情况下,反馈回路可分为正反馈回路和负反馈回路。(王其藩,1994)在前述10条反馈回路中,第1—7条为正反馈回路,第8—10条为负反馈回路。

1. 正反馈回路

所谓正反馈回路,指的是所包含的因果链数量为偶数的反馈回路。在第1—7条反馈回路中,负的因果链数量为0,为偶数,因此这些反馈回路都是正反馈回路。

以反馈回路1为例,该反馈回路描述的要素关系是:"外部支持"力度越大,"政策保障"就越齐全完备;"政策保障"越齐全完备,"经费补贴"就越充足稳定;"经费补贴"越充足稳定,"宣传引导"工作的力度就越大;"宣传引导"工作的力度越大,"招生效果"就越好;"招生效果"越好,"培训效果"也就越好;而"培训效果"越好,又会赢得更多的"外部支持"。由此可见,每个反馈回路都是一条完整的闭循环。一般而言,正反馈回路可使回路中的要素趋向于自我强化。也就是说,一个要素的强弱,可能会带来全局性的影响。这种影响既可能会导致"越来越好"的良性循环,也可能会导致"越来越坏"的恶性循环。要避免"恶性循环"的产生,就要努力补强"短板"要素,反之亦然。

2. 负反馈回路

所谓负反馈回路,指的是所包含的因果链数量为奇数的反馈回路。在第8—10条反馈回路中,负的因果链数量为1,为奇数,因此这些反馈回路是负反馈回路。事实上,这3条负反馈回路描述的是基于信息要素形成的控制杆机制。

如前文对反馈回路 8 所描述的关系，当"招生效果差异"大于 0 时，系统就会发出指令，要求"宣传引导"继续工作并加大力度，而随着"宣传引导"工作力度的加大，"招生效果"会越来越好。"招生效果"越来越好时，"招生效果差异"就会越来越小，小到 0 时，系统就会发出指令停止"宣传引导"工作。由此可见，这是一个典型的负反馈回路，同时也是一个典型的控制杆机制。由负反馈回路构成的控制杆机制可以帮助系统获得自我调节及自适应的能力，并有助于系统实现动态平衡。除了反馈回路 8 之外，反馈回路 9 和反馈回路 10 是另外两条控制杆，是用来调节"培训效果"的。

3. 反馈回路中的核心要素分析

基于对 10 条反馈回路的分析，我们发现，有 3 个系统子要素在反馈回路中扮演的角色最核心、作用最关键。

一是"经费补贴"。在 10 条反馈回路中，有 5 条包含"经费补贴"。该系统子要素会直接影响到"宣传引导""培训力量""就业服务""考试评鉴""监督反馈"的功能发挥。事实上，"经费补贴"是"动力要素"的核心内容。在一个社会经济系统中，很多要素或子要素要发挥功能，都需要依靠"经费补贴"来获取动力。只有在经费充足和来源稳定的情况下，再就业培训的各个参与方（如宣传招生机构、培训机构、就业服务机构、考试评估机构、技能鉴定机构、第三方监管机构等）才能有足够的动力维持自身的正常运营，开展必要的活动，以确保最终效果的产出。

二是"招生效果"。毫无疑问，该系统子要素是"需求要素"的核心内容。在 10 条反馈回路中，有 4 条包含"招生效果"。对于一个再就业培训周期而言，培训工作启动之前，最重要的工作就是招募到足够多有培训需求的学员。没有足够多学员前来报名，后续培训工作就难以开展。因此，招生工作富有成效（招生效果）就显得格外关键。而影响"招生效果"的因素有很多方面，比如宣传引导工作是否到位，培训项目是否有吸引力（项目引力），等等。项目宣传力度大、渠道多、引导方式恰当，即宣传引导到位，意味着将会有更多潜在学员能够了解到项目的状况。培训项目富有吸引力，意味着其自身有较高的价值。一旦有更多潜在学员能够认识到培训项目有着较高的价值，就可能会有更多人踊跃报名。事实上，"招生效果"的好坏决定了再就业培训系统的阶段性目标能否达成。而阶段性目标的达成与否，将直接影响到再就业培训系统"直接目的"能否达到，即失地农民的"就业素质"能否得到有效提升——这是衡量"培训效果"的最核心的指标之一。

三是"培训效果"。"培训效果"的大小是衡量系统功能是否有效实现、系统直接目的能否达到的重要指标，是"产出"要素的核心内容。在10条反馈回路中，有9条包含"培训效果"。这些回路描述了各种因素对"培训效果"的影响路径。我们认为，影响"培训效果"的因素主要来源于"需求"要素和"供给"要素这两个方面。"招生效果"是"需求"要素的核心内容。有再就业培训需求，毫无疑问是再就业培训系统得以运行的前提。报名参与培训的人越多，从中受益的人也就越多，再就业培训的"产出"即"培训效果"自然也就越好。此外，"供给"因素对"培训效果"的影响也很大。如果系统提供不了足够的、优质的再就业培训服务，"需求"必然无法得到充分满足，"产出"必然会受限，"培训效果"自然也就无法最大化。而"培训力量"大小，决定了系统"供给"要素的质量和水平。除了供需两方面因素的影响之外，还有一些因素也很重要，比如是否有良好的"就业服务"机制。在某种意义上，"就业服务"机制扮演的是一种酶的角色，起到的是催化和增强"培训效果"的作用。它的存在，一方面可以加速"培训效果"的产生，另一方面还可以增强"培训效果"。受训人员接受培训之后，就业观念改变了、就业知识丰富了、就业技能增强了，意味着再就业培训取得了一定的效果。但是，再就业培训仅取得这些效果是远远不够的，取得这些变化并不是最终目的。再就业培训的最终目的是促进受训人员更充分地实现再就业。因此，如果系统在提供再就业培训之后，还能配套提供其他后续的就业服务，如就业指导、就业推荐或就业安置等，那么再就业培训的最终目的就更有可能或更充分地达到，"培训效果"自然也就更加显著。

第五节　再就业培训系统的长效特征

一、基于长效特征的三级编码

（一）长效特征节点的主次分析

如表3-5-1所示，通过对"问题1"（有关"长效特征"的描述，即长效再就业培训系统最应具备的重要特征）采集到的文本资料进行开放编码，我们得到了29个自由节点和179个参考点。这29个自由节点所包含的参考点数及相对应的百分比，从大到小排序如下："运营管理"（20，11.17%）、"就业导向"（19，10.61%）、"基于需求"（15，8.38%）、"项目宣传"（12，6.70%）、"再就业率与就业质量"（12，6.70%）、"就业服务"（12，6.70%）、"监督反馈"（12，6.7%）、"机构补贴"（9，5.03%）、"师资选拔与发展"（7，3.91%）、"考试评鉴"（7，3.91%）、"系统专业"（6，3.35%）、"管理信息化"（6，3.35%）、"就业素质提升"（6，3.35%）、"上级部门或领导重视"（3，1.68%）、"招生人数"（3，1.68%）、"丰富多样"（3，1.68%）、"整体评价"（3，1.68%）、"激励机制"（3，1.68%）、"培训质量"（3，1.68%）、"满意度评价"（3，1.68%）、"地方政府重视"（2，1.12%）、"政策保障"（2，1.12%）、"学习意愿"（2，1.12%）、"有针对性"（2，1.12%）、"机构设施"（2，1.12%）、"机构声誉"（2，1.12%）、"社会关注"（1，0.56%）、"学费补贴"（1，0.56%）、"师资力量"（1，0.56%）。按照上述顺序，我们还计算出每个节点对应的累计百分比，结果发现：第13个节点对应的累计百分比为79.89%，第14个节点对应的累计百分比则超过了80.00%。根据帕累托图分析法（卢纹岱，2000），可确定前13个节点为最主要的节点。鉴于这13个节点是基于长效特征编码生成的，我们称之为主要长效特征节点。这些节点上的典型参考点所描述的内容，可视作长效再就业培训系统最主要的特征。

（二）主要特征的类别分析

根据表3-5-2的三级编码结果，我们将13个主要节点进行分类。分类结果如表3-5-3所示。

在概念范畴层次上，这13个主要节点集中在8个概念范畴上。依据这8个概念范畴上的参考点数及相应的百分比，进行由大及小排序，得出如下序列结果："项目引力"（40，22.35%）、"培训力量"（33，18.44%）、"培训效果"（18，10.06%）、"宣传引导"（12，6.70%）、"就业服务"（12，6.70%）、"监督反馈"（12，6.70%）、"经费补贴"（9，5.03%）、"考试评鉴"（7，3.91%）。其中，"项目引力"上分布的参考点数占到总体的百分比为22.35%，"培训力量"上分布的参考点数占到总体的百分比为18.44%，"培训效果"上分布的参考点数占到总体的百分比为10.06%。这3个概念范畴上分布的参考点数及百分比，位居前三位，累计百分比为50.85%。

在核心范畴层次上，这13个主要节点在5个核心范畴上都有分布。依据这5个核心范畴上的参考点数及相应百分比进行由大及小排序，得出如下序列结果："供给"（73，40.79%）、"产出"（30，16.76%）、"信息"（19，10.61%）、"动力"（9，5.03%）、"需求"（12，6.70%）。其中，"供给"上分布的参考点数占到总体的百分比为40.79%，"产出"上分布的参考点数占到总体的百分比为16.76%。这两个核心范畴上分布的参考点数及百分比位居前两位，累计百分比为57.55%。

表3-5-1　开放编码所得自由节点及典型参考点

序号	自由节点	参考点数/个	百分比/%	累计百分比/%	典型参考点
1	运营管理	20	11.17	11.17	培训项目的管理要系统化，要有完善的体系；培训项目的实施要高效；各项教学工作的开展要有效率；要努力进行培训项目服务与管理的制度化、标准化、规范化建设；对学员的行为要有制度约束、规范；要有好的（严格的）班级管理制度（如班主任跟班制）；等等
2	就业导向	19	10.61	21.79	要能有助于就业；要能够基于就业岗位来开发培训项目；培训内容要有用；实用性要强；在形式上，要能把理论与实践相结合；等等

续表

序号	自由节点	参考点数/个	百分比/%	累计百分比/%	典型参考点
3	基于需求	15	8.38	30.17	要坚持需求导向；培训课程的开发要做好需求分析；要以市场或岗位的需求为导向，尽量满足本地产业及企业的需求；要充分考虑学员的需求；等等
4	项目宣传	12	6.70	36.87	要有培训及招生政策的宣传与引导；要有培训服务推广与宣传平台；要有统一部署的政策宣传体系；等等
5	再就业率与就业质量	12	6.70	43.58	就业状况好；要有高的就业率；等等
6	就业服务	12	6.70	50.28	培训后要有就业服务，如再就业培训指导；要建立有公益的就业岗位信息对接平台；能提供充足的就业岗位（机会）；要有畅通的就业渠道；要有岗位开发、就业推荐、岗位对接和就业（创业）服务平台或机制；等等
7	监督反馈	12	6.70	56.98	要有可发挥长效作用的监管机制；对培训效果要有追踪反馈机制；等等
8	机构补贴	9	5.03	62.01	补贴培训机构的资金要充足；培训资金的来源（渠道）要多样；培训资金的使用要合理；等等
9	师资选拔与发展	7	3.91	65.92	要有优秀的师资选拔机制，可选拔出专业的培训人员；要有优秀的师资培养和发展机制；等等
10	考试评鉴	7	3.91	69.83	技能鉴定后，等级证书要按时发放；要有针对师资的考评机制；要有考核机制；培训前，要针对学员进行初步的技能水平鉴定与评估；考核机制要严格、准确；等等
11	系统专业	6	3.35	73.18	培训内容要有体系；培训内容要努力做到专业化；等等

续表

序号	自由节点	参考点数/个	百分比/%	累计百分比/%	典型参考点
12	管理信息化	6	3.35	76.54	要建立网络管理平台；要开发手机App，以便于学员报名和后续管理；要积极建构网络学习平台，探索网上教学模式；等等
13	就业素质提升	6	3.35	79.89	培训后，就业素质有显著、较快的提升；等等
14	上级部门或领导重视	3	1.68	81.56	要有各级领导及管理部门（长期一贯）的支持或重视；等等
15	招生人数	3	1.68	83.24	要有足够多的人报名；培训报名手续要简便化；等等
16	丰富多样	3	1.68	84.92	培训的内容要丰富；培训的形式要多样化；等等
17	整体评价	3	1.68	86.59	要有好的培训项目；等等
18	激励机制	3	1.68	88.27	培训机构要多样化，要鼓励社会力量参与；要有针对优秀学员的奖励体系；要有针对教师的薪酬激励
19	培训质量	3	1.68	89.94	培训质量高，有实效；培训之后，要有长远的效果，学员可长期受益；等等
20	满意度评价	3	1.68	91.62	雇主（对学员）的满意度要高；学员（对培训）的满意度要高；等等
21	地方政府重视	2	1.12	92.74	要有地方政府的支持；等等
22	政策保障	2	1.12	93.85	要有师资及培训基地（机构）建设扶持政策；等等
23	学习意愿	2	1.12	94.97	学员有学习的积极性；等等
24	有针对性	2	1.12	96.09	培训的内容要有针对性；要努力做到因材施教
25	机构设施	2	1.12	97.21	培训机构（的位置）要交通便利；培训机构中的教学设施要完整
26	机构声誉	2	1.12	98.32	培训机构要正规、专业、诚信；等等

续表

序号	自由节点	参考点数/个	百分比/%	累计百分比/%	典型参考点
27	社会关注	1	0.56	98.88	社会力量要参与,加大资金投入
28	学费补贴	1	0.56	99.44	补贴的项目范围要广
29	师资力量	1	0.56	100.00	要有优秀的师资
	合计	179	100.00		

表 3-5-2　三级编码的结果

选择编码（核心范畴）	主轴编码（概念范畴）	参考点数/个	百分比/%	开放编码（自由节点）
动力	外部支持	6	3.35	上级部门或领导重视（3）；地方政府重视（2）；社会关注（1）
	政策保障	2	1.12	政策保障（2）
	经费补贴	10	5.59	学费补贴（1）；机构补贴（9）
	招工形势	0	0.00	用工需求（0）；招工难度（0）
	小计	18	10.06	
需求	生源质量	2	1.12	人口素质（0）；就业意愿（0）；学习意愿（2）；学习能力（0）
	宣传引导	12	6.70	项目宣传（12）；价值认识（0）
	招生效果	3	1.68	报名积极性（0）；招生人数（3）
	小计	17	9.50	
供给	项目引力	48	26.82	就业导向（19）；基于需求（15）；有针对性（2）；丰富多样（3）；系统专业（6）；整体评价（3）
	培训力量	41	22.91	成本管控（0）；师资力量（1）；机构设施（2）；管理信息化（6）；机构声誉（2）；运营管理（20）；师资选拔与发展（7）；激励机制（3）
	小计	89	49.73	

续表

选择编码 （核心范畴）	主轴编码 （概念范畴）	参考点数 /个	百分比 /%	开放编码 （自由节点）
产出	培训效果	24	13.41	就业素质提升（6）；考试或鉴定合格率（0）；再就业率与就业质量（12）；培训质量（3）；满意度评价（3）；用工需求满足度（0）
	就业服务	12	6.70	就业服务（12）*
	小计	33	18.11	
信息	考试评鉴	7	3.91	考试评鉴（7）
	监督反馈	12	6.70	监督反馈（12）
	小计	19	10.61	
合计		179	100.00	

表 3-5-3　再就业培训系统长效特征的类别分析

选择编码 （核心范畴）	主轴编码 （概念范畴）	参考点数 /个	百分比 /%	开放编码 （自由节点）
动力 （9，5.03%）	经费补贴	9	5.03	机构补贴（9）：补贴培训机构的资金要充足；培训资金的来源（渠道）要多样；培训资金的使用要合理；等等
需求 （12，6.70%）	宣传引导	12	6.70	项目宣传（12）：要有培训及招生政策的宣传与引导；要有培训服务推广与宣传平台；要有统一部署的政策宣传体系；等等
供给 （73，40.79%）	项目引力	40	22.35	就业导向（19）：要能有助于就业；要能够基于就业岗位来开发培训项目；培训内容，要有用；实用性要强；在形式上，要能理论与实践相结合；等等 基于需求（15）：要坚持需求导向；培训课程的开发要做好需求分析；要以市场或岗位的需求为导向，尽量满足本地产业及企业的需求；要充分考虑学员的需求；等等 系统专业（6）：培训内容要有体系；培训内容要努力做到专业化；等等

续表

选择编码 （核心范畴）	主轴编码 （概念范畴）	参考点数/个	百分比/%	开放编码 （自由节点）
供给 （73，40.79%）	培训力量	33	18.44	管理信息化（6）：要建立网络管理平台；要开发手机App，以便于学员报名和后续管理；要积极建构网络学习平台，探索网上教学模式；等等 运营管理（20）：培训项目的管理要系统化，要有完善的体系；培训项目的实施要高效，各项教学工作的开展要有效率；要努力进行培训项目服务与管理的制度化、标准化、规范化建设；对学员的行为要有制度约束、规范；要有好的（严格的）班级管理制度（如班主任跟班制）；等等 师资选拔与发展（7）：要有优秀的师资选拔机制，可选拔出专业的培训人员；要有优秀的师资培养和发展机制；等等
产出 （30，16.76%）	培训效果	18	10.06	就业素质提升（6）：培训后，就业素质有显著、较快的提升；等等 再就业率与就业质量（12）：就业状况好；要有高的就业率；等等
	就业服务	12	6.70	就业服务（12）：培训后要有就业服务，如再就业培训指导；要建立有公益的就业岗位信息对接平台；能提供充足的就业岗位（机会）；要有畅通的就业渠道；要有岗位开发、就业推荐、岗位对接和就业（创业）服务平台或机制，等等
信息 （19，10.61%）	考试评鉴	7	3.91	考试评鉴（7）：技能鉴定后，等级证书要按时发放；要有针对师资的考评机制；要有考核机制；培训前，要针对学员进行初步的技能水平鉴定与评估；考核机制要严格、准确；等等

续表

选择编码 （核心范畴）	主轴编码 （概念范畴）	参考点数/个	百分比/%	开放编码 （自由节点）
信息 （19，10.61%）	监督反馈	12	6.70	监督反馈（12）：要有可发挥长效作用的监管机制；对培训效果要有追踪反馈机制；等等
合计		143	79.89	

二、再就业培训系统的长效特征

如表3-5-3所示，再就业培训系统的长效特征主要集中在"项目引力""培训力量""培训效果""宣传引导""就业服务""监督反馈""经费补贴""考试评鉴"这8个概念范畴（系统子要素）上。为了重点突出再就业培训系统的最核心的长效特征，我们将重点分析这8个子系统要素上的主要自由节点（参考点数大于5的自由节点）及其典型参考点上的长效特征描述。

（1）"项目引力"子系统要素上的长效特征。在该子系统要素中，参考点数大于5的主要自由节点有"就业导向"、"基于需求"和"系统专业"。其中，在"就业导向"节点上，典型参考点的长效特征描述有："要能有助于就业""要能够基于就业岗位来开发培训项目""培训内容，要有用""实用性要强""在形式上，要能理论与实践相结合"，等等。在"基于需求"节点上，典型参考点的长效特征描述有："要坚持需求导向""培训课程的开发要做好需求分析""要以市场或岗位的需求为导向，尽量满足本地产业及企业的需求""要充分考虑学员的需求"，等等。而在"系统专业"节点上，典型参考点的长效特征描述有："培训内容要有体系""培训内容要努力做到专业化"，等等。概言之，对于一个长效再就业培训系统而言，要开发出"有吸引力"的培训项目，应"以就业为导向""做好培训项目的需求分析"，确保培训项目具有"系统性""专业性""实践性""实用性""岗位针对性""可满足市场、企业、岗位和学员的需求"以及"有助于就业"等特性或功能。

（2）"培训效果"子系统要素上的长效特征。在该子系统要素中，参考点数大于 5 的自由节点只有"再就业率与就业质量"和"就业素质提升"。其中，在"再就业率与就业质量"节点上，典型参考点的长效特征描述有："就业状况好""要有高的就业率"，等等。而在"就业素质提升"节点上，典型参考点的长效特征描述有："培训后，就业素质有显著、较快的提升"，等等。由此可见，对于一个长效再就业培训系统而言，使失业人员经过培训后就业素质能有显著、较快提升，并能"充分"和"优质"就业可谓非常重要。事实上，这两个方面也正是系统的直接目的和最终目的。因此，确保培训有效果，是长效系统最核心、最不可或缺的特征之一。

（3）"培训力量"子系统要素上的长效特征。在该子系统要素中，参考点数大于 5 的主要自由节点有"运营管理"、"师资选拔与发展"和"管理信息化"。其中，在"运营管理"节点上，典型参考点的长效特征描述有："培训项目的管理要系统化，要有完善的体系""培训项目的实施要高效""各项教学工作的开展要有效率""要努力进行培训项目服务与管理的制度化、标准化、规范化建设""对学员的行为要有制度约束、规范""要有好的（严格的）班级管理制度（如班主任跟班制）"，等等。在"师资选拔与发展"节点上，典型参考点的长效特征描述有："要有优秀的师资选拔机制，可选拔出专业的培训人员""要有优秀的师资培养和发展机制"，等等。而在"管理信息化"节点上，典型参考点的长效特征描述有："要建立网络管理平台""要开发手机 App，以便于学员报名和后续管理""要积极建构网络学习平台，探索网上教学模式"，等等。由此可见，对于一个长效再就业培训系统而言，具有"系统化""完善的管理体系""强有力的项目运营与组织管理能力""良好的师资选拔与发展机制""积极推进管理系统的信息化建设"这些特征可谓非常关键。

（4）"宣传引导"子系统要素上的长效特征。在该子系统要素中，参考点数大于 5 的自由节点只有"项目宣传"这一个。在该节点上，典型参考点的长效特征描述有："要有培训及招生政策的宣传与引导""要有培训服务推广与宣传平台""要有统一部署的政策宣传体系"，等等。概言之，一个长效再就业培训系统需要有一个行之有效的再就业培训政策的宣传引导渠道或平台。

（5）"就业服务"子系统要素上的长效特征。该系统要素中只有一个与自身同名、包含 12 个参考点的自由节点。在该节点上,典型参考点的长效特征描述有:"培训后要有就业服务,如再就业培训指导""要建立有公益的就业岗位信息对接平台""能提供充足的就业岗位(机会)""要有畅通的就业渠道""要有岗位开发、就业推荐、岗位对接和就业(创业)服务平台或机制"。概言之,一个长效再就业培训系统,除了提供培训服务之外,还应当提供一些与其相匹配的就业服务,如提供就业信息、咨询、辅导、推荐与安置等,以帮助学员尽快实现就业,而这要求培训机构必须要构建"岗位开发、就业推荐、岗位对接和就业(创业)服务平台"或与外部无缝对接。

(6)"监督反馈"子系统要素上的长效特征。该系统要素中只有一个与自身同名、包含 12 个参考点的自由节点。在该节点上,典型参考点的长效特征描述有:"要有可发挥长效作用的监管机制""对培训效果要有追踪反馈机制",等等。概言之,一个长效再就业培训系统,应当有健全的监督和反馈机制。

(7)"经费补贴"子系统要素上的长效特征。在该子系统要素中,参考点数大于 5 的自由节点只有"机构补贴"这一个。在该节点上,典型参考点的长效特征描述有:"补贴培训机构的资金要充足""培训资金的来源(渠道)要多样""培训资金的使用要合理",等等。概言之,一个长效再就业培训系统离不开"数量充足""来源多样""使用合理"的经费补贴。

(8)"考试评鉴"子系统要素上的长效特征。该系统要素中只有一个与自身同名、包含 7 个参考点的自由节点。在该节点上,典型参考点的长效特征描述有:"技能鉴定后,等级证书要按时发放""要有针对师资的考评机制""要有考核机制""培训前,要针对学员进行初步的技能水平鉴定与评估""考核机制要严格、准确",等等。概言之,一个长效再就业培训系统应当有"完整齐全""方便操作"的考试与技能鉴定体系。

在上述 8 个长效特征比较集中的子系统要素中,"项目引力"(40,22.35%)、"培训力量"(33,18.44%)和"培训效果"(18,10.06%)这 3 个子系统要素上集中的参考点数最多。这 8 个子系统要素在 5 个系统要素(子系统)上的分布情况如下:"供给"(73,40.79%)、"产出"(30,16.76%)、"信息"(19,10.61%)、"动力"(9,5.03%)、"需求"（12，6.70%）。其中"供给"和"产出"这两个系统要素（子系统）包含的优势特征（参考点）又是最多的。"项目引力"和"培训力量"隶属"供给"子系统，而"培训效果"隶属"产出"子系统，这意味着，再就业培训系统长效特征主要存在于"供给"和"产出"这两个子系统中；在"供给"子系统中，长效特征主要存在于"项目引力"和"培训力量"这两个子系统要素中；在产出子系统中，长效特征主要存在于"培训效果"子系统要素中。

第六节　当前再就业培训系统的优势特征：以苏州为例

一、基于优势特征的三级编码

（一）优势特征节点的主次分析

如表3-6-1所示，通过对"问题2"的内容文本（有关"优势特征"的描述，即苏州市当前再就业培训系统中表现最出色的地方）进行开放编码，我们得到了25个自由节点和310个参考点。这25个自由节点所包含的参考点数及相应的百分比从大到小排序如下："政策保障"（52，16.77%）、"机构设施"（26，8.39%）、"运营管理"（24，7.74%）、"丰富多样"（23，7.42%）、项目宣传"（21，6.77%）"、"监督反馈"（20，6.45%）、"学费补贴"（19，6.13%）、"就业导向"（17，5.48%）、"机构补贴"（14，4.52%）、"师资力量"（14，4.52%）、"考试评鉴"（14，4.52%）、"再就业率与就业质量"（12，3.87%）、"系统专业"（11，3.55%）、"就业素质提升"（11，3.55%）、"基于需求"（8，2.58%）、"招生人数"（5，1.61%）、"就业服务"（5，1.61%）、"地方政府重视"（4，1.29%）、"报名积极性"（4，1.29%）、"上级部门或领导重视"（1，0.32%）、"价值认识"（1，0.32%）、"管理信息化"（1，0.32%）、"激励机制"（1，0.32%）、"考试或鉴定合格率"（1，0.32%）、"用工需求满足度"（1，0.32%）。按照上述顺序还可计算出每个节点对应的累计百分比，结果发现：第11个节点对应的累计百分比为78.71%，第12个节点对应的累计百分比则超过了80.00%。根据帕累托图分析法（卢纹岱，2000），前11个节点为最主要的节点。鉴于这11个节点是基于优势特征编码生成的,我们称之为主要优势特征节点。主要优势特征节点上的典型参考点所描述的内容可视作当前再就业培训系统上最主要的优势特征。

(二)主要特征的类别分析

根据表3-6-2的三级编码结果,我们将上述25个自由节点中的11个主要节点进行分类,分类结果如表3-6-3所示。

在概念范畴层次上,这11个主要节点集中在7个概念范畴上。依据这7个概念范畴上的参考点数及相应的百分比,进行由大及小排序,得出如下序列结果:"培训力量"(64,20.65%)、"政策保障"(52,16.77%)、"项目引力"(40,12.90%)、"经费补贴"(33,10.65%)、"宣传引导"(21,6.77%)、"监督反馈"(20,6.45%)、"考试评鉴"(14,4.52%)。其中,"培训力量"上分布的参考点数占到总体的百分比为20.65%;"政策保障"上分布的参考点数占到总体的百分比为16.77%;"项目引力"上分布的参考点数占到总体的百分比为12.90%。这3个概念范畴上分布的参考点数及百分比位居前三位,累计百分比为50.32%。

在核心范畴层次上,这11个主要节点集中在4个核心范畴上。依据这4个核心范畴上的参考点数及相应百分比,进行由大及小排序,得出如下序列结果:"供给"(104,33.55%)、"动力"(85,27.42%)、"信息"(34,10.97%)、"需求"(21,6.77%)。其中,"供给"上分布的参考点数占到总体的百分比为33.55%;"动力"上分布的参考点数占到总体的百分比为27.42%。这两个核心范畴上分布的参考点数及百分比位居前两位,累计百分比为60.97%。

表3-6-1 开放编码所得自由节点及典型参考点

序号	自由节点	参考点数/个	百分比/%	累计百分比/%	典型参考点
1	政策保障	52	16.77	16.77	有好的政策或规定,如培训的期数多(每年有6期)、可选择的课程多(学员因此可弹性选择);有明确的再就业培训补贴政策或补贴机制;有相应的鼓励政策(对象包括优秀学员及业绩突出的培训机构);等等

续表

序号	自由节点	参考点数/个	百分比/%	累计百分比/%	典型参考点
2	机构设施	26	8.39	25.16	可选择的培训机构类型多、数量较多，可选择性广；培训机构的设施（硬件）齐全、教学环境良好；培训机构的区域分布合理，便于学员就近培训；等等
3	运营管理	24	7.74	32.90	培训机构多有完整的管理体系，且运行流畅；培训机构的管理较为规范、有章可循；培训机构能合理安排培训时间；培训机构的服务好、热情周到；培训机构对学员要求严格，能给予较好的管理；等等
4	丰富多样	23	7.42	40.32	培训的工种多；课程种类齐全；培训课程的选择或涵盖面广；等等
5	项目宣传	21	6.77	47.10	有宣传；宣传渠道较丰富；宣传及推广力度大；宣传能够深入基层的社区（有社区对接、专人负责并跟踪服务，让很多失业或转业人员真正了解培训政策）；积极塑造学员成功再就业案例；宣传信息发布及时；宣传范围广；宣传工作做得比较到位，传播效果好；等等
6	监督反馈	20	6.45	53.55	对就业情况时常有跟踪；培训后，有跟踪反馈机制；有良好、严格、明确的监督机制，保障培训质量；有第三方（大学生）监督机制；有好的沟通机制；有完善的台账制度；等等
7	学费补贴	19	6.13	59.68	培训是免费的或零收费的；学费是可以减免的；等等
8	就业导向	17	5.48	65.16	实用性比较强；能够理论联系实际；等等
9	机构补贴	14	4.52	69.68	政府给培训机构的经费多；政府对培训机构的补贴力度大；等等
10	师资力量	14	4.52	74.19	师资充足；师资素质较高（专业性强、敬业度高、有责任感）；等等

续表

序号	自由节点	参考点数/个	百分比/%	累计百分比/%	典型参考点
11	考试评鉴	14	4.52	78.71	有一批优秀的技能鉴定队伍；有严格的考核机制；有好的考核机制；有完整、专业、高公信力、严肃（严格）的技能鉴定体系；等等
12	再就业率与就业质量	12	3.87	82.58	就业率高；获得了更好的就业机会；帮助学员找到了相关工作，使就业更容易；经过培训后，成功自主创业，有成功案例；等等
13	系统专业	11	3.55	86.13	有比较完善的课程体系；培训的专业性比较强；等等
14	就业素质提升	11	3.55	89.68	学员的再就业技能水平获得了提升；学员掌握了一门技术；帮助想学的人学到了实用的技能；等等
15	基于需求	8	2.58	92.26	培训内容可满足学员的需求，激发学习的兴趣；设置的培训项目比较贴近、符合或满足市场（企业）需求；等等
16	招生人数	5	1.61	93.87	报名人数不断增加，有许多学员积极参与培训；报名参与培训的人数不断增加；报名人数还不错；等等
17	就业服务	5	1.61	95.48	提供就业指导服务；培训机构（学校）积极推荐或安排就业；提供创业的机会；等等
18	地方政府重视	4	1.29	96.77	政府越来越重视
19	报名积极性	4	1.29	98.06	提高了积极性；大大提高了个人培训积极性；有不少失业人员积极报名参与培训，更加有兴趣参与培训；等等
20	上级部门或领导重视	1	0.32	98.39	有来自政府、社会机构的大力支持
21	价值认识	1	0.32	98.71	提高了学员对参与培训（学习）的重视度
22	管理信息化	1	0.32	99.03	学员的信息资料较完整
23	激励机制	1	0.32	99.35	培训人员有很好的福利

续表

序号	自由节点	参考点数/个	百分比/%	累计百分比/%	典型参考点
24	考试或鉴定合格率	1	0.32	99.68	考试或技能鉴定的优秀率高
25	用工需求满足度	1	0.32	100.00	为企业输送了人才
	合计	310	100.00		

表 3-6-2 三级编码的结果

选择编码（核心范畴）	主轴编码（概念范畴）	参考点数/个	百分比/%	开放编码（自由节点）
动力	外部支持	5	1.61	上级部门或领导重视（1）；地方政府重视（4）；社会关注（0）
	政策保障	52	16.77	政策保障（52）
	经费补贴	33	10.65	学费补贴（19）；机构补贴（14）
	招工形势	0	0.00	用工需求（0）；招工难度（0）
	小计	90	29.03	
需求	生源质量	0	0.00	人口素质（0）；就业意愿（0）；学习意愿（0）；学习能力（0）
	宣传引导	22	7.10	项目宣传（21）；价值认识（1）
	招生效果	9	2.90	报名积极性（4）；招生人数（5）
	小计	31	10.00	
供给	项目引力	59	19.03	就业导向（17）；基于需求（8）；有针对性（0）；丰富多样（23）；系统专业（11）；整体评价（0）
	培训力量	66	21.29	成本管控（0）；师资力量（14）；机构设施（26）；管理信息化（1）；机构声誉（0）；运营管理（24）；师资选拔与发展（0）；激励机制（1）
	小计	125	40.32	

续表

选择编码 （核心范畴）	主轴编码 （概念范畴）	参考点数/个	百分比/%	开放编码 （自由节点）
产出	培训效果	25	8.06	就业素质提升（11）；考试或鉴定合格率（1）；再就业率与就业质量（12）；培训质量（0）；满意度评价（0）；用工需求满足度（1）
	就业服务	5	1.61	就业服务（5）
	小计	30	9.68	
信息	考试评鉴	14	4.52	考试评鉴（14）
	监督反馈	20	6.45	监督反馈（20）
	小计	34	10.97	
合计		310	100.00	

表3-6-3　当前再就业培训系统效特征的类别分析

选择编码 （核心范畴）	主轴编码 （概念范畴）	参考点数/个	百分比/%	开放编码 （自由节点）
动力 （85，27.42%）	政策保障	52	16.77	政策保障（52）：有好的政策或规定，如培训的期数多（每年有6期）、可选的课程多（学员因此可弹性选择）；有明确的再就业培训补贴政策或补贴机制；有相应的鼓励政策（对象包括优秀学员及业绩突出的培训机构）；等等
动力 （85，27.42%）	经费补贴	33	10.65	学费补贴（19）：培训是免费的或零收费的；学费是可以减免的；等等 机构补贴（14）：政府给培训机构的经费多；政府对培训机构的补贴力度大；等等
需求 （21，6.77%）	宣传引导	21	6.77	项目宣传（21）：有宣传；宣传渠道较丰富；宣传及推广力度大；宣传能够深入基层的社区（有社区对接、专人负责并跟踪服务，让很多失业或转业人员真正了解培训政策）；积极塑造学员成功再就业案例；宣传信息发布及时；宣传范围广；宣传工作做得比较到位，传播效果好；等等

续表

选择编码 （核心范畴）	主轴编码 （概念范畴）	参考点数/个	百分比/%	开放编码 （自由节点）
供给 （104，33.55%）	项目引力	40	12.90	就业导向（17）：实用性比较强；能够理论联系实际；等等 丰富多样（23）：培训的工种多；课程种类齐全；培训课程的选择或涵盖面广；等等
	培训力量	64	20.65	师资力量（14）：师资充足；师资素质较高（专业性强、敬业度高、有责任感）；等等 机构设施（26）：可选择的培训机构类型多、数量较多，可选择性广；培训机构的设施（硬件）齐全、教学环境良好；培训机构的区域分布合理，便于学员就近培训；等等 运营管理（24）：培训机构多有完整的管理体系，且运行流畅；培训机构的管理较为规范、有章可循；培训机构能合理安排培训时间；培训机构的服务好、热情周到；培训机构对学员要求严格，能给予较好的管理；等等
信息 （34，10.97%）	考试评鉴	14	4.52	考试评鉴（14）：有一批优秀的技能鉴定队伍；有严格的考核机制；有好的考核机制；有完整、专业、高公信力、严肃（严格）的技能鉴定体系；等等
	监督反馈	20	6.45	监督反馈（20）：对就业情况时常有跟踪；培训后，有跟踪反馈机制；有良好、严格、明确的监督机制，保障培训质量；有第三方（大学生）监督机制；有好的沟通机制；有完善的台账制度；等等
合计		244	78.71	

二、当前再就业培训系统的优势特征

如表3-6-3所示，以苏州为例，当前再就业培训系统的优势特征主要集中在"培训力量""政策保障""项目引力""经费补贴""宣传引导""监督反馈""考试评鉴"这7个概念范畴（系统子要素）上。为了重点突出再就业培训系统最核心的优势特征，我们将重点分析这7个子系统要素上的主要节点（参考点数大于13的自由节点）及其典型参考点上的优势特征描述。

（1）"培训力量"子系统要素上的优势特征。在该子系统要素上，主要节点有"机构设施"、"运营管理"和"师资力量"这3个。在"机构设施"节点上，典型参考点的优势特征描述有："可选择的培训机构类型多、数量较多，可选择性广""培训机构的设施（硬件）齐全、教学环境良好""培训机构的区域分布合理，便于学员就近培训"，等等。在"运营管理"节点上，典型参考点的优势特征描述有："培训机构多有完整的管理体系，且运行流畅""培训机构的管理较为规范、有章可循""培训机构能合理安排培训时间""培训机构的服务好、热情周到""培训机构对学员要求严格，能给予较好的管理"，等等。在"师资力量"节点上，典型参考点的优势特征描述有："师资充足""师资素质较高（专业性强、敬业度高、有责任感）"，等等。概言之，在"培训力量"子系统要素上的优势特征主要集中在"机构设施""运营管理""师资力量"3个节点上，具体表现为：培训机构数量多、可选择性广、区域分布合理、设施（硬件）齐全、教学环境良好；培训机构的管理体系完整，运行流畅；师资数量充足、素质较高；等等。

（2）"政策保障"子系统要素上的优势特征。在该子系统要素中，只有一个与其同名、包含52个参考点的主要节点。在该节点上，典型参考点的优势特征描述有："有好的政策或规定，如培训的期数多（每年有6期）、可选择的课程多（学员因此可弹性选择）""有明确的再就业培训补贴政策或补贴机制""有相应的鼓励政策（对象包括优秀学员及业绩突出的培训机构）"，等等。概言之，在"政策保障"子系统要素上的优势特征具体表现为：有好的政策或规定，如每年培训的期数多、补贴培训的课程多、有明确的补贴政策、有相应的鼓励政策，等等。

（3）"项目引力"子系统要素上的优势特征。在该子系统要素中，主要节点有"丰富多样"和"就业导向"这两个。在"丰富多样"节点上，典型参考点的优势特征描述有："培训的工种多""课程种类齐全""培训课程的选择或涵盖面广"，等等。在"就业导向"节点上，典型参考点的优势特征描述有："实用性比较强""能够理论联系实际",等等。概言之,在"项目引力"子系统要素上的优势特征主要集中在"丰富多样""就业导向"这两个节点上,具体表现为:培训的工种多、课程种类齐全,可选择范围大;内容上较为实用,能做到理论联系实际;等等。

(4)"经费补贴"子系统要素上的优势特征。在该子系统要素中,主要节点有"学费补贴"和"机构补贴"这两个。在"学费补贴"节点上,典型参考点的优势特征描述有："培训是免费的或零收费的""学费是可以减免的",等等。在"机构补贴"节点上,典型参考点的优势特征描述有："政府给培训机构的经费多""政府对培训机构的补贴力度大",等等。概言之,在"经费补贴"子系统要素上的优势特征主要集中在"学费补贴"和"机构补贴"这两个节点上,具体表现为:培训是免费的(有补贴,可以减免),政府给培训机构的经费多(补贴力度大),等等。

(5)"宣传引导"子系统要素上的优势特征。在该子系统要素中,主要节点只有"项目宣传"这一个。在该节点上,典型参考点的优势特征描述有："有宣传""宣传渠道较丰富""宣传及推广力度大""宣传能够深入基层的社区(有社区对接、专人负责并跟踪服务,让很多失业或转业人员真正了解培训政策)""积极塑造学员成功再就业案例""宣传信息发布及时""宣传范围广""宣传工作做得比较到位,传播效果好",等等。概言之,在"宣传引导"子系统要素上的优势特征具体表现为:宣传渠道丰富、推广力度大、能深入社区、效果好,等等。

(6)"监督反馈"子系统要素上的优势特征。该子系统要素中只有一个与其同名、包含20个参考点的主要节点。在该节点上,典型参考点的优势特征描述有："对就业情况时常有跟""培训后,有跟踪反馈机制""有良好、严格、明确的监督机制,保障培训质量""有第三方(大学生)监督机制""有好的沟通机制""有完善的台账制度",等等。概言之,在"监督反馈"子系统要素上的优势特征具体表现为:有行之有效的监督、沟通和追踪反馈机制,等等。

(7)"考试评鉴"子系统要素上的优势特征。该子系统要素中只有一个与其同名、包含14个参考点的主要节点。在该节点上,典型参考点的优势特征描述有："有一批优秀的技能鉴定队伍""有严格的考核机制""有好的考核机制""有完整、专业、高公信力、严肃（严格）的技能鉴定体系"，等等。概言之，在"考试评鉴"子系统要素上的优势特征具体表现为：有专业、可信的考核、技能鉴定机制或体系，且有专业的技能鉴定人才，等等。

在上述7个优势特征比较集中的子系统要素中，"培训力量"（64，20.65%）、"政策保障"（52，16.77%）、"项目引力"（40，12.90%）这3个子系统要素集中的参考点数最多。此外，这7个子系统要素分别属于"供给"（104，33.55%）、"动力"（85，27.42%）、"信息"（34，10.97%）、"需求"（21，6.77%）这4个系统要素（子系统），其中"供给"和"动力"这两个系统要素（子系统）包含的优势特征（参考点）是最多的。"培训力量"和"项目引力"隶属"供给"子系统，"政策保障"隶属"动力"子系统，这意味着，苏州再就业培训系统当前的优势主要存在于"供给"和"动力"这两个子系统上：在"供给"子系统上，优势主要存在于"培训力量"和"项目引力"这两个子系统要素上；而在"动力"子系统上，优势主要集中在"政策保障"子系统要素上。

第七节 当前再就业培训系统的劣势特征：以苏州为例

一、基于劣势特征的三级编码

（一）劣势特征节点的主次分析

如前文所述，对"问题3"的内容文本（有关"劣势特征"的描述，即苏州市当前再就业培训系统中主要存在的不足之处）进行编码，可获得216个参考点和28个自由节点。这28个自由节点的名称及各自典型参考点如表3-7-1所示。这28个自由节点所包含的参考点数、对应的百分比从大到小排列如下："项目宣传"（32，14.81%）、"政策保障"（21，9.72%）、"学习意愿"（20，9.26%）、"人口素质"（17，7.87%）、"就业导向"（14，6.48%）、"有针对性"（14，6.48%）、"丰富多样"（11，5.09%）、"运营管理"（11，5.09%）、"基于需求"（10，4.63%）、"学费补贴"（8，3.70%）、"社会关注"（7，3.24%）、"考试评鉴"（6，2.78%）、"系统专业"（5，2.31%）、"师资力量"（5，2.31%）、"机构设施"（5，2.31%）、"招工难度"（4，1.85%）、"学习能力"（4，1.85%）、"再就业率与就业质量"（4、1.85%）、"招生人数"（3，1.39%）、"就业素质提升"（3，1.39%）、"就业意愿"（2，0.93%）、"价值认识"（2，0.93%）、"满意度评价"（2，0.93%）、"监督反馈"（2，0.93%）、"用工需求"（1，0.46%）、"成本管控"（1，0.46%）、"管理信息化"（1，0.46%）、"机构声誉"（1，0.46%）。按照上述顺序计算出每个节点对应的累计百分比，结果发现：第12个节点对应的累计百分比为79.17%，而第13个节点对应的累计百分比超过了80.00%。根据帕累托图分析法（卢纹岱，2000），前12个节点为最主要的节点。鉴于这12个主要节点是基于劣势特征编码生成的，我们称之为主要劣势特征节点。主要劣势特征节点上的典型参考点所描述的内容可视作当前再就业培训系统上最主要的劣势特征。

（二）主要特征的类别分析

根据表3-7-2的三级编码结果，我们将上述28个自由节点中的12个主要节点进行分类。分类结果如表3-7-3所示。

在概念范畴层次上，这12个主要节点集中在8个概念范畴上。依据这8个概念范畴上的参考点数及相应的百分比进行由大及小排序，得出如下序列结果："项目引力"（49，22.69%）、"生源质量"（37，17.13%）、"宣传引导"（32，14.81%）、"政策保障"（21，9.72%）、"培训力量"（11，5.09%）、"经费补贴"（8，3.70%）、"外部支持"（7，3.24%）、"考试评鉴"（6，2.78%）。其中，"项目引力"上分布的参考点数占到总体的百分比为22.69%；"生源质量"上分布的参考点数占到总体的百分比为17.13%；"宣传引导"上分布的参考点数占到总体的百分比为14.81%。这3个概念范畴上分布的参考点数及百分比位居前三位，累计百分比为54.63%。

在核心范畴层次上，这13个主要节点集中在5个核心范畴上。依据这5个核心范畴上的参考点数及相应百分比进行由大及小排序，得出如下序列结果："需求"（69，31.94%）、"供给"（60，27.78%）、"动力"（36，16.67%）和"信息"（6，2.78%）。其中，"需求"上分布的参考点数占到总体的百分比为31.94%，"供给"上分布的参考点数占到总体的百分比为27.78%。这两个核心范畴上分布的参考点数及百分比位居前两位，累计百分比为59.72%。

表 3-7-1　开放编码所得自由节点及典型参考点

序号	自由节点	参考点数/个	百分比/%	累计百分比/%	典型参考点
1	项目宣传	32	14.81	14.81	对于一些特定的群体，宣传渠道还是很有限；再就业培训政策宣传的力度虽然已经很大，但仍有很多人对政策不了解；等等
2	政策保障	21	9.72	24.54	政策上的限制较多，如有户籍（一些培训项目只对本地户籍开放）、专业（未能充分反映市场需求）、人数（对培训机构有招生减免学费的指标限制）、次数（每人每年只能免费学一次）上的限制；各区之间的补贴政策不一致，有些项目在某些区不能获得政府的财政补贴，不利于培训机构跨区招生；对培训场所的要求和限制较多，难以满足学员对"灵活培训""就近学习"的需求；培训补贴的申请手续过于烦琐，某些方面不明确；等等
3	学习意愿	20	9.26	33.80	主动参加的人员不多；学习积极性不高；学习态度不够端正；等等
4	人口素质	17	7.87	41.67	文化水平偏低；年龄偏大，层次不一；等等
5	就业导向	14	6.48	48.15	课程内容与就业所需技能有一定差距；培训后取得的职业技能等级鉴定证书或职业资格证书含金量低、不被企业认可，令学员觉得无用；等等
6	有针对性	14	6.48	54.63	内容缺乏针对性，过于侧重专业技能的培训，有些忽视其他就业所需的必要能力；难度缺乏针对性，未能充分考虑到学员文化基础上的差异；等等
7	丰富多样	11	5.09	59.72	培训的专业、种类有限，可选择的太少；培训课程需要拓展，数量和类别太少；等等

续表

序号	自由节点	参考点数/个	百分比/%	累计百分比/%	典型参考点
8	运营管理	11	5.09	64.81	管理体系不是很完善；培训机构的执行力不强；师生互动机制不畅通，培训人员对学员的需求了解不到位；缺乏对再就业培训人员有效的制约机制，学员的出勤率太低；师资管理难度大；等等
9	基于需求	10	4.63	69.44	失业人员的需求与所开设的专业有较大的距离；培训的内容与想从事的岗位不匹配；培训的内容不符合市场需求；等等
10	学费补贴	8	3.70	73.15	补贴标准低；补贴相对较少；补贴资金标准不分项目大小，均为600元；享受补贴政策的培训工种较单一；等等
11	社会关注	7	3.24	76.39	社会对再就业培训的关注度和支持度不够；用工单位对技能培训不够重视；社会和企业对职业技能等级证书要求不高，证书的意义、作用无法显现；等等
12	考试评鉴	6	2.78	79.17	经鉴定获得的证书含金量不高；部分工种无法进行职业技能鉴定；没有权威的培训认证机构；鉴定后，领取证书的周期长；等等
13	系统专业	5	2.31	81.48	内容缺乏系统性；相对于学校教育，专业基础知识讲授得不扎实；等等
14	师资力量	5	2.31	83.80	缺少优秀的培训教师；缺少专职的教师；教师中，很少有企业一线的培训人员；等等
15	机构设施	5	2.31	86.11	培训机构规模小、实力不够强；培训点数量少；交通不方便；硬件设施，落后于企业；等等
16	招工难度	4	1.85	87.96	招聘渠道多；等等
17	学习能力	4	1.85	89.81	学习能力较弱（理解水平较低），满足不了培训的需要；等等

续表

序号	自由节点	参考点数/个	百分比/%	累计百分比/%	典型参考点
18	再就业率与就业质量	4	1.85	91.67	对促进（失业人员）就业的作用不明显；学员培训后，再就业的稳定性不够；等等
19	招生人数	3	1.39	93.06	学员对培训课程（项目）的选择不集中；参培率低，规模小；学生规模上不去
20	就业素质提升	3	1.39	94.44	学员学习地不够深入（应试教育），理论与实践技能水平提升不明显；等等
21	就业意愿	2	0.93	95.37	很多人不想工作；等等
22	价值认识	2	0.93	96.30	期望高（如薪酬要求高），有些不切实际；挑剔，宁可失业在家，有些工作也不愿去做
23	满意度评价	2	0.93	97.22	培训效果不佳，难以令人满意；等等
24	监督反馈	2	0.93	98.15	目前的监管体系还有待完善、加强；等等
25	用工需求	1	0.46	98.61	适合失业人员的岗位少
26	成本管控	1	0.46	99.07	再就业培训机构运营成本大，负担重
27	管理信息化	1	0.46	99.54	信息化管理不充分
28	机构声誉	1	0.46	100.00	部分培训机构不正规
	合计	216	100.00		

表 3-7-2　三级编码的结果

选择编码（核心范畴）	主轴编码（概念范畴）	参考点数/个	百分比/%	开放编码（自由节点）
动力	外部支持	7	3.24	上级部门或领导重视（0）；地方政府重视（0）；社会关注（7）
	政策保障	21	9.72	政策保障（21）
	经费补贴	8	3.70	学费补贴（8）；机构补贴（0）
	招工形势	5	2.31	用工需求（1）；招工难度（4）
	小计	41	18.97	

续表

选择编码（核心范畴）	主轴编码（概念范畴）	参考点数/个	百分比/%	开放编码（自由节点）
需求	生源质量	43	19.91	人口素质（17）；就业意愿（2）；学习意愿（20）；学习能力（4）
	宣传引导	34	15.74	项目宣传（32）；价值认识（2）
	招生效果	3	1.39	报名积极性（0）；招生人数（3）
	小计	80	37.04	
供给	项目引力	54	25.00	就业导向（14）；基于需求（10）；有针对性（14）；丰富多样（11）；系统专业（5）；整体评价（0）
	培训力量	24	11.11	成本管控（1）；师资力量（5）；机构设施（5）；管理信息化（1）；机构声誉（1）；运营管理（11）；师资选拔与发展（0）；激励机制（0）
	小计	78	36.11	
产出	培训效果	9	4.17	就业素质提升（3）；考试或鉴定合格率（0）；再就业率与就业质量（4）；培训质量（0）；满意度评价（2）；用工需求满足度（0）
	就业服务	0	0.00	就业服务（0）
	小计	9	4.17	
信息	考试评鉴	6	2.78	考试评鉴（6）
	监督反馈	2	0.93	监督反馈（2）
	小计	8	3.71	
合计		216	100.00	

表 3-7-3 再就业培训系统长效特征的类别分析

选择编码（核心范畴）	主轴编码（概念范畴）	参考点数/个	百分比/%	开放编码（自由节点）
动力（36，16.67%）	外部支持	7	3.24	社会关注（7）：社会对再就业培训的关注度和支持度不够；用工单位对技能培训不够重视；社会和企业对职业技能等级证书要求不高，证书的意义、作用无法显现；等等

续表

选择编码 （核心范畴）	主轴编码 （概念范畴）	参考点数/个	百分比/%	开放编码 （自由节点）
动力 (36, 16.67%)	政策保障	21	9.72	政策保障（21）：政策上的限制较多，如有户籍（一些培训项目只对本地户籍开放）、专业（未能充分反映市场需求）、人数（对培训机构有招生减免学费的指标限制）、次数（每人每年只能免费学一次）上的限制；各区之间的补贴政策不一致，有些项目在某些区不能获得政府的财政补贴，不利于培训机构跨区招生；对培训场所的要求和限制较多，难以满足学员对"灵活培训""就近学习"的需求；培训补贴的申请手续过于烦琐，某些方面不明确；等等
	经费补贴	8	3.70	学费补贴（8）：补贴标准低；补贴相对较少；补贴资金标准不分项目大小，均为600元；享受补贴政策的培训工种较单一；等等
需求 (69, 31.94%)	生源质量	37	17.13	人口素质（17）：文化水平偏低；年龄偏大，层次不一；等等 学习意愿（20）：主动参加的人员不多；学习积极性不高；学习态度不够端正；等等
	宣传引导	32	14.81	项目宣传（32）：对于一些特定的群体，宣传渠道还是很有限；再就业培训政策宣传的力度虽然已经很大，但仍有很多人对政策不了解；等等
供给 (60, 27.78%)	项目引力	49	22.69	就业导向（14）：课程内容与就业所需技能有一定差距；培训后取得的职业技能等级鉴定证书或职业资格证书含金量低、不被企业认可，令学员觉得无用；等等 基于需求（10）：失业人员的需求与所开设的专业有较大的距离；培训的内容与想从事的岗位不匹配；培训的内容不符合市场需求；等等

续表

选择编码 （核心范畴）	主轴编码 （概念范畴）	参考点数/个	百分比/%	开放编码 （自由节点）
供给 （60，27.78%）	项目引力	49	22.69	有针对性（14）：内容缺乏针对性，过于侧重专业技能的培训，有些忽视其他就业所需的必要能力；难度缺乏针对性，未能充分考虑到学员文化基础上的差异；等等
				丰富多样（11）：培训的专业、种类有限，可选择的太少；培训课程需要拓展，数量和类别太少；等等
	培训力量	11	5.09	运营管理（11）：管理体系不是很完善；培训机构的执行力不强；师生互动机制不畅通，培训人员对学员的需求了解不到位；缺乏对再就业培训人员有效的制约机制，学员的出勤率太低；师资管理难度大；等等
信息 （6，2.78%）	考试评鉴	6	2.78	考试评鉴（6）：经鉴定获得的证书含金量不高；部分工种无法进行职业技能鉴定；没有权威的培训认证机构；鉴定后，领取证书的周期长；等等
合计		171	79.17	

二、当前再就业培训系统的劣势特征

如表3-7-3所示，以苏州为例，当前再就业培训系统的劣势特征主要集中在"项目引力""生源质量""宣传引导""政策保障""培训力量""经费补贴""外部支持""考试评鉴"这8个概念范畴（系统子要素）上。为了重点突出再就业培训系统的最核心的劣势特征，我们将重点分析这8个子系统要素上的主要节点（参考点数在5以上的自由节点）及其典型参考点上的劣势特征描述。

（1）"项目引力"子系统要素上的劣势特征。在该子系统要素中，主要节点有"就业导向"、"有针对性"、"丰富多样"和"基于需求"。首先，在"就业导向"节点上，典型参考点的劣势特征描述有："课程内容与就业所需技能有一定差距""培训后取得的职业技能等级鉴定证书或职业资格证书含金量低、不被企业认可,令学员觉得无用",等等。在"有针对性"节点上,典型参考点的劣势特征描述有:"内容缺乏针对性,过于侧重专业技能的培训,有些忽视其他就业所需的必要能力""难度缺乏针对性,未能充分考虑到学员文化基础上的差异",等等。在"丰富多样"节点上,典型参考点的劣势特征描述有:"培训的专业、种类有限,可选择的太少""培训课程需要拓展,数量和类别太少",等等。而在"基于需求"节点上,典型参考点的劣势特征描述有:"失业人员的需求与所开设的专业有较大的距离""培训的内容与想从事的岗位不匹配""培训的内容不符合市场需求",等等。概言之,在"项目引力"子系统要素上,主要的劣势特征集中在"就业导向""有针对性""丰富多样""基于需求"这4个节点上,具体表现为:培训的专业、种类、数量有限;培训的内容缺乏针对性,与就业所需技能有一定差距,难度上未能充分考虑到学员文化基础上的差异,不能满足供需双方需求;培训获得的证书含金量低,不被企业认可;等等。

(2)"生源质量"子系统要素上的劣势特征。在该子系统要素中,主要节点有"学习意愿"和"人口素质"这两个。首先,在"学习意愿"节点上,典型参考点的劣势特征描述有:"主动参加的人员不多""学习积极性不高""学习态度不够端正",等等。其次,在"人口素质"节点上,典型参考点的劣势特征描述有:"文化水平偏低""年龄偏大,层次不一",等等。概言之,在"生源质量"子系统要素上,主要的劣势特征集中在"学习意愿"和"人口素质"这两个节点上,具体表现为:潜在学员的年龄偏大、文化水平低、学习意愿偏低(主动性、积极性不够)。

(3)"宣传引导"子系统要素上的劣势特征。在该子系统要素中,主要节点只有"项目宣传"这一个。在该节点上,参考点数有32个,而典型参考点的劣势特征描述有:"对于一些特定的群体,宣传渠道还是很有限""再就业培训政策宣传的力度虽然已经很大,但仍有很多人对政策不了解",等等。概言之,在"宣传引导"子系统要素上,劣势特征主要集中在"项目宣传"节点上,具体表现为:相对一些特定群体,宣传渠道依然有限,政策宣传的力度和效果仍有提升空间,部分失业人员对相关政策的了解依然还不够充分。

(4)"政策保障"子系统要素上的劣势特征。该子系统要素中只有一个与其同名、包含21个参考点的主要节点，典型参考点的劣势特征描述有："政策上的限制较多，如有户籍（一些培训项目只对本地户籍开放）、专业（未能充分反映市场需求）、人数（对培训机构有招生减免学费的指标限制）、次数（每人每年只能免费学一次）上的限制""各区之间的补贴政策不一致，有些项目在某些区不能获得政府的财政补贴，不利于培训机构跨区招生""对培训场所的要求和限制较多，难以满足学员对'灵活培训''就近学习'的需求""培训补贴的申请手续过于烦琐，某些方面不明确"，等等。概言之，在"政策保障"子系统要素上，劣势特征主要表现为：补贴政策的限制较多，且存在区域差异，不利于培训机构跨区招生；各种政策在实施中，程序冗杂烦琐，可操作性差；等等。

（5）"培训力量"子系统要素上的劣势特征。在该子系统要素中，主要节点只有"运营管理"这一个。在该节点上，参考点数有11个，典型参考点的劣势特征描述有："管理体系不是很完善""培训机构的执行力不强""师生互动机制不畅通，培训人员对学员的需求了解不到位""缺乏对再就业培训人员有效的制约机制，学员的出勤率太低""师资管理难度大"，等等。概言之，在"培训力量"子系统要素上，劣势特征主要集中在"运营管理"节点上，具体表现为：管理体系不是很完善；培训机构的执行力不强，对学员和教师都缺乏有效的管理；师生互动机制不畅通。

（6）"经费补贴"子系统要素上的劣势特征。在该子系统要素中，主要节点只有"学费补贴"这一个。在该节点上，参考点数有8个，典型参考点的劣势特征描述有："补贴标准低""补贴相对较少""补贴资金标准不分项目大小，均为600元""享受补贴政策的培训工种较单一"，等等。概言之，在"经费补贴"子系统要素上，劣势特征主要集中在"学费补贴"节点上，具体表现为补贴工种单一、额度较低。

（7）"外部支持"子系统要素上的劣势特征。在该子系统要素中，主要节点只有"社会关注"这一个。在该节点上，参考点数有7个，典型参考点的劣势特征描述有："社会对再就业培训的关注度和支持度不够""用工单位对技能培训不够重视""社会和企业对职业技能等级证书要求不高，证书的意义、作用无法显现"，等等。概言之，在"外部支持"子系统要素上，劣势特征主要集中在"社会关注"节点上，具体表现为：社会对再就业培训的关注不够，培训所得证书不受重视。

（8）"考试评鉴"子系统要素上的劣势特征。该子系统要素中只有一个与其同名、包含6个参考点的主要节点，典型参考点的劣势特征描述有："经鉴定获得的证书含金量不高""部分工种无法进行职业技能鉴定""没有权威的培训认证机构""鉴定后，领取证书的周期长"，等等。概言之，在"考试评鉴"子系统要素上，劣势特征表现为：鉴定体系还不太完善，证书缺乏价值，等等。

在上述8个劣势特征比较集中的子系统要素中，"项目引力"（49,22.69%）、"生源质量"（37,17.13%）、"宣传引导"（32,14.81%）这3个子系统要素集中的参考点数最多。此外，这8个子系统要素属于"需求"（69,31.94%）、"供给"（60,27.78%）、"动力"（36,16.67%）和"信息"（6,2.78%）这4个系统要素（子系统），其中"需求""供给"这两个系统要素（子系统）包含的劣势特征又是最多的。"生源质量"和"宣传引导"隶属于"需求"子系统，而"项目引力"隶属于"供给"子系统，这意味着，苏州再就业培训系统当前的瓶颈主要集中在"需求"和"供给"这两个子系统上：在"需求"子系统上，瓶颈主要在"生源质量"和"宣传引导"这两个子系统要素上；而在"供给"子系统上，瓶颈主要集中在"项目引力"子系统要素上。

第八节 长效系统构建的原则与实务建议

一、长效系统构建的原则

基于前文有关再就业培训系统目的、要素、结构和长效特征的探索，相对于再就业培训长效系统构建，我们认为，在实践中应该遵循如下三个原则。

（一）目标导向原则

有关再就业培训系统长效特征的分析结果显示，确保培训有效果，是长效系统最核心、最不可或缺的特征之一。而培训效果最核心的特征就是失业人员经过培训后能实现充分和优质就业。事实上，这也是再就业培训系统的最终目的（标）。因此，要建设再就业培训长效系统，应首先遵循目标导向原则，始终不偏离这一目的（标）。

（二）扬长补短原则

系统结构直接影响着系统的功效。一个好的结构，可以充分发挥其性能，从而增强整个大系统的功效；反之，若结构不佳，即使各子系统性能优良，整个大系统也无法达到预期的功效。换言之，系统要取得好的效果，就必须要有完善合理的结构。要完善优化系统结构，就必须要充分认识到当前系统运行中的优势与劣势，并努力做到扬长补短（尤其是补短），亦即要遵循扬长补短原则。

（三）信息反馈原则

要积极构建有效的信息管理与反馈机制，就要遵循信息反馈原则。一个系统之所以能按预定的目标实现控制，就是因为该系统内部的各组织部分之间及系统与其外部环境之间存在着信息流动和反馈。系统的有效运作往往都是在反馈回路正常运行的基础之上进行的，而拥有充分有效的信息是反馈回路正常运行的前提。为此，构建长效再就业培训系统，需要高度重视信息子系统的建设。监督反馈是长效再就业培训系8个关键的子系统要素之一，这也进一步说明积极构建有效信息管理与反馈机制的必要性。因此，在实务操作过程中，再就业培训的主管部门务必要高度重视信息管理与反馈机制（尤其是监督反馈机制）的建设，确保系统可及时、准确获得关键要素的状态，并能有效反馈给相关要素，以促进要素间的关系正常发生。

二、对策与建议

基于上述三项原则，我们以苏州为例，考虑到该地区再就业培训系统中的短板，提出了如下一些实务建议，以促进再就业培训长效系统的构建。

（一）致力"动力"要素优化的对策

在"动力"要素（子系统）上，目前的优势特征主要表现为：有好的政策或规定，如每年培训的期数多、补贴培训的课程多、有明确的补贴政策、有相应的鼓励政策；培训是免费的（有补贴，可以减免），政府给培训机构的经费多（补贴力度大）。而劣势特征主要为：补贴政策的限制较多，且存在区域差异，不利于培训机构跨区招生；各种政策在实施中，程序冗杂烦琐，可操作性差；补贴工种单一、额度较低；社会对再就业培训的关注不够，培训所得证书不受重视，培训的价值无法得到实现。基于此，目前在"动力"要素上，优势主要集中在"政策保障""经费补贴"要素上，而劣势主要集中"政策保障""经费补贴""外部支持"要素上。针对"政策保障""经费补贴""外部支持"要素上的不足，我们提出了如下两条建议：

（1）要不断优化和完善再就业培训政策。各项政策，尤其是在涉及培训补贴的科目（工种）、对象、标准和领取程序及可享受补贴政策的培训定点机构的选择标准等方面时，应建立对在辖区内失业人员及劳动力市场的真实需求、培训机构的实际状况、财政资源的可支配额度及培训成本的科学分析的基础之上。

（2）要努力营造再就业培训项目的社会支持氛围。政府要努力让企业认识到，目前的再就业培训系统可为企业提供可用的劳动力资源，并有助于缓解当下的用工短缺问题。对于再就业培训系统而言，所培训的学员最终能被企业认可、接纳及使用，并实现充分再就业乃至更高质量就业，才是系统最终的目标。

（二）致力"需求"要素优化的对策

在"需求"要素（子系统）上，目前的优势主要表现为：宣传渠道丰富、推广力度大、能深入到社区、效果好。而劣势特征主要为：相对一些特定群体，宣传渠道依然有限，政策宣传的力度和效果仍有提升空间，部分失业人员对相关政策的了解依然还不够充分；潜在学员的年龄偏大、文化水平低、学习意愿偏低（主动性、积极性不够）。基于此，目前在"需求"要素上，优势主要集中在"宣传引导"上，而劣势主要集中在"宣传引导"和"生源质量"上。为此，我们建议：

（1）在保持目前宣传引导方面的成功经验之外，还要继续丰富和拓展再就业培训项目的宣传渠道，增强项目宣传的针对性及力度。

（2）要充分认识到，"生源质量"差是再就业培训系统无法回避的短板，但是也正因如此，再就业培训工作的意义才得以凸显。虽然培训对象年龄偏大、文化水平低，但政府可以加大宣传力度，宣传参加再就业培训项目之于目标群体的意义，努力提高目标群体报名参加再就业培训的积极性。通过有效的宣传引导，确保每个培训项目都能招募到足够多的学员，这是"需求"要素要达成的目标，也是衡量"需求"要素功能是否有效发挥的最根本的指标。

（三）致力"供给"要素优化的对策

在"供给"要素（子系统）上，目前的优势主要表现为：培训机构的数量多、可选择性广、区域分布合理、设施（硬件）齐全、教学环境良好；培训机构的管理体系完整，运行流畅；师资方面，数量充足、素质水平较高；培训的工种多、课程种类齐全、可选择范围大；内容上较为实用，能做到理论联系实际。而劣势特征主要为：培训的专业、种类、数量有限；培训的内容缺乏针对性，与就业所需技能有一定差距，难度上未能充分考虑到学员文化基础上的差异，不能满足供需双方需求；培训获得的证书含金量低，不被企业认可；管理体系不是很完善；培训机构的执行力不强，对学员和教师都缺乏有效的管理，师生互动机制不畅通。基于此，目前"供给"要素上，主要的优势和劣势特征都集中在"培训力量"和"项目引力"上，但相对而言，"项目引力"分布的劣势特征要比"培训力量"更多。为此，我们建议：

（1）要竭力开发出有吸引力的培训项目。如果"项目引力"小，可能会导致"招生效果"不如预期。目前，就"项目引力"而言，苏州市再就业培训部门及机构所开发出来的培训项目，在"丰富多样""就业导向""有针对性""基于需求"这4个方面，还存在着一些瓶颈。为此，相关部门或培训机构在开发培训项目时，要着重于如下方面的改进：① 要重视项目的多样化，包括项目涉及的科目、专业或种类多样化；② 要加强培训项目的针对性，即培训项目要能基于目标群体的人口特征、文化基础去开发；③ 要坚持以就业为导向，即培训项目涉及的内容无论是知识还是技能，都应具有实用性；④ 培训内容要能够紧紧围绕需求去展开，这些需求既包括失业人员的就业需求，也包括企业的用工需求。

（2）要努力增强培训机构的项目运营及管理能力。如果"培训力量"弱，则可能无法提供足够多可供选择的及高品质的再就业培训服务。而在培训机构的"运营管理"方面，目前的系统也存在较大瓶颈。为此，培训机构应不断完善管理体系，增强自身执行力，制定出严格的教师及学员管理制度，同时也要努力构建顺畅的师生互动机制，等等。

（四）致力"信息"要素优化的对策

在"信息"要素（子系统）上，目前的优势主要表现为：有行之有效的监督、沟通和追踪反馈机制；有专业、可信的考核、技能鉴定机制或体系，且有专业的技能鉴定人才。而劣势特征主要为鉴定体系还不太完善，证书缺乏价值。基于此，目前"信息"要素上，优势特征主要集中在"监督反馈"和"技能鉴定"上，而劣势特征也主要集中在"技能鉴定"上。也就是说，苏州再就业培训系统在"技能鉴定"上有突出的成绩，但仍有不少需要完善的地方。我们建议：应不断健全再就业培训考试及职业技能鉴定体系，大力培育一批有知名度、有影响力、有权威性的考试及职业技能鉴定机构，努力提高考试合格证书及职业技能等级鉴定证书的可信度与含金量。

各种形式的考试及技能鉴定，最大的功能都在于获取信息。这些信息的真实与有效将有助于促进再就业培训系统要素之间的良性互动。而这些信息通常是以各种证书的形式反映出来的，因此，不断提高各种证书的可信度及含金量尤为重要。以职业技能等级鉴定证书为例，如果证书可以准确反映个体经过培训之后所具备的就业知识结构及技能水平，那么有没有证书就可以作为企业人员录用与否的依据。如果企业依据证书所反映的信息做出的决策被实践反复证明是有效的，那么企业必然会越来越信赖这些证书。而在企业信赖这些证书的前提下，个体拥有证书，就必然会更加容易被录用，而这又会激励更多的学员报名参加再就业培训。可见，基于真实而有效的信息，系统内外的各个关键要素才能形成良性的循环互动关系。

第四章

失地农民再就业培训参与决策的影响因素及机制

基于上一章对再就业培训系统的探索，我们可初步了解到制约该系统有效运行的要素有很多，其中包含积极、主动报名参与培训的人数。也就是说，培训的目标对象能否最终做出参与培训的决策是再就业培训工作能否有效开展的关键性因素——也是一个前提因素。同时，作为系统中某个要素或子系统要素，其实际的表现情况，也可能是系统其他要素（或子系统要素）影响的结果。目前，失地农民再就业培训普遍存在参与率不高的现象。

为此，本章拟以失地农民再就业培训决策的影响因素及机制为研究内容进行实证研究或质性研究的探索，以期能够更好地窥探目前再就业培训系统的运行机制，解释目前失地农民再就业培训中存在的各种瓶颈问题。同时，我们也期望本章研究的开展能为其他失地农民再就业培训问题的分析与解决贡献出一个范例。

第一节 失地农民再就业培训参与决策概述

一、失地农民再就业培训的参与情况

再就业培训的招生效果好，即招募到足够多的学员，是确保再就业培训系统有效运行的重要前提。然而，在开展失地农民再就业培训工作中，有很多因素可能会阻碍再就业培训工作的有效开展，并因此成为瓶颈因素，如参与比例低（骆海燕，2015）、参与度不高（吴婧，2017）或接受就业培训比例小（吴坚，2011）。李国梁和钟奕（2013）的调研结

果显示：当前我国失地农民参加职业培训的参与率极低，92.8%的受访者没有参加过培训，仅有7.2%的受访者参加过培训。张雪雯和胡万玉（2016）在针对西安市长安区失地农民的调查中发现，仅有12%的受访者参加过政府组织开展的职业技能培训。

参与比例低意味着不少失地农民尽管失业在家，但没有选择报名参加政府部门组织的再就业培训项目，即再就业培训项目的招生效果不够显著。根据前文有关再就业培训系统的研究，招生效果对培训效果有直接的影响。招生效果显著，意味着有更多学员可以从再就业培训项目中受益。受益人群增加，培训效果自然也就更好；反之亦然。黄祖辉和俞宁（2007）的研究显示，一些失地农民培训项目因为农民参与度不高而开展得不甚理想。该结论在一定程度上佐证了上述观点，即招生效果对培训效果有直接影响。事实上，参与比例低最直接的影响是，如果报名参与培训的学员不具规模的话，再就业培训项目很有可能达不到开班条件，就算勉强达到开班条件，培训机构也有可能出现"利润不足"乃至"亏损"的情况而失去办学的动力。更重要的是，如果培训机构因为招募不到足够多的学员而无法按计划开班，有参与培训需要的失地农民就会因为不能参与再就业培训而无法改善观念、提升就业素质、摆脱长期失业的问题，而这必然会影响到失地农民的顺利城镇化。由此可见，解决好再就业培训参与比例低的问题尤为重要。这一问题的解决可以大幅度增强再就业培训工作的有效性，促进失地农民充分再就业和顺利城镇化。

需要强调的是，失地农民在再就业培训项目上的参与比例低、参与度不高或接受就业培训比例小，并不意味着失地农民不需要或不愿意接受培训。一部分学者发现，大部分失地农民都有着（参与）技术培训的需求，比如：潘光辉（2010）的调查结果显示，表示暂时没有需求的仅占有效样本的5.4%；鲁江等人（2013）的调查显示，有68.13%人表示愿意接受就业培训；张雪雯和胡万玉（2016）的调查显示，在被问及是否愿意参加政府组织的免费就业培训时，有65%的失地农民表示愿意参加。由此可见，大多数失地农民需要并愿意参加再就业培训。这些看似矛盾的调查结果，在一定程度上说明了有一些更为复杂的原因或因素阻碍了一部分有需要或有意愿参加再就业培训的失地农民最终做出报名参加再就业培训的决定。

二、风险决策的理论基础

失地农民在再就业培训项目上的参与比例在一定意义上是这一群体在面临"是否参与再就业培训"时的行为决策的结果。决策是人们生活中最常见的一种综合活动，是为了实现特定的目标，运用科学的理论和方法，分析主客观条件，提出各种不同的方案，并从中选取最优方案的过程。（任彪，1994）当下，决策是经济学和心理学共同关注的热点问题，是行为经济学的研究重点。然而，目前鲜有学者从行为经济学的视角来探讨失地农民参与再就业培训的决策特征、机制及影响因素。要促进失地农民选择参与再就业培训，就有必要围绕这些问题进行深入的探索与分析。在此之前，我们有必要对决策的相关理论进行回顾。

在通常情况下，按问题的性质和条件，决策可分为确定型决策、不确定型决策和风险决策三种。所谓风险决策是预测各种事件可能发生的先验概率（通过过去经验或主观判断形成的对各自然状态出现的概率的认识），然后再采用期望效果最好的方案作为最优决策方案（徐稼红，2001）。在风险决策中，这种最佳方案的选择具有一定的风险性。毋庸置疑的是，是否参与再就业培训是典型的风险决策。我们认为，要理解为什么失地农民参与再就业培训的比例较低，应基于风险决策理论的背景进行思考和分析。在风险决策领域中，解释个体决策行为的理论有很多，但概括起来主要有两种范式：

一是标准化范式。标准化范式致力建立一种最优或者完全理性又普遍适用的决策模型。（孙蕴韬，顾红，2009）其代表性理论是预期效用理论（Expected Utility Theory）。预期效用理论有效地把不确定性引入了理性决策的分析框架，描述了"理性人"在不确定性情境下的最优决策行为（张多蕾，王治，2009）。预期效用理论建立在新古典经济学"理性人"假设的基础之上。新古典经济学家认为，理性是价值最大化的代名词，他们对"理性人"的行为的假定包括：① 个体的行动决定（为达到目的而选择的手段）是合乎理性的；② 个体可以获得足够充分的有关周围环境的信息（完全信息假定）；③ 个体根据所获得的各方面信息进行计算和分析，从而按最有利于自身利益的目标选择决策方案，以获得最大利润或效用（利润或效用最大化假定）。（丘海雄，张应祥，1998）

二是描述性范式。描述性范式以西蒙（Simon）提出的"有限理性"假说为指导思想，代表性理论是卡尼曼（Kahneman）和特维斯基（Tversky）(1979) 提出的前景理论（Prospect Theory）。随着行为科学的发展，"经济人"假定不断受到不同方面经济学家的批判与修正（邓汉慧，张子刚，2002）。西蒙在批判传统理性观的同时，从心理学角度出发，论证了人类行为的理性是在"给定"环境限度内的理性，有限理性是由人的心理机制决定的。西蒙认为，人们在决定过程中寻找的并非是"最大"或"最优"的标准，而只是"满意"的标准（邓汉慧，张子刚，2002）。西蒙的有限理性行为理论构成了现代管理理论的基石，它更加合乎现实生活中人们的实际决策情况。（邓汉慧，张子刚，2002）也就是说，现实中的人并不是完全理性人，当面对不确定的情况时，人们的决策容易受到环境和心境等因素的影响而产生认知偏差，进而导致人们在决策过程中产生诸如确定性效应、反射效应、孤立效应等预期效用理论无法合理解释的悖论。（张多蕾，王治，2009）卡尼曼和特维斯基（1979）就是基于这些悖论，在前人工作和大量实验研究的基础上，提出了预期效用理论的替代模型框架——前景理论。如果说预期效用理论是公理性的，那么前景理论是描述性的，它是从实验观察中以归纳的方式发展而成，而不是从一系列逻辑推理中演绎而来的（张多蕾，王治，2009）。相对而言，前景理论比预期效用理论更贴近现实，也更有利于理解和解释现实行为。（朱富强，2013）

（一）前景理论

前景理论是卡尼曼和特维斯基（1979）首先提出的。该理论将风险决策过程分为编辑（Editing）和评价（Evaluation）两个阶段。在编辑阶段，决策者会对不同的可能性结果进行初步分析，建立适当的参考水平（参照点），确定概率值，得出简化的结果；在评价阶段，决策者会对编辑得到的简化结果进行评估，选择前景（价）值最高的决策。（杨建池，王运吉，钱大庆，等，2009）

在编辑阶段，个体的心理结构起了关键作用。前景理论认为，个体在决策中看重的不是最终财富，而是相对于参考点的相对收益和损失。（泮敏，2015）个体首先对最终可能的前景（Prospect）（卡尼曼和特维斯基特别使用了"前景"这个词，以示和传统期望效用理论中使用的"期望"一词相区别）进行编辑，然后对编辑后的前景进行估值。根据这一估值,研究者将会得到一个相对于参考点的收益和损失的价值函数(Value Function)。

在评价阶段,卡尼曼和特维斯基改变了传统理论评估总效应的做法,转而衡量一个前景的总价值 V。该价值主要是通过价值函数和决策权重函数的结合来决定的。(石莉萍,2014)价值函数反映了结果的主观价值。决策权重函数则表示与该结果概率 P 相对应的决策权重,它和概率 P 有着本质的区别,反映了 P 对整个前景值的影响力。这意味着决策者在进行风险决策时至少会受到两个方面的影响:一是决策者对结果的主观价值感受;二是决策者对结果出现的主观概率的判定。

在前景理论中,价值函数和权重函数是最重要的研究成果。在卡尼曼和特维斯基(1979)的文章中,个体的价值函数是 S 形的,即在收益的部分是凹的,在损失的部分是凸的;并且,价值函数图形在损失部分要比收益部分更陡(泮敏,2015)。这意味着,个体对"损失"要比对"获得"更敏感(王阁,2015)。前者带来的痛苦程度比后者带来的快乐程度要更深。卡尼曼和特维斯基把这种痛苦称为"损失厌恶"或"损失憎恶"。

(二) 启发式策略

人类的决策行为是众多理性和非理性因素共同作用的结果。(何贵兵,于永菊,2006)预期效用理论是建立在"人是理性的"这一假设基础之上的,前景理论则是建立在"有限理性"的假设基础之上的。除了理性决策或有限理性决策之外,人类的决策还有基于直觉的"非理性决策"。卡尼曼等人还认为,个体在风险决策中也经常会"使用一系列的启发式策略进行直观判断"(阳志平,时勘,王薇,2003),尤其是在决策信息有限的情况下。

卡尼曼等人经过研究证明:人们在不确定条件下往往并不遵循期望价值理论,而是使用一系列的启发式策略进行直观判断。使用启发式策略进行决策在一定意义上就是一种基于人的"非理性"因素进行决策的方式。启发式主要有代表性启发式、可得性启发式与锚定和调整启发式这三种。在这三种启发式中,代表性启发式是最常见的一种。所谓代表性启发式,指的是"在判断 A 事物属于 B 类别的可能性时,会受到 A 事物与 B 类别特征属性的相似程度的影响",即人们根据事物的一些突出特征对其进行归类时,如果发现它与某类事物(范畴)的代表性类似的时候,就直观地推断出该事物归属于这一类。(阳志平时勘,王薇,2003)在日常生活中,人们会根据既有经验为各类事物塑造它们各自的原型,它们具有该群体的典型特征和最大代表性。做决策时,人们仅需将事物与各个原型相对照,一旦发现匹配就将其归入该原型代表的范畴。从这个角度来看,代表性启发式就是将决策选项的特征与刻板印象进行比较,确定最为相似选项的认知过程。(庄锦英,2006)对此,庄锦英认为,从心理学意义上讲,代表性启发式就是运用刻板印象做决策的策略。刻板印象实际上是一种心理功能装置(杜秀芳,2004),是大脑对社会信息的一种自动的类别化加工过程(贾磊,罗俊龙,肖宵,等,2010),具有促进认知加工、节省认知资源的功效(杜秀芳,2004)。当然,基于刻板印象做决策,也必然会出现决策误差。

三、关于失地农民再就业培训参与决策的关键问题

当政府或培训机构针对失地农民开发出一些再就业培训项目时,有培训需求或培训意愿的失地农民需要面对并做出参与或不参与的再就业培训决策。失地农民在再就业培训项目上的参与比例低或参与度不高,从一定意义上讲,就是有更多的人做出了不参与再就业培训的决策,只有更少的人做出了参与再就业培训的决策。为此,值得关注的是,究竟是哪些因素导致失地农民做出了不参与再就业培训的决策,又是哪些因素促使失地农民做出了参与再就业培训的决策,其决策机制是什么。要想促进失地农民中有更多比例的人做出参与再就业培训的决策,就有必要厘清这些基本问题。

基于前景理论的观点,选择参与再就业培训的人少,是因为有更多的人认为参与再就业培训的前景价值要低于不参与再就业培训的前景价值。前景理论认为,个体进行风险决策包含两个阶段,一是"编辑"阶段,二是"评估"阶段。这衍生出另外一些问题:在"编辑"阶段,失地农民究竟对再就业培训哪些方面的内容或因素进行了信息"编辑",哪些信息"编辑"影响到失地农民对决策结果的主观价值感受,又有哪些信息"编辑"影响到失地农民对决策结果出现的主观概率的判定?围绕上述问题可进一步推导出如下这些更具体的问题:在主观价值感受上,哪些信息"编辑"导致失地农民产生了价值"收益"的感受,又有哪些信息"编辑"导致失地农民产生了价值"损失"的感受?

在主观概率判定上，哪些信息"编辑"增加了失地农民对决策结果出现的主观概率的判定，又有哪些信息"编辑"减少了失地农民对决策结果出现的主观概率的判定？在上述信息"编辑"、主观价值感受生成和主观概率判定上，相互之间是否存在着重要的机制？如果存在，该机制是什么？

基于启发式的观点，失地农民除了对参与或不参与再就业培训进行前景价值分析之外，在决策的过程中，有没有应用到"启发式策略"，也就是说，存不存在直觉式判断？如果存在的话，有哪些具体类型的直觉式判断？这些问题，我们认为也很值得探索。为了回答上述问题，我们开展了如下两个研究：一是失地农民再就业培训参与决策的影响因素研究，二是失地农民再就业培训参与决策机制研究。

第二节 失地农民再就业培训参与决策的影响因素

一、问题的提出

基于文献梳理结果可知，目前失地农民再就业培训的参与比例普遍较低。有较大一部分失地农民需要也愿意参与再就业培训，但是因为各种因素而未能最终选择参与再就业培训。只有充分了解再就业培训的影响因素及背后隐藏的相关机制，才能拟定出更有效的对策以提高失地农民在再就业培训上的参与比例。基于这一目的，我们拟开展如下研究。

二、研究方法

（一）前期访谈研究

表 4-2-1　参与或不参与再就业培训的原因及编码

类型	编码	内容
选择参与再就业培训的原因	A01	自己文化水平低，所以更需要提升自己
	A02	自己相信，多一项本领，就多一条路
	A03	自己对学习一直都很有兴趣
	A04	反正是免费的，不学白不学
	A05	参与培训之后，政府才更愿意推荐或安排工作

续表

类型	编码	内容
选择参与再就业培训的原因	A06	现在找工作难，不学，"缺少技能"或"没有任职资格"，就更找不到工作
	A07	学习，总归不是坏事
	A08	学习，会让我觉得更踏实些
	A09	闲着也是闲着，不如去学一点本事
	A10	是一个自我提升的机会，应该争取
	A11	"不学"也能找到工作，但"学了"可能会找到更好的工作
	A12	作为一个现代人，应不断提升自己，只有如此，才能更好地适应社会
选择不参与再就业培训的原因	B01	已过了学习的年龄，学不动了
	B02	到了这个年龄，应该多做一些照顾家庭（如带孩子、看护老人）的事情了，就不用出去工作了
	B03	自己的文化水平不高，就是学了也好不到哪里去
	B04	自己对学习一直都没有兴趣
	B05	学习很辛苦，不想太累
	B06	已经有那么多钱了，暂时不缺钱，想先舒服一段时间
	B07	虽然培训是免费的，但会占用自己很多的时间，这会影响其他的事情
	B08	虽然培训是免费的，但自己还要贴路费、餐费
	B09	这类培训都是走过场，就是学了，也未必能帮助自己找到好工作或更好地创业
	B10	参与培训，就算政府包找工作，也不会是什么好工作
	B11	我觉得自己有足够的能力，无须参与培训也能找到一份好工作
	B12	目前找工作容易，不用培训也能找到

为了设计实验材料，我们先对无业或失业的失地农民进行了一项访谈研究（访谈问卷如附录2所示）。访谈问题主要有：① 为了帮助失地农民就业，政府之前组织过很多次再就业培训项目，请问您是否参与过这类项目？② 如果今后还有这类项目的话，您是否愿意参与？③ 愿意/不愿意参与这类项目的原因是什么？

我们在苏州地区走访了78名无业或失业的失地农民。通过对访谈记录的整理，取得了如下四个方面的定性认识：① 只有一部分失地农民了解再就业培训，而参加过的人数更少。在受访的 78 名失地农民中，有 45 名表示了解政府部门有针对失地农民提供再就业培训服务，但表示参与过的人数只有 17 名。② 如果政府提供再就业培训，有 61 名失地农民表示愿意参加，但其中表示"一定参加"的只有 18 名，有 43 名表示"可能会参加，但要看情况"，这说明，更多的人在特定条件下才会参与培训。③ 失地农民有关参与和不参与再就业培训的一些原因如表 4-2-1 所示，其中 A01—A12 是那些表示参与再就业培训的失地农民罗列出来的自己选择参与再就业培训的最具代表性的原因，B01—B12 则是那些表示不参与再就业培训的失地农民罗列出来的最具代表性的原因。④ 不同类型的受访者在描述参与或不参与再就业培训的原因时，往往会有不同的聚焦。比如：年龄大的失地农民在解释自己不参与再就业培训的原因时，往往会提及 B01，即"已过了学习的年龄，学不动了"；女性常常会提及 B02，即"到了这个年龄，应该多做一些照顾家庭（如带孩子、看护老人）的事情了，就不用出去工作了"；受教育水平低的人会更频繁地提及 B03，即"自己的文化水平不高，就是学了也好不到哪里去"。

（二）实验材料的设计

受限于样本的代表性，访谈研究只能提供一些定性的描述。为了更进一步获取失地农民"参与再就业培训的比例"、"不同群组在面临参与再就业培训的决策上是否有差异"以及"参与或不参与再就业培训的原因"这三大问题的定量数据，我们拟基于情境技术开展一项实验研究，因为不依赖于情境的决策是不存在的。基于芬奇（Finch）的定义，情境技术就是假想出来一些特定场景中的人物故事，被试一般被要求基于故事的场景来回答相关的问题（Finch，1987）。情境技术是一种方法，让被试对具有特定场景和环境的故事进行反应或评论，引发他们对相关事物的看法、观点、信仰和态度（Barter，Renold，1999）。根据谢铮、刘东兴和张拓红（2011）的观点，情境技术能够尽可能还原社会场景，节约调查成本，有助于全面展现问题背景，给被调查者提供一个具体的社会情境，具有较好的内在效度，特别适合调查人们的信念、价值观和规范等主观而复杂的问题，是社会科学调查中能较好地对人群观点、态度和行为进行客观测量和比较的一种方法。在社会学研究中，情境技术主要应用于三种场景（Barter, Renold, 1999）：一是探索特定情境下的行为；二是厘清人们的评价或判断（特别是在道德两难情境下的判断）；三是提供一种研究敏感话题的方式，这种研究方式可大幅减少人为因素带来的干扰。

实验材料以纸质问卷（附录3）的形式呈现，包括以下几个部分：

（1）有关人口变量的调查内容。涉及的调查内容：性别、年龄、受教育水平、户籍状况、近三十年来家中被征地的情况及耕地情况。

（2）基于情境技术及实验设计的思想设计的如下一段材料：

A是城郊一位农民，<u>女/男</u>，今年<u>30/40/50</u>岁，<u>小学/初中文化水平</u>。A家里原有8亩地。去年因城市发展，家中的土地全部被征用。目前家中已无土地可耕种。因土地被征用，政府按照4万元/亩的标准，给了A及家人一次性补偿32万元，并按国家政策为A及家人缴纳了农村养老保险。目前A没有了土地，失业在家。为了帮助这些没有工作的被征地农民（失地农民）更好地就业，政府经常会组织一些免费的再就业培训。

该材料中包含三个自变量。一是角色A的性别（简称角色性别），包括"男""女"两个水平；二是角色A的年龄（简称角色年龄），包括"30岁""40岁""50岁"三个水平；三是角色A的受教育水平（简称角色受教育水平），包括"小学""初中"两个水平。根据这三个自变量的不同水平，我们形成了2×3×2合计12个版本的被试间实验设计材料。通过这三个自变量的设置，探究情境材料中角色的性别、年龄和受教育水平这三个因素对失地农民参与再就业培训的决策是否有影响，并比较不同群组的失地农民在决策结果上的异同。

实验采用角色模拟启动范式，通过"如果您是A，是否会报名参与再就业培训？"这一问题获得被试的决策行为反应。被试的决策行为反应即因变量在该实验中有三个。一是有关是否会报名参与再就业培训的决策。该变量采用的是单选题的呈现方式，选项有2个，分别是"参与"和"不参与"。二是选择参与再就业培训的主要原因。回答该问题的是在上一题中选择"参与"选项的失地农民。该题为多选题，共有12个选项，即表4-2-1中的A01—A12。三是A选择不参与再就业培训的主要原因。回答该问题的是在上一题中选择"不参与"选项的失地农民。该问题也是多选题，同样有 12 个选项，即表 4-2-1 中的 B01—B12。

（三）施测程序及样本分布

实验材料以纸质问卷的形式加以呈现。每个版本的问卷印 140 份，12 个版本合计印制 1 680 份。我们将这些问卷打乱后随机发放给目前在长三角地区（上海、苏州、无锡、杭州）劳动力市场中的求职人群。根据户籍状况与近三十年来家中被征地的情况筛选出失地农民样本。首先，剔除户籍一直以来就是城镇户口的全部样本；其次，剔除近三十年来家中被征地的情况为"未曾有过"的样本。经过两次筛选，剩下的样本就被界定为"失地农民"。

筛选后最终获得失地农民有效样本 430 份。这些样本在人口变量上的分布情况是：① 性别方面，男性有 178 人，占总体的 41.40%，女性有 252 人，占总体的 58.60%；② 年龄方面，25 岁以下的有 89 人，占总体的 20.70%，25～35 岁的有 266 人，占总体的 61.86%，35 岁以上的有 75 人，占总体的 17.44%；③ 在受教育水平上，初中及以下水平的有 118 人，占总体的 27.44%，中专、技校、职高或高中水平的有 217 人，占总体的 50.47%，大专及以上水平的有 95 人，占总体的 22.09%。

这些样本在模拟角色的三个自变量上的分布情况是：① 297 人模拟角色性别为女性，占总体的 69.07%，133 人模拟角色年龄为男性，占总体的 30.93%；② 194 人模拟角色年龄为 30 岁，占总体的 45.12%，143 人模拟角色年龄为 40 岁，占总体的 33.26%，93 人模拟角色年龄为 50 岁，占总体的 21.63%；③ 237 人模拟角色受教育水平为小学，占总体的 55.12%，193 人模拟角色受教育水平为初中，占总体的 44.88%。

（四）数据处理

由于是否参与再就业培训的决策是一个二值响应的类别变量，我们采用二值响应 Logistic 回归分析来建构模型。模型中，以变量 Y（参与再就业培训的决策，值编码：0 = 不参与，1 = 参与）为因变量，以 X_1（被试性别，值编码：0 = 女；1 = 男）、X_2（被试年龄，值编码：1 = 25 岁以下；2 = 25～35 岁；3 = 35 岁以上）、X_3（被试受教育水平，值编码：1 = 初中及以下；2 = 中专、技校、职高或高中；3 = 大专及以上）、X_4（角色性别，值编码：0 = 女；1 = 男）、X_5（角色年龄，值编码：

1＝30 岁；2＝40 岁；3＝50 岁）、X_6（角色受教育水平，值编码：0＝小学；1＝初中）为解释变量（自变量），同时考察 X_4 与 X_5，X_4 与 X_6，X_5 与 X_6，X_4、X_5 与 X_6 之间的交互作用，其中 X_2、X_3 和 X_5 被设置为哑变量（表4-2-2）。

表 4-2-2　二值响应 Logistic 回归方程中的哑变量

变量名称	群组	人数/人	参数编码 (1)	参数编码 (2)
X_2（被试年龄）	25 岁以下	89	1	0
	25～35 岁	266	0	1
	35 岁以上	75	0	0
X_3（被试受教育水平）	初中及以下	118	1	0
	中专、技校、职高或高中	217	0	1
	大专及以上	95	0	0
X_5（角色年龄）	30 岁	194	1	0
	40 岁	143	0	1
	50 岁	93	0	0

三、结果与分析

（一）模拟情境下失地农民及各群组再就业培训参与比例分析

表 4-2-3　失地农民及各群组再就业培训参与比例和 χ^2 检验值

变量名称	群组	不参与 n/人	不参与 P/%	参与 n/人	参与 P/%	人数/人	检验结果
角色性别	女	93	31.31	204	68.69	297	$\chi^2 = 9.166$, $df = 1$, $p = 0.002$
	男	23	17.29	110	82.71	133	
角色受教育水平	小学	73	30.80	164	69.20	237	$\chi^2 = 3.922$, $df = 1$, $p = 0.048$
	初中	43	22.28	150	77.72	193	
角色年龄	30 岁	58	29.90	136	70.10	194	$\chi^2 = 1.648$, $df = 2$, $p = 0.439$
	40 岁	34	23.78	109	76.22	143	
	50 岁	24	25.81	69	74.19	93	

续表

变量名称	群组		不参与		参与		人数/人	检验结果
			n/人	P/%	n/人	P/%		
角色受教育水平 × 角色年龄	小学 ×	30 岁	46	43.40	60	56.60	106	$\chi^2 = 17.782$, $df = 2$, $p < 0.001$
		40 岁	24	25.26	71	74.74	95	
		50 岁	3	8.33	33	91.67	36	
	初中 ×	30 岁	12	13.64	76	86.36	88	$\chi^2 = 10.835$, $df = 2$, $p = 0.004$
		40 岁	10	20.83	38	79.17	48	
		50 岁	21	36.84	36	63.16	57	
总计			116	26.98	314	73.02	430	$\chi^2 = 91.172$, $df = 1$, $p < 0.001$

在上述情境下的决策模拟实验中，430 名失地农民关于"是否会报名参与再就业培训"这一问题的决策行为反应结果如表 4-2-3 所示：314 人选择"参与"再就业培训这一选项，占总体的比例（即再就业培训的参与比例，以下简称"参与比例"）为 73.02%；选择"不参与"选项的失地农民仅有 116 人，占总体的比例为 26.98%。χ^2 检验的结果显示，选择参与再就业培训的人员比例显著高于不参与再就业培训的人员比例（$\chi^2 = 91.172$，$df = 1$，$p < 0.001$）。

根据模拟角色的性别、受教育水平及年龄，我们区分了多个亚群体。各个亚群体在再就业培训上的参与比例及差异性统计检测结果如下：

（1）模拟角色的性别方面，女性的参与比例是 68.69%，男性的参与比例是 82.71%。二者间的差异具有统计学意义上的显著性（$\chi^2 = 9.166$，$df = 1$，$p = 0.002$）。相比而言，模拟角色的性别为男性条件下的参与比例显著高于为女性的条件下的参与比例。

（2）模拟角色的受教育水平方面，小学条件下的参与比例是 69.20%，初中条件下的参与比例是 77.72%，二者间的差异具有统计学意义上的显著性（$\chi^2 = 3.922$，$df = 1$，$p = 0.048$）。相比而言，模拟角色的受教育水平为小学条件下的参与比例显著低于为初中条件下的参与比例。

（3）模拟角色的年龄方面，30 岁条件下的参与比例是 70.10%，40 岁条件下的参与比例是 76.22%，50 岁条件下的参与比例是 74.19%。三种条件下的参与比例差异未达到统计学意义上的显著性（$\chi^2 = 1.648$，$df = 2$，$p = 0.439$）。

（二）影响失地农民参与再就业培训活动的因素分析

1. 二值响应 Logistic 回归模型的建构

二值响应 Logistic 回归分析的计算过程在第五步迭代时结束。最终被纳入回归方程的变量有 X_5、X_4、X_5、X_6、$X_5 \times X_6$。回归结果为：

$$\text{Logit}(P) = \ln[P/(1-P)] = -2.168 X_5(1) - 1.320 X_5(2)$$
$$- 1.965 X_6 + 3.414 X_5(1) \times X_6 + 2.020 X_5(2) \times X_6$$
$$+ 0.603 X_4 + 0.405 X_1 + 1.68$$

模型的 Hosmer-Lemeshow 拟合优度指标为 1.680，自由度为 7，显著性水平为 0.975，表明统计不显著，说明模型较好地拟合了数据。同时，模型的卡方检验值为 42.269，自由度为 7，显著性水平小于 0.001，说明模型整体检验非常显著，模型中的自变量可以较好地预测因变量事件（参与培训）是否发生。

2. 基于回归模型的影响因素分析

基于回归模型及相关参数（表4-2-4），我们可确定回归方程中各变量对失地农民参与再就业培训决策的影响情况。

表 4-2-4 二值响应 Logistic 回归方程中的主要参数

变量名称	B	S. E.	Wald	df	p	Exp(β)
X_5 角色年龄			15.922	2	<0.001	
角色年龄（1）	-2.168	0.637	11.599	1	0.001	0.114
角色年龄（2）	-1.320	0.651	4.113	1	0.043	0.267
X_6 角色受教育水平	-1.965	0.671	8.586	1	0.003	0.140
X_5 角色年龄 × X_6 角色受教育水平			21.179	2	<0.001	
角色年龄（1）× 角色受教育水平	3.414	0.762	20.043	1	<0.001	30.375
角色年龄（2）× 角色受教育水平	2.020	0.794	6.482	1	0.011	7.541

续表

变量名称	B	$S.E.$	$Wald$	df	p	$\text{Exp}(\beta)$
X_4 角色性别	0.603	0.283	4.536	1	0.033	1.828
X_1 被试性别	0.405	0.233	3.014	1	0.083	1.499
常量	1.680	0.711	5.585	1	0.018	5.364

（1）X_4（角色性别）的 $Wald$ 值为 4.536，$df=1$，$p=0.033<0.05$，$\text{Exp}(\beta)=1.828$，也就是说，模拟角色的性别显著影响被试的决策行为。根据 $\text{Exp}(\beta)$ 值可以确定，在其他解释变量不变的情况下，当模拟角色的性别为男时，失地农民选择参与再就业培训的发生比是模拟角色的性别为女时的 1.828 倍。换言之，当模拟角色的性别为男时，失地农民更倾向于选择参与再就业培训。

（2）X_5（角色年龄）的 $Wald$ 值为 15.922，$df=2$，$p<0.001$，也就是说，模拟角色的年龄显著影响被试的决策行为。模拟角色的年龄为 30 岁时的 $\text{Exp}(\beta)=0.114$，模拟角色的年龄为 40 岁时的 $\text{Exp}(\beta)=0.267$，即在其他解释变量不变的情况下，当模拟角色的年龄为 30 岁时，失地农民选择参与再就业培训的发生比是模拟角色的年龄为 50 岁时的 0.114 倍；而模拟角色的年龄为 40 岁时，失地农民选择参与再就业培训的发生比是模拟角色的年龄为 50 岁时的 0.267 倍。换言之，失地农民模拟角色的年龄越大，选择参与再就业培训的可能性就越大。

（3）X_6（角色受教育水平）的 $Wald$ 值为 8.586，$df=1$，$p=0.003<0.05$，$\text{Exp}(\beta)=0.140$，也就是说，模拟角色的受教育水平显著影响被试的决策行为。根据 $\text{Exp}(\beta)$ 值可以确定，在其他解释变量不变的情况下，当模拟角色的受教育水平为初中时，失地农民选择参与再就业培训的发生比是模拟角色受教育水平为小学时的 0.140 倍。换言之，当模拟角色的受教育水平为小学时，失地农民更倾向于选择参与再就业培训。

（4）X_5（角色年龄）和 X_6（角色受教育水平）交互作用的 $Wald$ 值为 21.179，$df=2$，$p<0.001$。也就是说，模拟角色的受教育水平与年龄对被试参与再就业培训的决策行为有着显著的交互影响。表 4-2-3 数据显示，当模拟角色的受教育水平为小学时，角色年龄在 30 岁、40 岁和 50 岁时的培训参与比例分别是 56.60%、74.74% 和 91.67%，三者之间存在统计学意义上的显著性差异（$\chi^2=17.782$，$df=2$，$p<$

0.001），并且呈现出角色年龄越大，培训参与比例就越大的趋势；当模拟角色的受教育水平为初中时，角色年龄在30岁、40岁和50岁时的培训参与比例分别是86.36%、79.17%和63.16%，三者之间存在统计学意义上的显著性差异（$\chi^2=10.835$，$df=2$，$p=0.004$），并且呈现角色年龄越大，培训参与比例就越小的趋势。

（三）选择参与或不参与培训活动的原因分析

为了定量分析失地农民做"参与"或"不参与"再就业培训决策背后的原因，以及各原因选项对决策本身影响的大小，我们分别对参与或不参与培训活动的原因进行了多重响应的频次分析，并计算求得各选项的个案百分比和响应百分比。此外，依据响应百分比从大到小对原因选项进行排序后，还计算了每个原因选项对应的累计响应百分比。

表4-2-5 选择"参与"再就业培训活动的原因分析（$N=314$）

	选项内容	人数/人	个案百分比/%	响应百分比/%	累计响应百分比/%
A02	自己相信，多一项本领，就多一条路	124	39.49	12.18	12.18
A01	自己文化水平低，所以更需要提升自己	114	36.31	11.20	23.38
A04	反正是免费的，不学白不学	111	35.35	10.90	34.28
A05	参与培训之后，政府才更愿意推荐或安排工作	107	34.08	10.51	44.79
A07	学习，总归不是坏事	103	32.80	10.12	54.91
A03	自己对学习一直都很有兴趣	98	31.21	9.63	64.54
A06	现在找工作难，不学，"缺少技能"或"没有任职资格"，就更找不到工作	95	30.25	9.33	73.87
A10	是一个自我提升的机会，应该争取	64	20.38	6.29	80.16
A09	闲着也是闲着，不如去学一点本事	62	19.75	6.09	86.25
A08	学习，会让我觉得更踏实些	60	19.11	5.89	92.14

续表

选项内容		人数/人	个案百分比/%	响应百分比/%	累计响应百分比/%
A11	"不学"也能找到工作,但"学了"可能会找到更好的工作	42	13.38	4.13	96.27
A12	作为一个现代人,应不断提升自己,只有如此,才能更好地适应社会	38	12.10	3.73	100.00
合计		1018	324.20	100.00	

1. 选择参与培训的原因分析

如表 4-2-5 所示,针对 12 项预设的"参与"再就业培训的原因,依据每个选项对应的个案百分比从大到小进行排序,位列前五位的是 A02、A01、A04、A05 和 A07,分别有 39.49%、36.31%、35.35%、34.08% 和 32.80% 的人选择。根据帕累托图分析法可确定,A02、A01、A04、A05、A07、A03 和 A06 这 7 项为失地农民做出参与再就业培训决策的最主要原因,其累计响应百分比为 73.87%。

2. 选择不参与培训的原因分析

如表 4-2-6 所示,针对 12 项预设的不参与再就业培训的原因,依据每个选项对应的个案百分比从大到小进行排序,位列前五位的是:B07、B05、B06、B09 和 B04。这五项分别有 25.86%、24.14%、24.14%、24.14% 和 23.28% 的人选择。根据帕累托图分析法(卢纹岱,2000,p.502)可确定:B07、B05、B06、B09、B04、B08、B03 和 B02 这 8 项为失地农民做出"不参与"再就业培训决策最主要的原因,其累计响应百分比为 78.93%。

表 4-2-6 选择"不参与"再就业培训活动的原因分析($N=116$)

选项内容		人数/人	个案百分比/%	响应百分比/%	累计响应百分比/%
B07	虽然培训是免费的,但会占用自己很多的时间,这会影响其他的事情	30	25.86	11.49	11.49
B05	学习很辛苦,不想太累	28	24.14	10.73	22.22

续表

选项内容		人数/人	个案百分比/%	响应百分比/%	累计响应百分比/%
B06	已经有那么多钱了，暂时不缺钱，想先舒服一段时间	28	24.14	10.73	32.95
B09	这类培训都是走过场，就是学了，也未必能帮助自己找到好工作或"更好地创业"	28	24.14	10.73	43.68
B04	自己对学习一直都没有兴趣	27	23.28	10.34	54.02
B08	虽然培训是免费的，但自己还要贴路费、餐费	25	21.55	9.58	63.60
B03	自己的文化水平不高，就是学了也好不到哪里去	22	18.97	8.43	72.03
B02	到了这个年龄，应该多做一些照顾家庭（如带孩子、看护老人）的事情了，就不用出去工作了	18	15.52	6.90	78.93
B10	参与培训，就算政府包找工作，也不会是什么好工作	18	15.52	6.90	85.82
B01	已过了学习的年龄，学不动了	14	12.07	5.36	91.19
B12	目前找工作容易，不用培训也能找到	14	12.07	5.36	96.55
B11	我觉得自己有足够的能力，无须参与培训也能找到一份好工作	9	7.76	3.45	100.00
合计		261	225.00	100.00	

四、讨论

经上述分析，我们可概括出如下主要结果：第一，在本次基于情境技术的决策模拟实验中，失地农民选择参与再就业培训的比例（73.02%）显著高于选择不参与的比例（26.98%）。第二，对不同群组失地农民的培训参与比例进行χ^2检验的结果显示，角色性别及角色受教育水平显著影响到失地农民是否参与再就业培训的行为选择。第三，基于二值响应 Logistic 回归分析可以确定，角色性别、角色受教育水平和角色年龄在其他解释变量不变的情况下，对失地农民是否参与再就业培训的行为选择都具有显著性影响；角色年龄与角色受教育水平之间存在显著的交互效应。第四，A02、A01、A04、A05、A07、A03 和 A06 是失地农民做出参与再就业培训决策最主要的 7 项原因，累计响应百分比为 73.87%。第五，B07、B05、B06、B09、B04、B08、B03 和 B02 是失地农民做出不参与再就业培训决策最主要的 8 项原因，累计响应百分比为 78.93%。

上述结果的发现，一方面增进了我们对失地农民再就业培训参与决策影响因素的认识；另一方面证实了失地农民会基于代表性启发式来进行再就业培训参与决策，即失地农民的认知中存在再就业培训参与者的认知原型，而这一原型的存在会影响该群体进行再就业培训的参与决策。合理利用代表性启发式的作用机制，强化那些有助于失地农民做出参与再就业培训选择的因素，并弱化那些有助于失地农民做出不参与再就业培训选择的因素，将有助于提高失地农民选择参与再就业培训的比例。概言之，本项基于情境技术的实验研究具有重要的理论意义和实践价值。

（一）*理论意义*

1. 增进我们对失地农民再就业培训参与决策影响因素的认识

如上所述，73.02% 的失地农民对政府组织的再就业培训项目是乐于接受的。这意味着，在忽略现实影响因素且只考虑实验条件的情况下，参与再就业培训项目是一个更具有价值和吸引力的选项。与此同时，失地农民选择参与再就业培训的比例显著受到角色性别、角色受教育水平和角色年龄的影响；角色受教育水平与角色年龄之间存在显著的交互效应。这些因素可概括为人口变量层面的影响因素。除此之外，基于失地农民对自己参与或不参与再就业培训原因的陈述，我们还可总结出一些心理变量层面的影响因素。

（1）人口变量层面的影响因素。

首先，失地农民模拟角色的性别显著影响其对再就业培训的参与决策。χ^2 检验结果显示，模拟角色的性别为男性的再就业培训参与比例（82.71%）显著高于女性的再就业培训参与比例（68.69%）。二值响应 Logistic 回归分析结果也显示，在其他解释变量不变的情况下，当模拟角色的性别为男性时，失地农民选择参与再就业培训的发生比是模拟角色的性别为女性时的 1.828 倍。由此可见，在模拟决策实验情境中，角色性别为男性时，失地农民更倾向于做出参与再就业培训的行为选择。

其次，失地农民模拟角色的受教育水平显著影响其对再就业培训的参与决策。χ^2 检验结果显示，模拟角色的受教育水平为小学的再就业培训参与比例（69.20%）显著低于受教育水平为初中的再就业培训参与比例（77.72%）。二值响应 Logistic 回归分析结果也显示，角色受教育水平会影响失地农民再就业培训的参与比例。但与 χ^2 检验结果不同的是，在其他解释变量不变的情况下，角色受教育水平为小学时，失地农民更倾向于做出参与再就业培训的行为选择。结果之所以不一致，可能是因为角色受教育水平与其他因素存在交互效应。这种交互效应可能会扭曲（强化或弱化）、掩盖自变量对因变量的影响。相比 χ^2 检验，二值响应 Logistic 回归分析结果反映的是自变量在其他变量恒定、剔除交互效应之后所呈现的影响。换言之，二值响应 Logistic 回归分析的结果更能反映角色受教育水平对失地农民再就业培训参与比例的真实影响，即在其他解释变量不变的情况下，当模拟角色的受教育水平为小学时，失地农民更倾向于做出参与再就业培训的选择。而 χ^2 检验的结果无法剔除其他因素的干扰效应，可能会掩盖真实效应，并导致研究者得出错误的结论。

再次，失地农民模拟角色的年龄显著影响其对再就业培训的参与决策。二值响应 Logistic 回归分析结果显示，在其他解释变量不变的情况下，角色年龄越大，失地农民越倾向于做出参与再就业培训的行为选择。值得注意的是，在 χ^2 检验结果中，角色年龄对"培训参与比率"没有显著性影响。之所以出现这一结果，同样可能是因为存在交互效应。也就是说，角色年龄也有可能与其他变量之间存在交互效应，这种交互效应可能会扭曲（强化或弱化）、掩盖角色年龄这一自变量对因变量的真实影响。

最后，研究结果显示，角色受教育水平和角色年龄两个因素之间存在显著的交互效应。该结果充分验证了上述两个假设的存在，即的确有变量与角色受教育水平存在交互效应，也的确有变量与角色年龄存在交互效应。事实上，交互效应就存在于角色受教育水平和角色年龄两个变量之间。进一步分析该交互效应发现：在模拟角色受教育水平为小学时，模拟角色的年龄越大，失地农民越倾向于做出参与再就业培训的行为选择；在模拟角色受教育水平为初中时，模拟角色的年龄越大，失地农民越倾向于做出不参与再就业培训的行为选择。

（2）心理变量层面的影响因素。

在模拟情境决策实验中，失地农民做出参与行为决策的比例，要显著高于做出不参与行为决策的比例。但无论选择参与还是选择不参与，都有各自的原因。基于统计结果可确定：A02、A01、A04、A05、A07、A03和A06是失地农民做出参与再就业培训这一行为选择最主要的7项原因，其累计响应百分比为73.87%；而B07、B05、B06、B09、B04、B08、B03和B02是失地农民做出不参与再就业培训这一行为选择最主要的8项原因，其累计响应百分比为78.93%。针对这15项原因，经语义分析我们可以概括出四类因素：

① 需要因素。

需要就是人对某种目标的渴求或欲望，是个体行为的驱动力。根据马斯洛的需要层次理论，每个人都有不同层次的需要，而人在不同时期表现出来的各种需要的迫切程度是不同的，最迫切的需要才是激励人行动的主要原因和动力。实现各种层次的需要，需要借助各种行动的结果（目标），比如拥有一份好的职业。但要想获取一份好的职业，个体往往需要借助各种行动，如通过参加各类培训来增强自身的就业竞争力。概言之，当个体存在某种迫切需要且该需要必须要自己通过参与培训才能直接或间接获得满足时，才有参与再就业培训的驱动力。

毫无疑问，失地农民将A01（自己文化水平低，所以更需要提升自己）视作自己参与再就业培训的主要原因之一，充分证明了这一假设；而将B02（到了这个年龄，应该多做一些照顾家庭的事情了，就不用出去工作了）和B06（已经有那么多钱了，暂时不缺钱，想先舒服一段时间）视作自己不参与再就业培训的主要原因，是从反面验证了这一假设。选择不参与再就业培训无非有两种情况，一是当下个体最迫切需要的满足不依赖自己有份好职业（行动结果），即个体无工作的必要性，B02和B06都反映了这一情况；二是当下个体最迫切需要的满足尽管依赖个体有份好职业（行动结果），但自身"已拥有"或"有足够的"就业竞争力去获得一份好职业，即个体无参与再就业培训的必要性。

② 兴趣因素。

兴趣是指一个人力求认识某种事物或从事某种活动的心理倾向。对有兴趣的事情，个体往往更倾向于去选择，反之亦然。失地农民将 A03（自己对学习一直都很有兴趣）视作自己参与再就业培训的主要原因之一，充分反映了"对学习有兴趣"有助于促进个体做出参与再就业培训的行为选择；而失地农民将 B04（自己对学习一直都没有兴趣）视作自己不参与再就业培训的主要原因之一，则反映了"缺乏学习兴趣"会抑制个体做出参与再就业培训的行为选择。

③ 学习自我效能感因素。

有 18.97% 的失地农民将 B03（自己的文化水平不高，就是学了也好不到哪里去）视作不参与培训的主要原因。这在一定程度上反映了个体针对自己学习能力或学习效果的评价可能会阻碍自己做出参与再就业培训的行为选择。这种对学习能力或效果的评价，就是所谓学习自我效能感。边玉芳（2004）认为，学习自我效能感就是个体的学业能力信念，是学习者对自己能否利用所拥有的能力或技能去完成学习任务的自信程度的评价，是个体对控制自己学习行为和学习能力的一种主观判断，会影响个体的学习努力程度、面对挑战性任务的态度、学习的坚持性等方面。

④ 学习观因素。

刘儒德、宗敏和刘治刚（2006）认为，学习观对学习动机和行为具有重要作用。所谓学习观，即学生个体对学习现象和经验的直观认识。在上述 15 项主要原因中，有 9 项反映的都是失地农民的学习观，这 9 项主要原因分别是 A02、A04、A05、A06、A07、B05、B07、B08 和 B09。这些原因又可被归纳为以下三个方面。

一是对参与或不参与培训（学习或不学习）要付出的成本或代价的看法，可概括为学习的成本观。其中，A06（现在找工作难，不学，"缺少技能"或"没有任职资格"，就更找不到工作）反映的是失地农民对不参与培训（不学习）的成本认识，即不参与培训会更找不到工作；而 B05（学习很辛苦，不想太累）、B07（虽然培训是免费的，但会占用自己很多的时间，这会影响其他的事情）和 B08（虽然培训是免费的，但自己还要贴路费、餐费）反映了失地农民对参与培训（学习）的成本认识，如"很辛苦""占用自己很多的时间""还要贴路费、餐费",等等。

二是对参与或不参与培训（学习或不学习）带来的好处的看法，可概括为学习的收益观。其中，A02（自己相信，多一项本领，就多一条路）和A05（参与培训之后，政府才更愿意推荐或安排工作）反映的是参与培训带来的好处。概言之，参与培训的主要好处就是有更多就业和自我提升的机会；而B09（这类培训都是走过场，就是学了，也未必能帮助自己找到好工作或更好地创业）反映的是不参与培训带来的好处——不参与培训并不会减少找到好工作或更好创业的机会。

三是对参与或不参与培训价值的认识或判断，可概括为学习的价值观。如A04（反正是免费的，不学白不学）展现的价值判断是"学比不学（闲着）更有价值"（不学白不学），A07（学习总归不是坏事）展现的价值判断是"学习是好事"（总归不是坏事）。换言之，之所以选择参与培训，是因为这样做"更有价值""是好事"。

由此可见，失地农民感知到的参与再就业培训的好处越多，不参与再就业培训的成本越大，并能从总体上形成参与再就业培训是有价值的认识，那么就越倾向于做出参与再就业培训的行为选择。这一结论也符合杨昭宁（2007）有关学习中也同样存在着成本效益关系的观点。杨昭宁（2007）认为，学习成本过高或学习收益（率）低下的成本-收益对比关系失衡，是学生好学或厌学的原因。失地农民对参与培训或者不参与培训均有一个成本-收益的考量。只有参与培训的收益大过成本，失地农民才有可能选择参与培训。同时，上述结论也进一步确认了价值法则的影响。根据仇德辉（2000）提出的统一价值理论，追求价值率最大化是人类一切行为和思想必须遵循的基本原则。人的一切行为都可以归结为价值的创造与价值的消费。人的任何行为一方面能够获取一定的价值收益，另一方面需要耗费一定的价值代价。单位时间内的价值收益与价值代价之比，就是该行为的价值率。人们更倾向于选择价值率高的事物（或行为），而这就是所谓价值选择。换言之，上述涉及的学习收益，就是失地农民对参与再就业培训所要获得的价值收益认识；而学习成本是失地农民对参与再就业培训所要付出的价值代价认识。价值收益越高，价值代价越低，那么参与再就业培训的价值率就大，失地农民做出参与培训选择的概率也就越高。

2. 证实失地农民的认知系统中存在影响是否参与再就业培训的原型

根据代表性启发式的理论观点，人们经常会运用刻板印象来进行决策。失地农民的认知系统中可能存在一些有关再就业培训参与者的刻板印象，即"具有某些典型特征的失地农民更应当参与再就业培训"的观念。若这一假设成立，那么模拟角色具备这些刻板印象所描述的典型特征时，作为被试的失地农民就更倾向于认为模拟角色应做出参与再就业培训的行为选择。根据上述研究结果，我们认为失地农民的认知系统中可能存在以下刻板印象。

刻板印象一：相比女性失地农民，男性失地农民更应当参与再就业培训。

之所以形成这样的刻板印象，可能是因为社会赋予男女不同的角色。作为一个具有几千年农耕文明和儒家文化传统的国家，传统的"男耕女织""男主外、女主内"的性别角色分工，以及"贤妻良母"的性别角色定位对性别分工模式具有广泛深远的影响（卿石松，2017）。在传统社会，女性往往更多地被赋予"家庭照顾者"的角色，男性则更多地被赋予"赚钱养家者"的角色。尽管社会已迈入新时代，但照顾者呈女性化的趋势并未随着社会发展而发生质的改变（李伟峰，梁丽霞，郑安琪，2013）。尤其是在一个家庭特别需要一名照顾者时（比如家中有年幼的孩子、年迈的老人或无法自理的病人），女性而不是男性往往更有可能牺牲外出就业的机会。由此可见，基于社会对男女不同的性别角色分工，相比女性而言，男性更需要外出就业，也因此更需要通过参与再就业培训来增强自己的就业竞争力。

刻板印象二：相比初中教育水平的失地农民，小学教育水平的失地农民更应当参与再就业培训。

钱芳、周小刚和胡凯（2013）的研究发现，高教育水平可使劳动力有机会获得更好、收入更高、劳动时间更短的工作。换言之，受教育水平越高，就业竞争力就越强，获得优质工作的机会也就越大；反之，受教育水平越低，就业竞争力就越低，获得优质工作的机会也就相应越小。因此，受教育水平为小学的失地农民就业竞争力相对较弱，他们若想增强就业竞争力，获得更优质的就业机会，就更需要参与再就业培训。

刻板印象三：相比年龄小的失地农民，年龄大的失地农民更应当参与再就业培训。

职场中到处充斥着年龄偏见和歧视。尽管年龄偏见包含对任何年龄段的歧视，但是年老员工更容易受到年龄歧视（Rabl，2010）。对于年老员工，尽管一些积极的认知存在，比如年老员工更可靠、诚实、可信、忠诚和友善，但更普遍的看法是年老员工脑力、体力、竞争力、适应能力以及灵活性不如年轻员工（陈建安，陶雅，陈瑞，2017）。中国的劳动力市场是二元格局，即有一级市场和二级市场。失地农民进入城市就业，更多的是在二级市场。二级市场进入门槛低，对知识、技能及经验的要求较少，往往对体力、耐力、灵活性等生理机能要求较高。随着生理年龄的增加，失地农民的身体机能必然有所下降，这使得他们的就业竞争力也相应下滑。正因如此，年龄大的失地农民更需要通过参与再就业培训来增强就业竞争力。

刻板印象四：受教育水平为小学的失地农民，年龄越大，越应当参与再就业培训；受教育水平为初中的失地农民，年龄越小，越应当参与再就业培训。

之所以形成这样的刻板印象，其潜在原因是，受教育水平为初中的失地农民已经初步具备了适应一些相对高端就业岗位的潜能，如果趁着年轻，通过培训来丰富一下知识、增强一下能力，那么就有可能获得在相对高端就业岗位工作的机会，因而年龄较小、受教育水平为初中的失地农民往往被认为更应该去接受再就业培训。而那些受教育水平为小学的失地农民很难通过培训获得在高端就业岗位工作的机会。因此，年龄较小、受教育水平为小学的失地农民，更倾向于被认为"应该趁着年轻、生理机能较好的时候，直接去二级劳动力市场求职"；而年龄较大、受教育水平为小学的失地农民会被认为"因为生理机能衰退，若直接去二级劳动力市场寻找就业岗位，可能已不具有就业竞争力了，所以最好先参与再就业培训，增强一下就业竞争力"。

由此可见，失地农民在模拟情境下进行是否参与再就业培训决策时，所模拟角色的性别、受教育水平和年龄都是重要的影响变量。这种影响在一定程度上反映了失地农民对"哪些人更应当参与再就业培训"存在一些有关性别、受教育水平和年龄的刻板印象。换言之，失地农民的认知系统中可能存在有关再就业培训参与者的原型。该原型有着与性别、受教育水平和年龄相关的典型特征。当失地农民有着与原型同样或相似的典型特征时，就会将自己归类为"再就业培训参与者"，从而更可能选择参与再就业培训。

（二）实践价值

基于上述分析，要解决目前失地农民再就业培训工作中存在的参与比例低的问题，政府部门应合理利用作用机制，强化那些有助于失地农民做出参与再就业培训选择的因素，并弱化那些促使失地农民做出不参与再就业培训选择的因素。基于上述发现，我们提出了五项实务建议：

1. 合理利用代表性、启发式的作用机制

在个体决策中，代表性、启发式认知策略的应用具有促进认知加工、节省认知资源的功效，但也不可避免地会导致决策偏差。因此，如果忽视了失地农民这种"使用认知策略导致的决策偏差"，那么一些真正需要参与再就业培训的失地农民就可能错过培训机会。最终的结果必然是：政府部门为失地农民提供再就业培训这一公共服务的效能和参与比例都很低，促进该群体充分再就业的目标也难以达成。

政府再就业培训公共服务部门及再就业培训机构如果能够认识到失地农民在再就业培训参与决策中会使用代表性、启发式的认知策略，并能够充分认识到代表性、启发式认知策略利用的认知原型所具有的典型特征（即刻板印象），那么一方面可以充分利用代表性、启发式的作用机制来提升再就业培训工作的效能，另一方面可以采取有针对性的干预措施来帮助失地农民规避因使用代表性、启发式的认知策略而产生的各种决策偏差。

（1）充分利用代表性、启发式的作用机制提升再就业培训工作的效能。我们认为，可利用失地农民认知系统中存在的刻板印象来提高失地农民再就业培训的参与比例，尤其是在资源有限的情况下，可优先将资源（如宣传资源）投放到那些被失地农民认为最应当参与再就业培训的人群中，如男性失地农民、年龄较大的失地农民（尤其是小学教育水平者）、小学教育水平的失地农民（尤其是年长者），以及年龄较小、初中教育水平的失地农民。这样有助于大幅提高失地农民再就业培训工作，尤其是招生报名工作的效能，失地农民的再就业培训参与比例也会相应提升。

（2）采取有针对性的干预措施帮助失地农民规避因使用代表性、

启发式的认知策略而产生的各种决策偏差。从长远角度看，要想建构全方位的再就业培训系统，鼓励更多有需要的失地农民来参与再就业培训，首先必须深入分析失地农民的认知原型中有哪些不利于个体积极选择参与再就业培训的刻板印象，以及这些刻板印象背后的形成机制；其次，要寻找相应的干预对策，如塑造典型案例、积极宣传等，以打破失地农民认知系统中存在的那些不利于个体理性进行再就业培训参与决策的刻板印象，同时帮助他们形成正确的、积极的、有利于理性进行再就业培训决策的认知观念。

2. 努力增强培训与学员需要之间的联系

人的需要是人的一切行为活动的内驱动力（杨鲜兰，2011）。特别是个体当前最迫切的需要，对行为的驱动力最大。拥有一份好的职业或工作一般是失地农民的目标（行动结果），而目标的价值往往取决于目标的实现对于最迫切需要的满足程度。失地农民由于缺乏就业竞争力，很难实现拥有一份好的职业这一目标，才迫切需要参与再就业培训（行动）。根据弗鲁姆的期望理论，人们采取某项行动的动力取决于其对行动结果（目标）的价值评价和预期达成该结果可能性的估计（刘利萍，2011）。也就是说，目标的价值越大，实现的概率越大，对行为的驱动力才能越大。只有让失地农民充分认识到"目标（拥有一份好的职业或工作）的价值"、"这一结果实现具有较大的可行性"以及"行动（参加再就业培训）对促进目标（拥有一份好的职业或工作）实现有较大的作用"，才能形成足够大的驱动力。为此，政府部门一方面要通过细致的调研工作准确地判断失地农民当前最迫切的需要是什么，另一方面要积极地采取有效的说服或宣传策略，引导失地农民树立一个有价值的目标（拥有一份好的职业或工作），并使其认识到需要与目标（行动结果）、目标与行动（参加再就业培训）之间的联系，才能促进失地农民参加再就业培训。

3. 基于兴趣原则来开发、实施培训项目

个体对培训或学习有兴趣，就会倾向于选择参与培训。因此，政府及再就业培训部门要努力通过激发和培养失地农民的学习兴趣，达到促进该群体积极参与再就业培训的目的。就主要措施而言，政府部门可从如下几个方面着手：一是重视对失地农民学习兴趣的了解，特别是他们所感兴趣的专业或课程内容；二是基于兴趣原则来开发再就业培训项目；三是做好报名前的咨询工作，积极了解每位学员的兴趣，并为其推荐与兴趣相匹配的培训项目；四是建立健全师资选拔发展机制，确保再就业培训项目有最优秀的师资，并通过他们提供可激发失地农民学习兴趣的培训服务；五是充分尊重成人教育及学习规律，课程设计要少理论多实践，少一些填鸭式的教育，多一些体验式的教育；六是要努力营造一种好的学习氛围，对学习表现优秀的学员，要及时给予鼓励，努力做到优先推荐就业。

4. 积极塑造、强化学员学习自我效能感

一部分失地农民常常会因为自己年龄大、受教育水平低而缺乏学习自我效能感。这在一定程度上降低了他们选择参与再就业培训的意愿。为此，要想促进该群体积极参加再就业培训，政府部门不妨从塑造或强化他们的学习自我效能感着手。塑造或强化他们的学习自我效能感，关键是要让他们相信"自己是可以完成学习任务的"。一个有效的策略就是，让他们看到一些与自身背景相似者的成功案例。为此，政府部门要善于总结和宣传这样的案例，特别是在培训项目宣传、启动及报名阶段。

5. 努力提高学员对培训项目的价值感受

根据统一价值理论，促进失地农民积极参与再就业培训的关键是要提高参与培训项目的价值率。提高价值率有以下两类做法：

一是尽可能地扩大再就业培训项目的价值收益。价值收益越大，价值率就越高。政府部门应清晰地认识到，如果参与培训不能给失地农民带来比不参与培训更大的价值收益，失地农民必然不会积极参与再就业培训项目。为此，政府部门应积极采取措施帮助失地农民增加价值收益，比如：① 要基于需求来设计、实施培训项目。需要是人们衡量一切行为活动及其结果是否有价值以及价值大小的最终尺度（杨鲜兰，2011）。一种需求越是重要、越是迫切，个体在需求得到满足时就越能感受到价值。② 要努力提高参与培训的价值（如扩大补贴的范围及额度），拓展后续服务的内容，并提升服务的品质。③ 要多渠道、积极主动地宣传参与再就业培训所带来的好处，因为不是所有的人都能认识到事物的价值。

二是尽可能地减少参与再就业培训项目的价值耗费，并加大不参与再就业培训的成本。价值耗费越多，价值率就越低。一些可借鉴的做法有：① 合理安排培训时间，尽可能避免与失地农民其他重要事情（比如接送孩子上学）产生时间冲突；② 简化、便捷化失地农民参与培训的各项手续，尽可能减少他们在时间和精力上的不必要浪费；③ 培训内容要难易适中，培训方式要寓教于乐，尽可能减少他们在学习过程中的不愉快体验；④ 适度补贴培训期间所产生的交通、饮食等费用；④ 通过制度设计，加大不参与培训的价值损耗，比如不参与培训将无法获得某些优质的就业服务或某些补贴的机会；等等。

六、小结

基于上述探索，我们发现：① 在忽略现实影响因素、只考虑实验条件的情况下，参与再就业培训项目相比不参与再就业培训项目，是一个更具价值和吸引力的选项。② 失地农民选择参与再就业培训的比例会受到模拟角色特征，包括角色性别、角色受教育水平和角色年龄的影响，以及角色受教育水平与角色年龄之间交互作用的影响。此外，失地农民的需要、兴趣、学习自我效能感和学习观对其是否做出参与再就业培训的决策也有着重要的影响。③ 失地农民的认知系统中可能存在有关再就业培训参与者的原型。当失地农民有着与原型同样或相似的典型特征时，就会将自己归类为再就业培训参与者，从而更可能选择参与再就业培训。

第三节　失地农民再就业培训参与决策机制

一、问题的提出

如上文所述，在忽略现实影响因素、只考虑实验条件的情况下，参与再就业培训项目相比不参与再就业培训项目，是一个更具有价值和吸引力的选项。但是，即便如此，有一些因素仍然影响着失地农民是否参与再就业培训的选择，比如失地农民认知中既有的认知原型，以及失地农民的需要、兴趣、学习自我效能感和学习观等。但显而易见的是，上述这些因素主要还是失地农民自身的因素。

除了失地农民自身因素之外，再就业项目本身的一些特征也会影响到个体的决策行为。对于不同的再就业培训项目，个体的反应也会有差异。某些培训项目可能会对失地农民产生吸引力,促使失地农民最终做出参与再就业培训的选择;而另外一些培训项目可能不会对失地农民产生吸引力,也不会让失地农民做出参与再就业培训的选择。显然,积极探讨具有哪些特征的再就业培训项目更能让失地农民做出参与培训的决策行为反应非常重要。

根据前景理论,失地农民选择不接受某个再就业培训项目,在一定意义上说明该项目可能缺乏足够高的前景价值——尽管这类培训的学费都有政府专项资金补助,无须个人支付任何费用。因为前景价值不高,这类项目无法对失地农民产生足够多的吸引力,使得只有少数人做出参与再就业培训的行为选择。受个体自身因素的影响,同样的选项对于不同个体而言,其结果的意义、价值及实现的可能性都是不一样的。首先,选项结果的意义及价值往往会因人而异。在价值哲学研究领域中,主观价值论流派对价值的基本观点是价值由作为主体的"人"本身所赋予,取决于人本身的欲望、需求、情感、兴趣等主观元素(唐海燕,2012)。然而,每个人在这些主观元素上都有着很大的差异。对于失地农民而言,参与再就业培训这一选项的价值有多高,以及相对于不参与再就业培训这一选项是否更有价值,都会因人而异。其次,每个人对选项结果实现可能性的主观感受是不一样的,即个体对结果发生的主观概率判定会因人而异。一些研究结果显示,个体的工作记忆能力(Dougherty,Hunter,2003)和情感(邱晓雯,张钦,2014)等因素都会影响到自身对决策结果的主观概率判定。对于失地农民而言,是否参与再就业培训无疑是一项典型的风险决策。选择参与再就业培训"值得"还是"不值得"往往会因人而异。

前景理论自提出以来,被广泛用来解释各种类型的决策行为。但还未有人应用该理论来分析失地农民是否参与再就业培训的决策机制(以下简称"失地农民再就业培训参与决策机制")。我们认为,如果应用前景理论来解释失地农民再就业培训参与决策机制,那么可以推出以下三个假设:① 失地农民进行再就业培训参与决策机制中包含编辑和评价两个过程;② 失地农民进行再就业培训参与决策机制中包含主观价值判断和主观概率判断;③ 失地农民选择参与再就业培训是因为该选项的前景价值大于不参与再就业培训这一选项的前景价值。

这三个假设可衍生出如下一系列问题:如果失地农民感知到参与再

就业培训的前景价值高于不参与的前景价值，那么这样的再就业培训具有什么样的特征？透过这些特征的分析，能否确定失地农民在进行是否参与再就业培训决策时的主要认知内容？这些认知内容，是否也是分布在不同的决策过程或阶段中？根据这些认知内容，能否分析出有哪些可能会影响失地农民对参与再就业培训这一选项结果的主观价值感受和主观概率判定的因素？如果有的话，可分为哪些方面？对那些不同方面因素的特征认知，相互之间有无关系？如果有关系，其作用机制是什么？厘清这些问题将有助于描述失地农民再就业培训参与决策的机制，而利用该机制，可拟定出更有效的干预措施，以提高失地农民再就业培训的参与比例。我们拟围绕这些问题进行探索，以期对失地农民再就业培训参与决策机制有更深刻的认识。

二、研究方法

为了实现上述研究目的，我们计划再开展一项基于扎根理论研究范式的质性研究。我们期待，经过扎根理论研究的探索，最终能概括出有关失地农民再就业培训参与决策机制的理论模型，以更好地解释或理解当前失地农民再就业培训中参与比例低的现象，寻求到更有针对性的应对策略。

（一）研究对象

对于一项扎根理论研究而言，获取与研究主题相关的经验事实是开展研究的第一步。为了探索失地农民再就业培训参与决策机制的理论模型，我们拟以长三角地区的失地农民为研究对象，并以该群体对能促使他们做出报名参与决定的再就业培训特征的看法为质性分析内容，积极探究失地农民再就业培训参与决策机制。

（二）研究工具

为了搜集资料，我们使用了自编问卷（附录4）。问卷包括三大部分：

一是致力了解性别、年龄、学历、出生时的户籍和当前户籍信息的5道问题。

二是致力了解近30年来家中是否有过被征地的情况以及当前家庭人均耕地状况的两道问题。

需说明的是，"您出生时的户籍""近30年来家中是否有过被征地的情况"这两道题,是被试作答下面两道开放式问题的前置条件,可用来将被试中的失地农民遴选出来。

三是两道开放式问题。

开放式问题1:"为了促进就业,很多地方政府会提供免费的再就业培训,请问:政府提供一个什么样的培训,才会让您做出'报名参与'的决定?"

开放式问题2:"为了帮助失地农民更好地就业,政府部门或就业服务机构通常会向失地农民提供或推荐一些工作或岗位。如果您是失地农民,您认为政府部门或就业服务机构提供或推荐一个什么样的工作或就业岗位,才会吸引到您,并让您做出'接受'这份工作或就业岗位的决策?"

开放式问题经常被调查研究者用来了解公众意见(Geer,1988)。Hickey和Kipping(1996)认为,可利用开放式问题搜集资料并进行编码。Arnold,Heller和Kramer(2012)的研究就使用了开放式问题来搜集被试的反应,以作为扎根理论研究的分析资料。

在本节中,我们仅对开放式问题1搜集来的资料进行分析。我们认为,利用该道开放式问题可以搜集到失地农民对能促使他们做出"报名参与"决定的再就业培训特征的看法。基于这些看法构成的描述性文本,可作为扎根理论研究的分析资料。

(三)资料采集及被试特征

我们在苏州、无锡、杭州和上海这4个长三角地区主要城市的劳动力市场发放了3400份调查问卷。基于"您出生时的户籍"(前置条件的值为"农村")、"近30年来家中是否有过被征地的情况"(前置条件的值为"有过")这两道题,最终遴选出513份有效作答的失地农民问卷。鉴于被试都来自城乡劳动力市场,我们将这部分被试视作失业或无业状态中有就业意愿的失地农民。这些被试的基本情况如表4-3-1所示。

表4-3-1 被试特征($N=513$)

变量	类别	人数/人	百分比/%
性别	男	263	51.27
	女	250	48.73

续表

变量	类别	人数/人	百分比/%
学历	小学及以下	12	2.34
	初中	191	37.23
	中专、高中等	253	49.32
	大专	45	8.77
	本科及以上	12	2.34
当前户籍	城镇户籍	347	67.64
	农村户籍	166	32.36
年龄段	30 岁以下	405	78.95
	30-39 岁	88	17.15
	40 岁及以上	20	3.90
家庭人均耕地	没有土地	128	24.95
	少于 0.3 亩	305	59.45
	大于 0.3 亩	80	15.60

（四）资料整理与分析

为了更有效率地进行编码分析，我们借助了质性分析软件 NVivo 11.0，对搜集来的质性资料进行了三级编码分析。

三、结果与分析

（一）三级编码

1. 开放编码

我们首先对开放式问题的内容文本进行开放编码，结果得到了 676 个参考点，并归纳出 36 个自由节点。依据自由节点所包含的参考点数由大到小排序，得到表 4-3-2 所示结果。在该表中，同时还计算出每个节点对应的百分比及累计百分比。根据帕累托图分析法，确定出前 11 个自由节点是主要因素，即 A 类节点。这些节点的名称及其对应的典型参考点如表 4-3-2 所示。对节点的命名主要基于包含的参考点所具有的共同特征。以"有用的"这一自由节点为例，该节点中的典型参考点有"实用的""有用的""实用性强的""有效果的""有意义的""有帮助的"等。显而易见，这些参考点所描述的内容都是被试针对再就业培训有用性做出的评价。为此，我们将该节点命名为"有用的"。

表 4-3-2　开放编码所得自由节点及典型参考点

序号	自由节点	参考点数/个	百分比/%	累计百分比/%	典型参考点
1	有用的	94	13.91	13.91	实用的；有用的；实用性强的；有效果的；有意义的；有帮助的；等等
2	有技能技术含量的	91	13.46	27.37	技能；有技术含量的；动手操作的；等等
3	可促进就业的	60	8.88	36.24	培训后能帮助就业；能提供就业机会；可获得面试机会；有助于面试；有助于快速找到工作的；有助于找到新工作；快速找到工作；等等
4	有针对性的	52	7.69	43.93	有针对性的；对口的；扬长避短；等等
5	可应用于实践的	47	6.95	50.89	有实践性的；理论结合实践的；等等
6	具有专业性的	44	6.51	57.40	专业的；专业性强的；等等
7	特定领域的	41	6.07	63.46	电脑方面的；关于挖掘机的；等等
8	专业能力强的	39	5.77	69.23	专业的老师；有能力的；擅言谈；讲得生动；活泼生趣；课堂轻松愉快；讲解清楚的；讲解到位；采用案例教学的；案例教学为主的；等等
9	可学到技能技术的	27	3.99	73.22	可学到技能技术的；掌握一些技能；等等
10	易懂易学的	25	3.70	76.92	简单；易懂；易学；等等
11	有广泛市场需要的	17	2.51	79.44	符合社会需求的；跟上社会发展的；等等
12	符合学员兴趣的	17	2.51	81.95	感兴趣的；个人爱好的；等等
13	能找到好工作的	16	2.37	84.32	能帮我找到好工作；能找到高薪工作；等等
14	个人品质好的	14	2.07	86.39	负责；细心；自信；幽默；用心；等等

续表

序号	自由节点	参考点数/个	百分比/%	累计百分比/%	典型参考点
15	有发展前景的	13	1.92	88.31	有前景；有发展前途；有发展空间；等等
16	可学到知识的	10	1.48	89.79	可学到知识的；等等
17	学费较低的	9	1.33	91.12	不要钱；免费的；花钱少；等等
18	声誉好的	8	1.18	92.31	专家；有名气的；有权威；口碑好；等等
19	用时短的	8	1.18	93.49	快速提高；高效率的；培训时间短；等等
20	丰富全面的	7	1.04	94.53	内容丰富；内容全面；信息全面；等等
21	务实可行的	7	1.04	95.56	务实的；实事求是；现实可行的；等等
22	目标明确的	6	0.89	96.45	目标明确的；有一定目标计划的；等等
23	影响长远的	3	0.44	96.89	影响长远的；有持久性的影响；等等
24	正规的	3	0.44	97.34	正规的；有资质的；等等
25	新颖的	3	0.44	97.78	内容新颖；有创意的；有开拓思维
26	可强化就业素质的	2	0.30	98.08	可强化就业素质；真正提升就业素质
27	可获得学历证书的	2	0.30	98.37	能拿到文凭；可提高学历
28	可获得考试合格证书的	2	0.30	98.67	培训后能拿到证书；能拿到合格证书
29	学员需要的	2	0.30	98.96	学员需要的；等等
30	有助于自主创业的	1	0.15	99.11	有助于创业的
31	可获得技能等级证书的	1	0.15	99.26	可以发技能证书

续表

序号	自由节点	参考点数/个	百分比/%	累计百分比/%	典型参考点
32	可获得职业资格证书的	1	0.15	99.41	就业资格证书
33	组织管理能力强的	1	0.15	99.56	机构的组织管理能力较强
34	有特色的	1	0.15	99.70	培训机构有特色
35	有一定规模的	1	0.15	99.85	培训机构有一定规模的
36	诚信的	1	0.15	100.00	机构富有诚信的
	合计	676	100.00		

2. 主轴编码

经过主轴编码，我们将上述36个自由节点归纳为"总体前景价值""就业目标实现""就业素质提升""能力证书获取""师资力量""机构实力""项目质量"这7个概念范畴。如表4-3-3所示，"项目质量"、"总体前景价值"和"就业目标实现"这三个概念范畴上分布的参考点最多，合计563个，累计占到总体的百分比为83.28%。可见，这三个概念范畴最为核心。基于概念范畴所包含的自由节点的内涵，我们对每个概念范畴做出了如下解释：

（1）"总体前景价值"包含"有用的"和"影响长远的"两个自由节点，指的是个体在做出再就业培训参与决策之前对培训项目形成的一种综合的前景价值（预期价值）判断。

（2）"就业目标实现"包含"可促进就业的"、"能找到好工作的"和"有助于自主创业的"3个自由节点，指的是个体在做出再就业培训参与决策之前对"培训项目在促进就业目标实现"方面形成的前景价值判断。

（3）"就业素质提升"包含"可学到技能技术的"、"可学到知识的"和"可强化就业素质的"3个自由节点，指的是个体在做出再就业培训参与决策前对"培训项目在促进就业素质提升"方面形成的前景价值判断。

（4）"能力证书获取"包含"可获得学历证书的"、"可获得考试合格证书的"、"可获得技能等级证书的"和"可获得职业资格证书的"

4个自由节点，指的是个体在做出再就业培训参与决策前对培训项目在促进各种（就业）能力证书获取方面形成的前景价值判断。

（5）"师资力量"包含"专业能力强的"、"个人品质好的"和"声誉好的"3个自由节点，指的是个体在做出培训参与决策前对培训在师资力量方面的特征感知。这些自由节点都是衡量师资力量的重要指标，即当一个再就业培训项目具备更多这些节点所描述的特征时，个体更倾向于认为项目依托了雄厚的师资力量。

（6）"机构实力"包含"正规的"、"组织管理能力强的"、"有特色的"、"有一定规模的"和"诚信的"5个自由节点，指的是个体在做出再就业培训参与决策前对培训机构开展培训业务的能力的特征感知。这些自由节点反映的都是培训机构的实力，即当一个再就业培训项目具备更多这些节点所描述的特征时，个体更倾向于认为项目依托的培训机构有着强大的实力。

（7）"项目质量"包含16个自由节点（具体名称如表4-3-3所述），这些自由节点反映的都是高质量培训项目的特征。也就是说，当一个再就业培训项目具备更多这些节点所描述的特征时，个体更倾向于认为项目是有质量的。其中，有7个自由节点属于36个自由节点中的A类节点（即主要因素），分别为"有技能技术含量的""有针对性的""可应用于实践的""具有专业性的""特定领域的""易懂易学的""有广泛市场需要的"。

表4-3-3　三级编码的结果

选择编码（核心范畴）	主轴编码（概念范畴）	参考点数/个	百分比/%	开放编码（自由节点）
价值评价	总体前景价值	97	14.35	有用的；影响长远的
	就业目标实现	77	11.39	可促进就业的；能找到好工作的；有助于自主创业的
	就业素质提升	39	5.77	可学到技能技术的；可学到知识的；可强化就业素质的
	能力证书获取	6	0.89	可获得学历证书的；可获得考试合格证书的；可获得技能等级证书的；可获得职业资格证书的
	小计	219	32.40	

续表

选择编码 （核心范畴）	主轴编码 （概念范畴）	参考点数 /个	百分比 /%	开放编码（自由节点）
特征感知	师资力量	61	9.02	专业能力强的；个人品质好的；声誉好的
	机构实力	7	1.04	正规的；组织管理能力强的；有特色的；有一定规模的；诚信的
	项目质量	389	57.54	有技能技术含量的；有针对性的；可应用于实践的；具有专业性的；特定领域的；易懂易学的；有广泛市场需要的；符合学员兴趣的；有发展前景的；学费较低的；用时短的；丰富全面的；务实可行的；目标明确的；新颖的；学员需要的
	小计	457	67.60	
合计		676	100.00	

3. 选择编码

扎根理论的第三级编码是选择编码。经过选择编码，7个概念范畴最终被概括为"价值评价"和"特征感知"两个核心范畴。

"价值评价"包含"总体前景价值""就业目标实现""就业素质提升""能力证书获取"4个概念范畴。之所以将其概括为"价值评价"，是因为它们反映的都是参加再就业培训之后，可能会得到的收益，其中"就业素质提升""能力证书获取""就业目标实现"是较为具体的3项结果上的收益，而"总体前景价值"是基于全部结果上的收益做出的综合性评价。毫无疑问，有关收益的评价，实质就是价值评价。

"特征感知"包含"师资力量""机构实力""项目质量"3个概念范畴。之所以将其概括为"特征感知"，是因为它们反映的都是个体对再就业培训项目及相关要素（如培训机构及师资）的特征感知。基于这些感知，我们可获得对"师资力量""机构实力""项目质量"的评价信息。

（二）关系节点分析与模型建构

我们利用NVivo软件中"关系"和"模型"两个方面的分析模块，探索了7个概念范畴之间的关系，并建构了如图4-3-1所示的理论模型，提出了失地农民再就业培训参与决策机制。该机制模型中，合计包含

14个关系假设：① 机构实力→师资力量；② 师资力量→机构实力；③ 机构实力→项目质量；④ 师资力量→项目质量；⑤ 总体前景价值→培训参与决策；⑥ 就业素质提升→总体前景价值；⑦ 就业目标实现→总体前景价值；⑧ 能力证书获取→总体前景价值；⑨ 就业素质提升→能力证书获取；⑩ 就业素质提升→就业目标实现；⑪ 能力证书获取→就业目标实现；⑫ 项目质量→就业素质提升；⑬ 机构实力→就业素质提升；⑭ 师资力量→就业素质提升。在这14个关系假设中，"→"代表前者对后者具有直接的影响力。

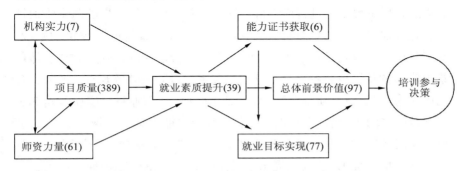

图 4-3-1 失地农民再就业培训参与决策机制模型

在这14个关系假设中，关系假设①—④反映的是"特征感知"这一核心范畴下的3个概念范畴之间的相互关系。这4个关系假设描述的是：个体对"机构实力"和"师资力量"形成的评价越积极，对"项目质量"形成的评价也越趋向于积极；个体对"机构实力"和"师资力量"形成的评价会相互促进，即对"机构实力"形成的评价越积极，对"师资力量"形成的评价也会越积极，反之亦然。在通常情况下，人们会认为：那些"机构实力"强的培训机构能够吸引更多优秀教师，而这将使得"师资力量"更为雄厚；培训机构里有足够的优秀教师（"师资力量"雄厚），会令学员产生培训机构很强大（"机构实力"强）的感觉，因为只有实力强大的机构才能请得起最好的教师；"机构实力"强大、"师资力量"雄厚的培训机构，更有可能提供优质的培训项目或培训服务（"项目质量"高）。

关系假设⑤认为，失地农民最终能否做出报名参与再就业培训的选择，主要是由该选项对应的"总体前景价值"决定的。这一关系假设是根据前景理论的观点推论出来的。我们认为，失地农民在进行是否参与再就业培训的决策时，会对参与和不参与这两个选项分别做出对前景价值的判断。根据判断结果，个体最终会选择前景价值相对较大的选项。

关系假设⑥—⑪反映的是"价值评价"这一核心范畴下"总体前景价值""就业目标实现""就业素质提升""能力证书获取"这4个概念范畴之间的相互关系。我们认为，"就业素质提升""能力证书获取""就业目标实现"是个体做出参与再就业培训选择之后可能会产生的3项主要结果；失地农民除了要对"总体前景价值"进行评价之外，还会对这3项主要结果进行前景价值评价。对这些具体结果的前景价值评价，是失地农民形成对参与再就业培训"总体前景价值"评价的基础。也就是说，失地农民对上述3项结果的前景价值评价越好，对"总体前景价值"的评价也就越好，而这正是关系假设⑥—⑧的观点。此外，我们还认为，"就业素质提升""能力证书获取""就业目标实现"这3个概念范畴之间也存在着一定的联系。鉴于"能力证书获取"是对"就业素质提升"的一种证明，即有了显著的"就业素质提升"才能得到相应的"能力证书"，我们提出了关系假设⑨。鉴于是否拥有能力证书可反映就业素质高低，而用人单位更倾向于选择就业素质高的求职者，我们认为，就业素质高并拥有相应能力证书的求职者更容易实现就业目标，而这正是关系假设⑩—⑪的观点。

关系假设⑫—⑭反映了"项目质量""机构实力""师资力量"这3个概念范畴是如何作用于"就业素质提升"这一概念范畴的。鉴于再就业培训项目的目的是通过向失地农民提供再就业培训服务，提高其就业素质，帮助其实现再就业的目标，我们认为再就业培训服务是提高失地农民就业素质的手段，就业素质提高的幅度是再就业培训服务最直接的效果，而培训项目自身的质量（即"项目质量"）必然是影响再就业培训服务效果的主要因素之一。因此我们认为，失地农民对可影响到"项目质量"高低的那些特征的感知，必然会影响到自身对"就业素质提升"这一结果的前景价值评价，而这正是关系假设⑫的观点。此外，失地农民对"机构实力"和"师资力量"的特征感知，也有助于提高自身对"就业素质提升"这一结果前景价值大小的评价。在通常情况下，失地农民如果经过信息搜集与分析能够感受到"机构实力"强大、"师资力量"很雄厚，就更有可能形成"如果选择参与再就业培训这一选项,'就业素质提升'这一结果就更有可能实现"的主观感受。这意味着,个体对"机构实力"和"师资力量"有积极的特征感知,将会促进自身对"就业素质提升"这一结果实现的主观概率的评价。根据前景理论,主观概率越大,决策权重就越大,相应的前景价值也会越大。而鉴于"项目质量""机构实力""师资力量"隶属"特征感知"这一核心范畴,"就业素质提升"隶属"价值评价"这一核心范畴,我们认为,关系假设⑫—⑭所反映的就是两个核心范畴之间的联系机制。

四、讨论

作为扎根理论研究的结果,失地农民再就业培训参与决策机制这一理论模型可被视为实质理论。在该实质理论中,7个概念范畴可被归纳为"特征感知"和"价值评价"这两大核心范畴。从决策心理过程的角度看,我们可将"特征感知"和"价值评价"视为失地农民再就业培训参与决策的两个基本过程。从内涵上讲,这两个过程与前景理论有关风险决策中存在"编辑"和"评价"这两个阶段的观点基本一致。也就是说,在失地农民再就业培训参与决策机制中,"特征感知"过程与"编辑"阶段相对应,"价值评价"过程与"评价"阶段相对应。我们认为,上述实质理论与前景理论结合起来,可以更好地解释失地农民再就业培训参与决策行为,促进我们对再就业培训系统运行机制及当前招生效果不佳现象的理解,并有助于为实践问题的解决提供具体的指引、拟定出更有针对性的对策。总体而言,该项研究的开展有着重要的理论意义和实践价值。

(一) 理论意义

1. 可有效解释失地农民再就业培训参与决策行为

前景理论自提出以来,被广泛用来解释各类风险决策行为。但是,在解释失地农民再就业培训参与决策行为上,单靠前景理论还不能给予更为具体的解释。比如,在"编辑"阶段,究竟编辑了哪些信息?在"评价"阶段,究竟评价了哪些选项结果?此类问题,前景理论还不能单独解释。而上述实质理论的提出,可以深化前景理论对这些问题的解释,从而使得对失地农民再就业培训参与决策行为的解释更为深入。

首先,上述实质理论可深化对"编辑"阶段的解释。在失地农民再就业培训参与决策机制中,"编辑"阶段对应的是"特征感知"这一过程。"特征感知"作为核心范畴包括"项目质量""机构实力""师资力量"3个概念范畴。也就是说，在失地农民再就业培训参与决策机制中，"编辑"阶段所涉及的信息主要就是这3个方面。个体对这3个方面的信息编辑，相互之间也有着一定的联系：失地农民如果感知到"机构实力"强大和"师资力量"雄厚，就更倾向于认为"项目质量"高；失地农民如果感知到"机构实力"强大，就更倾向于认为"师资力量"雄厚。反之亦然。

其次，上述实质理论可深化对"评价"阶段的解释。在失地农民再就业培训参与决策机制中，"评价"阶段对应的是"价值评价"这一过程。"价值评价"作为核心范畴包括"就业素质提升""能力证书获取""就业目标实现""总体前景价值"4个概念范畴。其中，"就业素质提升""能力证书获取""就业目标实现"代表的是个体选择参与再就业培训这一选项可能会产生的3个潜在结果。我们认为，失地农民除了会进行"总体前景价值"评价之外，还会针对这3个结果分别做出前景价值评价；对这3个结果的前景价值评价越好，对"总体前景价值"的评价也就越好。此外，对这3个结果的前景价值评价相互之间也有一定联系：对"就业素质提升"的前景价值评价越好，对"能力证书获取"的前景价值评价也会越好；对"就业素质提升""能力证书获取"的前景价值评价越好，对"就业目标实现"的前景价值评价也会越好。

再次，上述实质理论还深化了对"评价"和"编辑"这两个阶段联系机制的认识。我们认为，失地农民对"项目质量""机构实力""师资力量"的特征感知越积极，对"就业素质提升"这一选项结果的前景价值评价也会越好。鉴于"项目质量""机构实力""师资力量"隶属"编辑"阶段，而对"就业素质提升"的前景价值评价隶属"评价"阶段，失地农民对"项目质量""机构实力""师资力量"的特征感知同对"就业素质提升"这一选项结果的前景价值评价之间的关系，所反映的其实就是"评价"和"编辑"这两个阶段的联系机制。

2. 可加深对再就业培训系统运行机制及当前招生效果不佳现象的理解

失地农民再就业培训参与决策机制这一实质理论的提出，在一定程度上支持了我们对长效再就业培训系统的研究，促进了我们对该系统运行机制的理解。在前文中，我们构建了一个包含多条反馈回路的再就业培训系统因果反馈关系图，其中有一条反馈回路是：外部支持→政策保障→经费补贴→培训力量→项目引力→招生效果→培训效果→外部支持。构成该回路的都是再就业培训系统的子系统要素（以下简称"要素"）。在该回路所包含的关系中，其中有两个是："培训力量"要素的功效会增强"项目引力"要素的功效；"项目引力"要素的功效会增强"招生效果"要素的功效。但是，该研究仅从中观系统的层面阐述了这些要素之间的关系，却未从微观个体的心理层面加以解释。尤其是，"'项目引力'是如何产生的""'培训力量'是如何增强'项目引力'的，而'项目引力'又是如何增强'招生效果'的"等问题还需更进一步解释。

我们认为，该研究中述及的"项目引力"，在一定意义上就是失地农民群体对培训项目"总体前景价值"的感受；而"培训力量"包括了"机构实力"与"师资力量"。根据我们建构的失地农民再就业培训参与决策机制，如果失地农民感知到"机构实力"和"师资力量"（即"培训力量"）较弱，并感知到"项目质量"较低，那么对项目的"总体前景价值"的评价必然会差，而再就业培训项目会因此缺乏"项目引力"，难以吸引更多失地农民报名参加，以致出现较低水平的培训参与率，招生效果也自然会不佳。目前，失地农民再就业培训实践中时常会出现培训参与率低或招生效果不佳的现象，其本质原因还是目前可供选择的再就业培训项目的"总体前景价值"不够大。

我们所构建的这一实质理论，可以从微观的个体心理层面有效解释"培训力量"（包括"机构实力"和"师资力量"）、"项目质量"、项目的"总体前景价值"（"项目引力"）和"招生效果"（"培训参与率"）之间的联系机制，在一定程度上促进了我们对再就业培训系统运行机制及当前招生效果不佳现象的理解。

（二）实践价值

要提高失地农民再就业培训参与率，改善目前再就业培训的招生效果，关键还是要提升再就业培训项目的前景价值。基于所构建的实质理论，结合前景理论，我们认为，在实践中可从如下两个方面努力，着手提高失地农民再就业培训项目的前景价值。

1. 努力提高价值函数值

根据前景理论，决策者会在编辑阶段对不同的可能性结果进行初步分析，建立适当的参考水平（参照点），确定概率值，得出简化的结果。（杨建池等，2009）当个体感知到选项结果的价值高于参照点，就会产生"收益"的感受，反之，就会产生"损失"的感受。可见，最终形成"收益"还是"损失"的价值感受取决于两个方面的因素，一是选项结果本身的价值，二是参照点的水平。首先，提高项目本身的价值有助于失地农民形成"收益"的感受。我们认为，影响失地农民对选项结果的价值感受的因素主要是"项目质量"。确保培训项目具有更多"项目质量"概念范畴下那些自由节点所包含的特征（如"有技能技术含量的""有针对性的"等），将有助于失地农民对参与再就业培训这一选项产生"收益"的价值感受。其次，降低参照点水平也有助于失地农民形成"收益"的感受。在通常情况下，参照点可分为现状参照点和非现状参照点这两类。（何贵兵，于永菊，2006）前者是指个体以目前所处的现实情况为参照点（如当前的财富水平）；而后者是指在无客观现状参照的情况下，个体通常会以目标绩效、期望等对未来的知觉作为参照点。我们认为，可采取一些适当措施，如提供一些引导性培训、就业咨询与指导等服务，来帮助失地农民进行科学的目标设置与期望管理，建立合理的参照点，从而做出更加理性的价值判断与行为选择。

2. 努力提高概率函数值

提高概率函数值，就是要努力让失地农民相信，自己做出了参与再就业培训这一决策之后，自己预期的结果有较大可能实现。结合上述实质理论，我们提出如下两点建议：一要努力加强培训机构的实力建设和师资建设。培训机构实力强大、师资力量雄厚，意味着培训的实施和品质可以得到更多的保障，这将有助于失地农民形成预期结果更有可能实现的信念。二要注重关键信息的有效传播，多搜集、多总结、多宣传一些成功个案，尤其是那些有关失地农民经过再就业培训成功实现了"就业素质提升"、"能力证书获取"和"就业目标实现"的案例。积极正面的宣传将有助于增强失地农民对预期结果实现可能性的感受。

概言之，此项研究的开展有助于我们从提高价值函数值和概率函数值这两个方面来着手拟定一些有针对性的对策，从而促进失地农民对再就业培训形成更高水平的"前景价值"判断，进而促进该群体更高比例地选择参与再就业培训。

五、小结

基于扎根理论的质性分析，我们提出了失地农民再就业培训参与决策机制这一实质理论，并得出了两个主要结论：① 失地农民的再就业培训参与决策包含有"特征感知"和"价值评价"这两个基本过程。② 结合前景理论可认为"特征感知"过程与"编辑"阶段相对应，主要涉及对"机构实力"、"师资力量"和"项目质量"这3个方面的特征感知；而"价值评价"过程与"评价"阶段相对应，主要涉及对"就业素质提升"、"能力证书获取"和"就业目标实现"这3个选项结果的前景价值评价，以及对"总体前景价值"的评价。与前景理论结合起来，该实质理论有助于解释失地农民再就业培训参与决策行为，加深对再就业培训系统运行机制及当前招生效果不佳现象的理解，拟定出更多有针对性的对策以提高失地农民再就业培训参与率。

第五章

失地农民再就业决策的影响因素及机制

根据对再就业培训系统的分析，我们可知，该系统的最终目的是促进目标对象的充分就业。衡量失地农民再就业培训是否有效的一个最重要的指标就是培训最终能够多大程度地促进该群体的再就业。同时，从系统论的角度看，经过培训之后，再就业率能否得到提升会成为影响因素，通过各种路径，作用于其他要素，并影响到整个系统运作的有效性。如果失地农民经过培训，不能实现很好的就业，很有可能造成整个系统的恶行循环。

为此，本章同上一章一样，再次选择一个角度，来深入探索失地农民再就业培训系统。在此次探索中，本章选择了"失地农民再就业决策的影响因素与机制"这一主题。同样，我们认为，这样的探索将有助于我们充分理解目前失地农民再就业培训中存在的诸多瓶颈问题。

第一节 失地农民再就业决策概况

一、提高失地农民再就业率的意义

正如前文所述，失地农民再就业培训是以失业或无业的失地农民为服务对象的培训，目的在于提高该群体的就业素质，使其能够更好地满足人力资源或劳动力市场的需要，实现就业或再就业。基于该定义可以看到，对于失地农民再就业培训系统而言，提升失地农民就业素质是直接目的，促进该群体充分再就业则是最终目的。有效的失地农民再就业培训系统必然能够达到这两类目的。为此，我们认为，失地农民再就业培训系统是否长效，关键要看这两个不同层次的目的能否达到以及在多大程度上达到。

从第三章提出的再就业培训系统因果反馈关系图可以看出：培训效果不仅是再就业培训的最终结果，也是构成再就业培训系统多个反馈回路的重要一环。以回路3（外部支持→政策保障→经费补贴→培训力量→项目引力→招生效果→培训效果→外部支持）为例，培训效果将会影响到外部支持的力度。经过再就业培训，如果学员不能提高就业素质或无法达成促进就业的目标，那么培训的社会效益就会下降，大众传媒（社会关注）可能因此而忽视，上级或领导也难予以关注，地方政府自然也不会给予重视。没有上级部门或领导以及地方政府的重视，政策保障体系或制度就难以健全，经费补贴更有可能出现不充足或到位不及时的情况，而这又将会影响到培训力量（实力）的增强。培训力量如果不充足或太弱，那么推出来的项目就可能会缺乏吸引力（项目引力弱）。项目引力弱就可能导致无学员报名或者招不到足够多学员以顺利开班（招生效果差）。而没有学生或学生不充足，培训效果自然不会很好。由此可见，回路3是一个闭合的环路。在这个环路中，任何要素都可能成为瓶颈，如果不及时有效疏导的话，都会导致系统陷入一种"恶性循环"，并最终走向崩溃、消亡。

因此，确保培训效果良好对于再就业培训长效系统建构与维系来说很重要。根据反馈回路10（培训效果→培训效果差异→就业服务→培训效果），就业服务是该系统调控培训效果的重要一环。反馈回路10的本质，就是系统的控制杆机制之一，其中"就业服务"这一要素扮演着重要的角色。当培训效果足够好即与培训效果目标相比差异为0时，就业服务力度可以减小或保持在一个较低的水平上；反之，当培训效果足够差即与培训效果目标相比有较大差异时，加大就业服务力度就可以起到增强培训效果的作用。第三章也曾提及，"就业服务"这一要素的功能在于促进再就业培训的直接目的（就业素质提升）向最终目的（实现再就业）转换。该要素主要涉及系统的就业服务机制。换言之，优化再就业服务机制（如提供就业推荐服务）、提高再就业服务的质量将有助于缩短失地农民再就业的时间及提高失地农民的再就业率，而这又有助于增强再就业培训的效果。由此可见，失地农民再就业率是衡量再就业培训系统是否有效的重要指标。提供或优化再就业培训服务，设法提升失地农民再就业率，有助于加强再就业培训的有效性，对促进失地农民再就业培训长效系统的建构和维系（可持续性发展）有着特殊的现实意义。

二、探索失地农民再就业决策机制的必要性

为了提高失地农民再就业率，帮助失地农民重新就业，各地政府都积极探索各种就业安置办法，如开发公益性岗位、提供职业介绍服务、组织专场招聘会等。然而，对于政府部门开发的各种公益岗位或就业机会，很多失地农民表现得并不积极，或"挑三拣四"，或"拒之不受"。对于这类现象，一部分学者将其归因于失地农民的就业意愿不够强烈（田富强，2010）或求职意愿弱（郭淼，2013）。但另外一些研究发现，绝大多数失地农民并不排斥就业，甚至有着较为强烈的就业意愿。鲁江等人（2013）的调查显示，有84.2%的失地农民愿意就业；王利玲（2015）的调查结果是有89%的失地农民愿意就业；昝宝毅（2017）的调查也显示，96.5%的农村劳动力愿意在失地后重新就业。

这些看似矛盾的结论可能意味着失地农民有着一个复杂的再就业决策机制，而就业意愿并非是再就业决策的决定性因素。有强烈就业意愿的失地农民未必会接受政府部门或就业服务机构安排的工作或就业岗位；反之，不接受政府部门或就业服务机构安排的工作或就业岗位未必就是就业意愿不强。

为此，我们认为，要增强各类再就业服务的有效性，促进失地农民更高比例地做出接受某份（些）工作或就业岗位的决策，积极探究影响失地农民再就业意愿的影响因素固然重要，但更重要的是应积极探索失地农民再就业决策机制。只有充分了解失地农民再就业决策机制，才能拟定出更有效的对策或建议，从而帮助失地农民尤其是参与了再就业培训的失地农民提高再就业率。

第二节 研究问题与方法

一、问题的提出

要探讨失地农民再就业决策机制，首先要了解失地农民就业意愿或再就业决策的影响因素。基于文献梳理可发现，有关这些方面的研究，

主要集中在对有哪些特征的失地农民更有就业意愿或更倾向于做出接受某份（些）工作或就业岗位的决策等问题的探索上。比如，王晓刚（2012）的研究发现，年龄和受教育水平显著影响就业意愿，年龄越大，受教育水平越低，就业意愿越弱；黄翅清和刘小玲（2014）的研究发现，是否有外出打工经商经历、受访者月平均收入、家庭非农就业率、家庭收入在本村水平、家庭是否有出租收入对失地农民的就业意愿有着显著的影响；谭波媚（2018）的研究发现，自身文化水平、知识技能的欠缺，以及一次性获得巨额拆迁款产生的惰性心理，导致大量的拆迁失地农民不愿意再就业或无法再就业。

有少数学者注意到工作或就业岗位的特征及相关因素可能会对失地农民再就业决策有着重要的影响。徐永然（2015）经研究发现，一部分位于城乡交界地区的失地农民并不愿意从事一般工作，以致高不成而低不就而失去适合自己的就业机会。昝宝毅（2017）的研究也发现，虽然96.5%的农村劳动力愿意在失地后重新就业，但他们对脏、累、苦的低端行业、不稳定行业持排斥态度。还有学者认为，唯有稳定的就业机会和高质量的就业才能为失地农民提供长远保障，有效解决失地农民的职业转换问题（谢俊贵，陈伊哲，2010）。概言之，工作或就业岗位的特征，尤其是那些与工作或就业质量相关的特征，对失地农民再就业决策可能会有显著的影响，但是，目前有关这方面的研究还不成规模，更不用说有着成熟完整的理论建构。为此，我们认为，有必要从工作或就业岗位特征的视角，对失地农民再就业决策的影响因素及相关机制进行积极的探索。

尽管目前有关失地农民再就业决策机制的研究较少。但是，作为一项风险决策，相关理论颇多。这些理论概括起来有两种主要的范式：一是标准化范式。标准化范式致力建立一种最优或者说是一种完全理性又普遍适用的决策模型（孙蕴韬，顾红，2009），其代表性理论是预期效用理论。二是描述性范式。描述性范式以西蒙（Simon）提出的有限理性假说为指导思想，代表性理论是 Kahneman 和 Tversky（1979）提出的前景理论。

此外，Kahneman 等人还认为，个体在风险决策中经常会使用一系列的启发式策略进行直观判断（阳志平等人，2003），尤其是在决策信息有限的情况下。其中主要的启发式有代表性启发式、可得性启发式及锚定和调整启发式。由此可见，在有关风险决策的理论中，有基于完全理性原则提出的预期效用理论，也有基于有限理性理论提出的期望理论，还有基于直觉型判断提出的有关启发式策略应用的主张。

除了是风险决策之外，失地农民再就业决策还是一种典型的职业决策。Harren（1979）认为，个体在进行职业决策时，主要有三种类型：一是理智型（Rational），二是直觉型（Intuitive），三是依赖型（Dependent）。依赖型决策，就是依赖他人判断进行的决策。理智型决策和直觉型决策则是基于自己判断进行的决策。根据 Singh 和 Greenhaus（2004）的研究结果，人们会混合使用多种职业决策策略。也就是说，在职业决策中，理智型决策和直觉型决策可能同时存在。启发式策略在决策中的应用在一定程度上意味着直觉型决策的存在；预期效用理论反映的是理智型决策类型的存在；而前景理论则是建立在有限理性假说的基础之上的，意味着决策中有理智型决策的成分，也有直觉型决策的成分。

基于上述分析，我们认为，有如下问题值得探讨：① 具有什么特征的工作或就业岗位，才能促进失地农民做出接受该份工作或就业岗位的再就业决策？即在工作或就业岗位特征层面上，影响失地农民再就业决策的因素有哪些？② 在失地农民再就业决策中，基于上述因素，存在着什么样的作用机制？是否同时包含理智型和直觉型决策策略的应用？如果包含，这两类策略是如何应用的？③ 前景理论和启发式策略的观点是否适用于对失地农民再就业决策机制的解释？

二、研究方法

（一）研究工具

为了探索上述问题，我们利用附录4中问卷的第二道开放式问题搜集到的质性资料，进行了扎根理论分析。

该问题是：为了帮助失地农民更好地就业，政府部门或就业服务机构通常会向失地农民提供或推荐一些工作或岗位。如果您是失地农民，您认为政府部门或就业服务机构提供或推荐一个什么样的工作或就业岗位，才会吸引到您，并让您做出"接受"这份工作或就业岗位的决策？

我们认为，利用该道题，可搜集失地农民对有吸引力的工作或就业岗位的特征描述，基于这些特征描述的文本资料，可进行扎根理论分析。

（二）资料采集及被试特征

被试同第四章第三节的研究是同一批被试。具体情况见表 4-3-1。

（三）资料整理与分析

为了更高效率地编码分析所搜集的质性资料，我们应用了质性分析软件 NVivo 11.0。

第三节　影响失地农民再就业决策的因素

一、基于扎根理论的三级编码

（一）开放编码

对搜集来的质性资料进行开放编码可得到 636 个参考点，并归纳出 31 个自由节点，如表 5-3-1 所示。以"薪资"这一自由节点为例，该节点上的典型参考点有"高薪""工资多""工资高""每月能拿 3 000 元以上"等。由于这些参考点都是失地农民对有吸引力的工作或就业岗位有关"薪资"方面的特征进行的描述，我们将这些参考点概念化为"薪资"。

表 5-3-1　基于开放编码形成的自由节点及典型参考点

序号	开放编码（自由节点）	参考点数/个	百分比/%	累计百分比/%	典型参考点
1	期望的岗位	151	23.74	23.74	技术岗；管理岗；生产岗；销售岗位；司机；保安保全；等等
2	薪资	105	16.51	40.25	高薪；工资多；工资高；每月能拿 3000 元以上；等等
3	期望的行业	83	13.05	53.30	服务行业；电子行业；金融行业；物流行业；建筑行业；等等
4	稳定性	74	11.64	64.94	工作稳定；稳定长久的工作；收入稳定的工作；长期工；等等
5	对收入的总体评价	34	5.35	70.28	待遇好；待遇厚；挣钱的工作；能够养活家庭；能自食其力；等等

续表

序号	开放编码（自由节点）	参考点数/个	百分比/%	累计百分比/%	典型参考点
6	加班情况	28	4.40	74.69	不要每天加班；不用加班；加班少；不用加夜班；等等
7	工作体验	26	4.09	78.77	简单；活少钱多；省力点的工作；工作轻松；不累；舒服；等等
8	工作环境	18	2.83	81.60	工作环境好；工作环境宽敞明亮；不穿无尘衣；坐着上班；等等
9	工作时长	12	1.89	83.49	八小时工作；朝九晚五的工作；上五休二；有双休；等等
10	福利	11	1.73	85.22	福利好；有五险一金的；假期多；可以管吃住；有交通补助；等等
11	期望的单位	9	1.42	86.64	政府；事业单位；外资企业；国企；等等
12	对能力的影响	8	1.26	87.89	增强沟通能力；一份能锻炼自己口才与交流能力的工作；等等
13	喜欢	8	1.26	89.15	喜欢；喜欢的工作；自己喜欢；自己喜欢的工作；愉快；等等
14	存在发展空间	7	1.10	90.25	有发展空间；有发展前景；有上升空间；岗位有提升潜力；等等
15	上下班困难度	7	1.10	91.35	工作地方离老家不太远；离家近；回家方便；等等
16	培训相关	7	1.10	92.45	和培训相关的工作；可以充分利用自己学到的知识；等等
17	适合	7	1.10	93.55	适合自己；合适的工作；适合自己的工作；等等
18	有前景	6	0.94	94.50	是一份有长远性的工作；有前途；有前途的；等等
19	好工作	6	0.94	95.44	好工作；好一点的工作；很好的工作；体面的工作；好单位；等等
20	规范性	5	0.79	96.23	遵守《劳动法》的；正式的；等等
21	理想	4	0.63	96.86	和自己理想的差不多的；和自己期望差不多的工作；等等
22	价值实现	3	0.47	97.33	能给家庭以及社会贡献自己一份力的工作；有意义；等等

续表

序号	开放编码（自由节点）	参考点数/个	百分比/%	累计百分比/%	典型参考点
23	专业相关	3	0.47	97.80	和自己专业对口；一个专业的；专业对口就好
24	兴趣	3	0.47	98.27	感兴趣；感兴趣的；与自己的兴趣有关
25	加班费	2	0.31	98.58	加班工资高；加班能算加班费的工作
26	安全性	2	0.31	98.90	安全
27	生活遭受到的影响	2	0.31	99.21	能够兼顾家庭的生活；娱乐空间
8	自我展示	2	0.31	99.53	能展示自己
29	对经验的影响	1	0.16	99.69	不断累积经验
30	求新	1	0.16	99.84	做一份没体验过的工作
31	挑战性	1	0.16	100.00	对自己有挑战性的
	合计	636	100.00		

依据每个自由节点所包含的参考点数，我们对31个自由节点进行了由大到小的排序。按照排序结果（如表5-3-1所示）还可计算每个自由节点对应的累计百分比。根据帕累托图分析法，可确定"期望的岗位""薪资""期望的行业""稳定性""对收入的总体评价""加班情况""工作体验"这7个自由节点是主要节点。这7个自由节点合计501个参考点，累计百分比为78.77%。

（二）主轴编码

自由节点形成之后，我们运用NVivo软件中的树状节点功能对自由节点进行归类，即进行主轴编码。经编码，31个自由节点被归纳为11个概念范畴，如表5-3-2所示，具体的名称及内涵如下：

（1）"期望一致性"包含"期望的岗位"、"期望的单位"和"期望的行业"3个自由节点，指的是个体对目标再就业决策选项（即待选择的再就业岗位）与自己对岗位、单位或行业的期待是否一致进行的评价。

（2）"时间投入"包含"工作时长"、"加班情况"和"上下班困难度"3个自由节点，指的是个体对目标再就业决策选项中将要耗费的时间多少进行的评价。这里的时间包括正常工作时间、加班时间以及上下班路途中所需时间。对个体而言，这些时间上的耗费就是一种投入。

（3）"生活遭受到的影响"包含一个与自己同名的自由节点，指的是个体对目标再就业决策选项中自己的正常生活可能会遭受来自工作方面影响的一种评价，包括影响的内容及大小。对于个体而言，这些影响无疑是一些损失。

（4）"薪酬"包含"薪资"、"福利"、"加班费"和"对收入的总体评价"4个自由节点，指的是个体对目标再就业决策选项中自己将会得到多少经济报酬进行的评价。

（5）"环境适宜性"包含"工作环境"和"工作体验"两个自由节点，指的是个体对目标再就业决策选项中就业环境的舒适度、宜人性所做的评价。

（6）"确定性"包含"安全性"、"稳定性"和"规范性"3个自由节点，指的是个体对自己能从目标再就业决策选项中获得的有关确定性的感知。

（7）"发展前景"包含"对能力的影响"、"对经验的影响"、"存在发展空间"和"有前景"4个自由节点，指的是个体对从目标再就业决策选项中自己可能会获得的成长机会及发展空间进行的评价。

（8）"自我实现"包含"求新"、"自我展示"、"挑战性"和"价值实现"4个自由节点，指的是个体对目标再就业决策选项中能否获得一种自我实现体验的感知。我们认为，如果个体在工作中能够不断获得新的尝试（求新），有机会展现自己的才能（自我展示），可以不断超越自己（挑战性）以及可以最大化地实现自身价值（价值实现），那么就更有可能获得这种"自我实现体验"。

（9）"内容匹配"包含"培训相关"、"专业相关"、"理想"和"兴趣"4个自由节点，指的是个体对自己所具有的某些素质或特质（如通过专业教育或培训习得的知识与技能，以及在成长过程中逐步发展出来的理想与兴趣）与目标再就业决策选项是否匹配的一种判断。

（10）"结果匹配"包含"适合"和"喜欢"两个自由节点，指的是个体对自己与目标再就业决策选项是否匹配所做的具有结果性质或结论性质的判断。具体而言，主要表现在两个方面，一是做出适合不适合的认知判断，二是产生喜欢或不喜欢的情绪体验。这两个方面可视作"内容匹配"带来的影响或结果。

（11）"前景价值"包含"好工作"一个自由节点。前景价值这一概念来自"前景理论"。只有"前景价值"高的工作，才能使个体形成诸如"好工作"之类的评价，并最终做出对目标再就业决策选项的选择反应。基于此，个体形成诸如"好工作"之类的评价，在一定程度上意味着目标再就业决策选项的"前景价值"较高。

表 5-3-2 三级编码的结果

选择编码（核心范畴）	主轴编码（概念范畴）	参考点数/个	百分比/%	开放编码（自由节点）
期望一致性	期望一致性	243	38.21	期望的岗位（151）；期望的单位（9）；期望的行业（83）
	小计	243	38.21	
预期成本	时间投入	47	7.39	工作时长（12）；加班情况（28）；上下班困难度（7）
	生活遭受到的影响	2	0.31	生活遭受到的影响（2）
	小计	49	7.70	
预期收益	薪酬	152	23.90	薪资（105）；福利（11）；加班费（2）；对收入的总体评价（34）
	环境适宜性	44	6.92	工作环境（18）；工作体验（26）
	确定性	81	12.74	安全性（2）；稳定性（74）；规范性（5）
	发展前景	22	3.46	对能力的影响（8）；对经验的影响（1）；存在发展空间（7）；有前景（6）
	自我实现	7	1.10	求新（1）；自我展示（2）；挑战性（1）；价值实现（3）
	小计	306	48.12	

续表

选择编码（核心范畴）	主轴编码（概念范畴）	参考点数/个	百分比/%	开放编码（自由节点）
人-职匹配度	内容匹配	17	2.67	培训相关（7）；专业相关（3）；理想（4）；兴趣（3）
	结果匹配	15	2.36	适合（7）；喜欢（8）
	小计	32	5.03	
前景价值	前景价值	6	0.94	好工作（6）
	小计	6	0.94	
合计		636	100.00	

基于表 5-3-2 中的数据计算可知：在 11 个概念范畴中，"期望一致性"、"薪酬"和"确定性"3 个概念范畴上分布的参考点数最多，合计 476 个，占总体的百分比为 74.85%。根据帕累托图分析法，三者可确定为最主要的概念范畴。

（三）选择编码

在进行主轴编码之后，我们对 11 个树状节点进一步归纳，又形成了 5 个更上一级的节点，即核心范畴，如表 5-3-2 所示。具体的名称及内涵如下：

（1）"期望一致性"只包含一个与其同名且内涵相同的概念范畴。

（2）"预期成本"主要包含"时间投入"和"生活遭受到的影响"两个概念范畴。之所以将这两个概念范畴概括为"预期成本"是因为它们反映的都是失地农民对"目标再就业决策选项"中可能需要自己做出哪些投入或要承担哪些损失的一些看法，这些投入或损失毋庸置疑都是要实现目标必须要承担的一种成本。

（3）"预期收益"主要包括"薪酬""环境适宜性""确定性""发展前景"和"自我实现"5 个概念范畴。之所以将其概括为"预期收益"，是因为它们反映的都是失地农民对"目标再就业决策选项"可能会产生的益处的一些看法。

（4）"人-职匹配度"，主要包括"内容匹配"和"结果匹配"两个概念范畴。之所以将其概括为"人-职匹配度"，是因为它们反映的都是失地农民对自身与"目标再就业决策选项"之间匹配性的感知。

（5）"前景价值"只包含一个与其同名且内涵相同的概念范畴。

基于5-3-2中的数据计算可知：在5个核心范畴中，"期望一致性"和"预期收益"两个核心范畴上分布的参考点数最多，合计549个，占总体的百分比为86.33%，是最主要的核心范畴。

二、失地农民再就业决策的影响因素

根据三级编码分析，我们最终获得了一个树状节点系统。树状节点系统可充分显示核心范畴、概念范畴、自由节点（资料范畴）与参考点之间的层级关系。其中，核心范畴可视作影响失地农民再就业决策因素的主要类别。从核心范畴可以看出，影响失地农民再就业决策的因素主要有"期望一致性""预期收益""预期成本""人-职匹配度""前景价值"这五大类别，其中最主要的类别因素是"期望一致性"和"预期收益"。

这五大类因素对失地农民再就业决策有"直接"或"间接"的影响，具体表现如下：

（1）"期望一致性"因素意味着失地农民对"有吸引力的"工作或就业岗位通常会有预设观念。如果目标再就业决策选项所具有的特征恰好与这些预设观念相符合，那么失地农民将会更倾向于做出接受该选项的决策。

（2）"预期收益"和"预期成本"因素意味着失地农民在进行再就业决策之前，会对目标再就业决策选项被选择之后将会产生的收益和成本分别进行评估。评估出来的收益越丰厚、成本越微小，失地农民越有可能做出接受该选项的决策。

（3）"人-职匹配度"因素意味着失地农民在进行再就业决策之前，会对目标再就业决策选项与自身是否匹配进行判断。"人-职匹配度"涉及两个主要方面，一是"内容匹配"，二是"结果匹配"。在这两个方面的匹配度越高，失地农民越有可能做出接受该选项的决策。

（4）"前景价值"因素意味着失地农民在进行再就业决策之前，可能会对目标再就业决策选项进行总体评价，形成诸如"好工作"或"好单位"等评价。这些评价可反映失地农民对目标再就业决策选项的"前景价值"大小的判断。在通常情况下，"前景价值"越大，失地农民越有可能做出接受该选项的决策。

而基于核心范畴包含概念范畴、概念范畴包含自由节点以及自由节点包含参考点这样的层次关系，我们还可进一步分析构成5大类因素的具体内容或指标。显然，基于树状节点系统的分析可令我们从工作或就业岗位特征的角度，对失地农民再就业决策的影响因素形成更加系统、更有层次和更为具体的认识。

第四节　失地农民再就业决策机制研究

一、关系节点分析与模型建构

经过三级编码之后，我们在NVivo软件中形成了一个由31个自由节点、11个概念范畴和5个核心范畴构成的树状节点系统。在进行树状节点分析之后，还分析了这些节点之间的关系。

基于关系节点分析，我们建构了如图5-4-1所示的失地农民再就业决策机制这一理论模型。在该模型中，合计包含9个关系假设：① 期望一致性→人-职匹配度；② 人-职匹配度→预期收益；③ 人-职匹配度→预期成本；④ 预期收益→前景价值；⑤ 预期成本→前景价值；⑥ 期望一致性→前景价值；⑦ 人-职匹配度→前景价值；⑧ 前景价值→再就业决策；⑨ 期望一致性→再就业决策。其中"→"代表前者对后者具有直接的影响力。其中，第③和第⑤个关系假设描述的是负向性影响，其余关系假设描述的都是正向性影响。

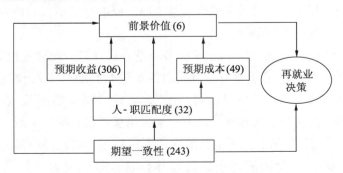

图 5-4-1　失地农民再就业决策机制模型

在上述关系假设中：
关系假设①反映的是"期望一致性"对"人-职匹配度"的影响。

"期望一致性"高意味着"目标再就业决策选项"与"自己对岗位、单位或行业等方面的期待"较为一致。与期待一致的工作或就业岗位更有可能符合个体的"兴趣"和"理想",与个体的"知识"和"技能"匹配,令个体觉得"适合"并产生"喜欢"的心理感受。

关系假设②—③反映的是"人-职匹配度"对预期收益和预期成本的影响。"人-职匹配度"高意味着个体会觉得自己能够胜任未来的工作或就业岗位,可以更充分地实现工作或就业岗位的价值,即预期要获得的收益将会更多(关系假设②);"人-职匹配度"低,意味着个体会觉得自己不能胜任未来的工作或就业岗位,效率将会更低,要付出的时间和精力也将会更多,生活受到的影响将会更大,即预期要付出的成本可能会更多(关系假设③)。

关系假设④—⑦反映的是目标再就业决策选项的"预期收益""预期成本""期望一致性""人-职匹配度"对前景价值的影响。根据"前景价值"理论,前景价值主要是通过价值函数 $v(\cdot)$ 和决策权重函数 $\pi(\cdot)$ 的结合来决定的(石莉萍,2014)。价值函数反映了选项结果的主观价值,而决策权重函数表示与该结果概率 P 相对应的决策权重,是决策者根据事件结果出现的概率(p)做出的某种主观判断。这意味着失地农民在进行再就业决策时,会受到个体对选项结果的主观价值感受和选项结果出现的主观概率判定这两个方面的影响。我们认为:第一,"预期收益"和"预期成本"反映了个体对选项结果的主观价值感受。根据统一价值论的观点,人的任何行为一方面能够获取一定的价值收益,另一方面需要耗费一定的价值代价。单位时间内的价值收益与价值代价之比,就是该行为的价值率。人们更倾向于选择价值率高的事物(或行为)。因此,"预期收益"越高、"预期成本"越小,主观价值感受就会越强,前景价值也会越大。基于此,我们提出了关系假设④和关系假设⑤。第二,"期望一致性"越大,意味着个体对选项的主观价值感受就越强。这是因为"期望一致性"在一定程度上反映的是目标再就业决策选项与个体需求之间的关系。在通常情况下,越被期望的事物越是被需求,而越被需求的事物也往往越被认为是有价值的(即主观价值感受强)。基于主观价值感受越大,前景价值越大,我们提出了关系假设⑥。第三,"人-职匹配度"会影响到个体对选项结果实现的主观概率判定。如果个体能从目标再就业决策选项中感受到更高的"人-职匹配度"，那么就更有可能感受到自己正在做适合自己以及自己喜欢的工作。如果形成了这样的感受，个体通常会更有信心将工作做好，达成绩效目标，取得各种预期的收益，换言之，个体对选项结果实现的主观概率判定将会更大。基于主观概率判定越大，前景价值越大，我们提出了关系假设⑦。

关系假设⑧—⑨反映的是"前景价值"和"期望一致性"对"再就业决策"都有着直接的影响。根据前景价值理论，个体最终会选择"前景价值"最大的决策选项。对于失地农民而言，"好工作"或"好岗位"无疑就是"前景价值"最大的再就业决策选项，他们理应做出接受这份工作或就业岗位的决策（关系假设⑧）。关系假设①到关系假设⑧在一定程度上揭示了个体经历了一个相对"理性"或"有限理性"的决策过程。关系假设⑨则反映了失地农民在再就业决策中对代表性启发式策略的应用。代表性启发式是启发式的一种，代表的是个体在决策中对直觉型策略的应用。在日常生活中，人们根据既有经验为各类事物塑造各自的原型它们具有该群体的典型特征和最大代表性。做决策时，人们仅需将事物与各个原型相对照，一旦觉得匹配就将其归入该原型代表的范畴。我们认为，"期望一致性"正是对这一匹配过程的反映：失地农民的认知系统中具有一个有吸引力的、有价值的或值得选择的再就业决策选项原型；②一旦目标再就业决策选项具有的特征与上述原型的典型特征匹配，就意味着失地农民更有可能会迅速地做出接受该选项的再就业决策（关系假设⑨）。

二、失地农民再就业决策机制

经过对五大核心范畴进行关系节点分析，我们提出了一个包含九个关系假设的失地农民再就业决策机制模型。基于这些关系假设的描述，我们可以更清晰地了解失地农民再就业决策机制，并在一定程度上证实了 Harren（1979）、Singh 和 Greenhaus（2004）的观点同样适用于对失地农民再就业决策机制的解释——即失地农民在再就业决策中可能同时应用有理智型和直觉型这两种决策策略。这就给我们提供了一次探索前景理论可否用来解释失地农民再就业决策机制和失地农民在再就业决策中有无使用启发式策略两个问题的机会。

首先，失地农民再就业决策包含理智型决策的成分。但这种理智型决策不能视作完全理性条件下的决策，应理解为有限理性条件下的决策。相比建立在完全理性基础之上的预期效果理论，建立在有限理性基础之上的前景理论更适合解释失地农民再就业决策机制。透过关系假设④（预期收益→前景价值）、关系假设⑤（预期成本→前景价值）、关系假设⑥（期望一致性→前景价值）、关系假设⑦（人-职匹配度→前景价值）和关系假设⑧（前景价值→再就业决策）可以看到，前景理论对失地农民再就业决策有较为显著的影响。关系假设④—⑥反映了主观价值对"前景价值"的影响；关系假设⑦反映了主观概率判定对前景价值的影响；而关系假设⑧描述的就是前景理论的基本主张——在不确定风险决策中，个体最终会选择前景价值最大的选项。

其次，失地农民的再就业决策中可能包含直觉型决策的策略。基于"期望一致性"这一核心范畴的内涵，我们可做如下推论：如果失地农民发现目标再就业决策选项具有某些特征，而具有这些特征的岗位、行业或单位恰好就是失地农民认为"最有吸引力"的就业选项，那么该群体就更有可能做出接受该选项的决策——这一趋势所反映的就是代表性启发式的观点。鉴于启发式策略使用的是一种直觉式的决策策略，在信息不充分的情况下，个体可能会更多地依赖这种决策策略。

第五节 实践启示

前文的分析与讨论有助于我们拟定更有针对性的对策和建议，促进失地农民做出更加理性的再就业决策，增强政府部门或就业服务机构向失地农民提供的再就业服务的有效性。因此，对影响失地农民再就业决策的因素和机制的探讨具有重要的实践意义，将会给我们带来重要的启示。

一、基于代表性启发式的启示

在再就业参与决策中，代表性启发式的存在意味着我们应加大对失地农民认知系统中有吸引力的工作或就业岗位原型的探索及应用力度。

在探索过程中，我们尤其要积极了解失地农民最期待的工作或就业岗位是什么，即对失地农民认知系统中有吸引力的工作或就业岗位原型要有所认识。有关部门在开发再就业岗位或搜集企业用工信息时，要充分考虑这些原型的典型特征。如果提供给失地农民做选择的工作或就业岗位具备了这些原型的典型特征,那么失地农民就更有可能接受政府部门或就业服务机构提供的再就业服务,而各种再就业服务项目的参与率也将得以提高。当然,在探索该原型的典型特征时,政府部门及就业服务机构也要充分认识到个体之间的差异很大。要尽量秉持多样化思维,向失地农民提供更多的选择。

二、基于前景理论的启示

再就业参与决策中,前景价值发挥着重要的作用。这意味着,在实践中,要促进失地农民更高比例地接受政府部门或就业服务机构开发的就业服务项目,我们应当要努力赋予失地农民再就业决策选项更多的前景价值。

根据前景理论的观点,选项结果的前景价值越大,个体就越倾向于做出接受该选项的决策。要提高失地农民再就业决策选项的前景价值,主要措施有两类:

一是要努力提高再就业决策选项结果的主观价值。这可以通过提高预期收益、降低预期成本来实现。对失地农民而言,最主要的预期收益是"薪酬"和"确定性",而最主要的预期成本是"时间投入"。但无论是提高预期收益,还是降低预期成本,都是用人单位的决策结果。为此,政府部门及就业服务机构要努力为失地农民挑选出一些薪酬高、确定性强(如工作较稳定)、时间投入少(如不用加班或加班时间少)的就业岗位。另外,可制定一些政策,鼓励失地农民积极接受政府部门或就业服务机构开发和推荐的就业机会。如果就业困难的失地农民选择了一些特殊的就业岗位,政府不妨通过制定政策向其提供一笔就业津贴或补贴一笔额外的养老保险。此外,对于居住地离用人单位较远的失地农民,政府也可以提供一笔交通补助。诸如此类措施,目的都在于增强失地农民对接受再就业决策选项的主观价值感受。

二是要努力提高再就业决策选项结果实现的主观概率。在岗位开发或就业推荐中,政府部门及就业服务机构一定要坚守好"人-职匹配"这一原则。只有失地农民相信自己可胜任岗位,才能确保选项结果的实现有着较高水平的主观概率。具体建议有:① 对失地农民的教育背景、培训经历、兴趣以及理想等都要有所了解,尽可能开发一些适合失地农民的就业岗位；② 可为失地农民提供再就业指导服务，帮助他们进行更准确的职业定位，使他们能够清晰地了解最适合自己的就业岗位有哪些；③ 可为失地农民提供一些再就业培训项目，提高失地农民的知识和技能水平，增强他们胜任岗位的效能感，增加他们对再就业决策选项结果实现的主观概率判定。

  我们认为，以上这些做法都可以促进再就业决策选项结果前景价值的提高，从而确保政府部门或就业服务机构针对失地农民提供的再就业服务项目能有更高的参与率，并产生更好的效果。

第六章

总讨论与建议

本章对前面开展的系列研究取得的研究成果,从理论意义和实践意义两个方面进行了总结与分析,并在此基础之上,围绕失地农民再就业培训系统的长效机制建设提炼出两个方面的原则性或概要性建议。

此外,针对本系列研究中存在的不足及未来的研究方向,我们也提出了一些自己的看法。

第一节 总讨论

一、研究结果增进了我们对再就业培训系统的认识

(一)增进了我们对系统要素的认识

在第三章中,我们以苏州为例,通过开放式问题搜集了221名来自再就业培训机构的教师及项目支持人员有关长效再就业培训系统的特征、当前再就业培训系统的优势特征与劣势特征的看法,并基于这些看法开展了一项基于扎根理论研究范式的质性研究,构建了一个有关再就业培训系统的由自由节点、概念范畴和核心范畴构成的树状节点系统。

通过该树状节点系统中的核心范畴可了解到,再就业培训系统至少包含"动力"、"需求"、"供给"、"产出"和"信息"5个基本要素。作为系统要素,每一个都扮演着不同的角色,发挥着不同的功效。其中,"动力"要素提供了整个系统的运行动力,其功能是促进培训服务的生产活动和消费活动可持续地发生;"需求"要素是培训服务的需求者,其功能就是消费培训服务;"供给"要素是培训服务的供给者,其功能就是生产再就业培训服务;"产出"要素是培训服务的结果,其功

能是衡量培训服务目标是否达成、价值是否实现；"信息"要素的功能在于生产并传递系统动态运作所需要的信息。一个系统要长期存在并有效运行，每个要素都不可或缺。

此外，每个要素本身又可被看作一个系统，也可被视作上一级系统的子系统。也就是说，再就业培训系统有5个基本要素，亦即有5个子系统。这5个子系统自然也有属于自己的要素。透过树状节点系统中的概念范畴和自由节点，我们可以进一步了解再就业培训系统的子系统要素。

（二）增进了我们对系统结构的认识

长效系统的建构，在一定层面上，就是要促进系统形成长效机制。基于系统论的观点，长效机制反映的是系统的结构和要素的功能。就其内涵而言，长效机制首先意味着系统本身的有效性，即系统的目的能够达到。而系统的目的要达到，需要再就业培训系统的结构合理，要素的功能正常发挥。

基于第三章的研究，我们认为，要建构再就业培训长效系统，确保系统形成长效机制，必须具备如下五个条件：一是系统的"供给"要素功能要充分发挥。系统要有能力通过再就业培训机构向失业人员提供足够多可供选择的且具有一定质量的再就业培训服务。二是系统的"需求"要素功能要充分发挥。系统要有能力从失业人员中招募到足够多有意愿接受再就业培训服务的需求者（学员）。三是系统的"动力"要素功能要充分发挥。整个系统的有效运行（尤其是在招生、培训、考试评鉴和监督反馈等环节），需要有源源不断的外部资源输入，尤其是各种动力资源（如政策保障、经费补贴）。四是系统的"产出"要素功能要充分发挥。系统在经历再就业培训服务的生产和消费过程之后，会有一些产出。这些产出主要是失业人员在接受了再就业培训服务之后所发生的改变（主要是就业素质和就业状态上的改变）。系统要确保这些改变朝预期的方向发展并能尽可能地实现最大化，同时能以恰当的形式呈现出来。五是系统的"信息"要素功能要充分发挥。系统各大要素及子系统要素，除了要充分发挥自己的功效之外，相互之间还要能良性互动，而这些互动通常是建立在一些必要信息的收集与反馈的基础之上的。

二、对实践工作中问题的认识及解决方案的拟订要有系统思维

根据第三章研究所构建的再就业培训系统因果反馈关系模型及相对应的 10 条因果反馈关系回路，我们充分地认识到：在一个系统中，除了某个要素的自身因素之外，其他要素功能发挥的情况也会影响到该要素的功能表现。这是因为，在一个反馈回路中，每个要素的功能表现几乎都会传递给环路中的其他要素。因此，要解决某个要素上的问题，不能仅仅考虑该要素本身的问题，还要考虑其他要素的影响。事实上，在第四、第五章开展的研究中，我们同样能观察到这种效应，即每个要素（或变量）都可能会遭遇多个其他要素（变量）的影响。换言之，在一个系统中，如果某个要素上出现了瓶颈问题，其成因可能是系统性的，来源是多方面的。抓住某个瓶颈问题进行深入地剖析，有可能暴露系统中其他要素所存在的问题。要解决好这个问题，就需要基于系统的思维从多个要素上着手。

目前，失地农民再就业培训系统中有两个常见，也是关键性的瓶颈问题。一是再就业培训的招生效果不佳，即培训参与比率不高；二是失地农民在面对政府部门或培训机构提供的就业服务（岗位推荐）时，往往积极性不高，即对所推荐岗位的接受率不高。鉴于这两个瓶颈问题的影响具有系统性，如果它们不能得到有效解决，再就业培训系统的长期有效运行必受影响，最终结果就是系统崩溃或消亡。为了探索失地农民再就业培训长效系统建构的路径与方法，我们开展了三项研究：一是围绕失地农民再就业培训参与比率低的问题，开展了一项基于情境技术的实验研究，重点探索失地农民再就业培训决策的影响因素（以下简称"研究 1"）；二是围绕失地农民再就业培训参与比率低的问题，开展了一项基于扎根理论研究范式的质性研究，重点探索失地农民再就业培训决策的影响因素及作用机制（以下简称"研究 2"）；三是围绕当前失地农民再就业服务有效性不强的问题，探索了失地农民再就业决策的影响因素及作用机制（以下简称"研究 3"）。

研究 1 和研究 2 关注的问题、角度和研究方法不一样，但问题其实是同一个，即失地农民再就业培训为什么会出现参与比率低的问题。研究 1 通过一个基于情境技术的实验发现了失地农民自身的因素（如认知原型、需要、兴趣、学习自我效能感和学习观等）对自己是否做出参与

再就业培训决策的影响。结合前文提及的 10 条因果反馈关系回路可以看到，研究 1 揭示的这些影响因素可以概括为再就业培训系统"需求"子系统的"生源质量"要素。研究 2 则着重强调再就业培训项目本身或相关联的特征对失地农民是否做出参与再就业培训决策的影响，比如，项目在"总体前景价值""就业目标实现""就业素质提升""能力证书获取""师资力量""机构实力""项目质量"上的特征。研究 2 涉及的这些因素更多的是再就业培训系统"供给"子系统和"产出"子系统中的要素。除了分析影响因素之外，研究 2 更着重建构这些因素相互作用的机制（即失地农民再就业培训参与决策机制）。该机制揭示的主要关系有："机构实力"越雄厚，"师资力量"越大，"项目质量"越高，参与再就业项目行为决策选项在"就业素质提升"、"能力证书获取"和"就业目标实现"这三个方面的预期价值就越大，实现的可能也越大——这使得"总体前景价值"会更高，个体做出参与再就业培训项目这一行为选择的可能性也会越高。

研究 3 基于就业服务之于再就业培训系统最终目的（更充分就业）实现的重要性，通过开展失地农民再就业决策的影响因素及作用机制的研究，拟定出更有针对性的问题解决方案来增强失地农民再就业服务的有效性。对于政府部门或公共就业服务部门而言，如果能在再就业培训服务之后提出有效的再就业服务，就可以促进更多失地农民实现就业——这也意味着再就业培训系统的最终目的将会达到。显然，要建构失地农民再就业培训的长效系统，肯定离不开系统最终目标的实现。

研究 1、研究 2 和研究 3 的开展，无疑进一步深化了我们对再就业培训系统的认识，同时，也给予了我们如下启发：要解决各种有关失地农民再就业培训的实践问题，需基于系统性的思维来分析这些问题形成的影响因素及相关机制，这将有助于我们拟订出更加有效的问题解决方案。

三、长效机制建设要始终不偏离系统目的

建构长效系统的本质就是进行系统的长效机制建设。长效机制建设的目的在于确保失地农民再就业培训系统能够动态稳定、可持续地存在。一个系统存在的价值，在很大意义上在于它有一定的目的，其系统存在的功能就在于实现该目的。因此，长效机制建设要应始终不偏离系

统目的。失地农民再就业培训系统的目的有两重，一是直接目的，即促进失地农民就业素质的提升；二是最终目的，即促进失地农民更充分的就业。因此，失地农民再就业培训系统长效机制的建设，一方面要坚持达到通过培训来有效提升失地农民就业素质的目的；另一方面要坚持达到通过提升失地农民的就业素质来促进他们充分就业的目的。

在第三章探索的"再就业培训系统"中，"就业能力提升""考试或鉴定合格率""培训质量""再就业率与就业质量"都是用来衡量"培训效果"的重要指标之一。显然，"就业能力提升"和"考试或鉴定合格率"是用来评价再就业培训系统的直接目的能否以及在多大程度上达到的；而"再就业率与就业质量"是用来评价再就业培训系统的最终目的能否以及在多大程度上达到的。根据研究所建构的再就业培训系统因果反馈关系模型，"培训效果"是再就业培训系统最核心的要素。在10条反馈关系回路中，有9条包含"培训效果"要素。由此可见，没有较高的再就业率与就业质量就没有较好的培训效果，培训效果不好的影响可能会传递给反馈回路中的每个要素，并会影响到每个要素功能的正常发挥。失地农民再就业培训系统长效机制的建设要充分重视培训效果，而这需要我们努力做到再就业培训中的每项工作都始终不偏离系统目的。

相对而言，在再就业培训系统运行的过程中，最容易偏离的目的是最终目的，即促进失地农民更充分就业的目的。根据研究2中获得的失地农民再就业培训参与决策机制模型，再就业培训项目能否给失地农民带来就业目标实现上的预期，将会在很大程度上影响到失地农民对再就业培训项目前景价值的判断，并最终会更影响到失地农民会不会报名参与再就业培训项目。而这又进一步说明确保达到再就业培训最终目的的重要性。为此，政府和再就业培训机构要重视与再就业培训项目相配套的就业服务，尤其是高质量就业推荐或职业介绍服务。当然，前文提及的再就业培训系统因果反馈关系模型中的"就业服务"这一要素也需充分发挥作用。

但是，我们也要看到，要确保失地农民充分就业这一系统最终目的达到并非易事。在实践中，政府及一些就业服务机构（包括再就业培训机构）在为那些接受或未接受过再就业培训的失地农民推荐就业岗位或工作时，时常会发生失地农民对这些就业岗位或工作接受率低的现象。

这意味着失地农民再就业本身又是一个复杂的系统，并有着复杂的机制。研究3建构的失地农民再就业决策机制模型也证明了这点。除了失地农民自身的因素之外，政府或就业服务机构拟推荐的就业岗位或工作特征对失地农民是否接受这些就业岗位或工作的决策也会产生较大的影响。这些推荐的岗位或工作是否会让失地农民形成较强的"预期一致性"、"预期效益"、"人-职匹配度"或"前景价值"等感知，都会影响到失地农民对这些就业岗位或工作的接受率。可见，要确保失地农民再就业培训系统最终目的达到，除了要对系统自身进行深入的分析之外，有时还需要跳出这一系统，去探索其他关联系统（如再就业系统）的要素与结构。只有如此，才能确保失地农民再就业培训系统的最终目的可以达到，也才能形成真正意义上的长效机制。

第二节　总建议

一、对长效机制建设的建议

基于上一节的讨论，我们对目前失地农民再就业培训系统的长效机制建设形成了两点原则性或概要性的建议：

第一，由于失地农民再就业培训系统的长效机制建设是一项系统工程，我们要始终以系统目的为导向，基于系统要素与结构，不断评价每个要素的表现情况，尤其是每个要素的功能发挥情况。而这需要我们高度重视和不断加强失地农民再就业培训系统的"信息"要素建设，即要努力完善目前的考试评鉴机制和监督反馈机制。

第二，对于系统中的短板或瓶颈要素，我们必须要深入分析问题形成的原因、影响因素和相关机制。以失地农民再就业培训参与率低这一问题为例，本书在第四章中先后利用实验研究范式、扎根理论研究范式进行了探索，分析了影响失地农民再就业培训参与决策的因素及相关机制。这些研究成果将有助于我们针对目前失地农民再就业培训系统中的问题，形成更有针对性、更富有成效的解决方案。

二、对未来研究的建议

（一）研究不足

需要认识到的是，受限于方法论，本书中开展的各项研究都存在着一定的不足。此外，研究条件、研究资源和时间资源的限制也是重要原因。

在对再就业培训系统、失地农民再就业培训参与决策机制和失地农民再就业决策机制的探索中，采用的研究范式都是扎根理论。而基于扎根理论所获得的实质理论不同于量化研究得出的形式理论。形式理论被认为是一种系统化的、超越具体情景的、能够普遍适用的理论，而实质理论是对特定现象及其内在联系的揭示。（冯生尧，谢瑶妮，2001）目前本书中所建构的再就业培训系统结构模型、再就业培训系统因果反馈关系模型、失地农民再就业培训参与决策机制模型和失地农民再就业决策机制模型，虽然有助于揭示各要素或变量之间的关系，以及一些变量与变量之间的相互影响机制，但是所给出的解释，更多的是假设，而不是验证。因此，要确定这些关系的性质及作用机制，还需开展大量的实证研究。

受限于研究条件和研究资源，我们只开展了一项实验研究（研究1），在唯一开展的实验研究的材料设计中，也仅考虑到三个自变量：一是角色性别，二是角色年龄，三是角色受教育水平。也就是说，我们对失地农民认知中的有关再就业培训参与者原型的典型特征分析，也仅限于这三个自变量。显然，这不是失地农民认知中的再就业培训参与者原型的全部特征。失地农民认知中的再就业培训参与者原型，除了具有上述三个方面的典型特征之外，在婚姻状况、子女情况、经济水平和工作经历等方面是否也具有一些典型特征，还需进一步探索。除了个体自身的认知因素之外，失地农民再就业培训参与决策的影响因素，可能还有自我概念、责任感、人格特征和价值观等心理因素。此外，再就业培训项目本身特征、社会文化习俗和相关政策法规等外在因素也可能会影响失地农民再就业培训的参与决策。而这些内容，在研究1这项实验研究中都还未曾涉及。

（二）未来展望

我们所建构的各种实质理论，尤其是再就业培训系统结构模型、再就业培训系统因果反馈关系模型都是基于特定时空情境的，在另外一种情境下是否仍然适用，还需加以验证。即使如此，这些研究的开展也仍然具有重要的意义，尤其是为下一步研究提供了大量的问题和研究假设。比如，一些值得进一步探讨的问题是："某些变量（要素）之间有没有关系""如果有关系，究竟是什么样的关系""是共变的关系，还是因果的关系""是直接的关系还是间接的关系""如果是间接的关系，中介变量是什么""除了中介变量，有没有调节变量""这些变量（要素）之间，包含什么样的形式理论"。此类问题还需要开展大量的实证研究加以探索和验证。

  对于失地农民再就业培训参与决策的影响因素，我们要充分认识到，值得进一步探索和验证的影响因素还有很多，如：① 对认知原型典型特征的探索还可以引入更多的自变量，设计出更多的决策实验情境，以丰富我们对失地农民认知中的再就业培训参与者这一原型的认识。② 除了本书中探索的一些可能会影响失地农民再就业培训参与决策的因素之外，还有更多的因素，包括更多的心理因素、社会文化习俗以及相关政策法规等因素也会影响失地农民再就业培训参与决策。此外，除了积极探讨这些影响失地农民再就业培训参与决策的因素之外，"这些因素如何共同作用于失地农民再就业培训参与决策的影响机制""如何应用这些研究成果促进再就业培训工作的有效开展、提高失地农民再就业培训参与比例"这类问题我们也需积极地探索。

  失地农民再就业培训长效系统的探索是一个庞大的课题，也是一个实践性、情境依赖性非常强的课题。该课题的研究不可能一蹴而就，应是一个不断发现问题、搜集资料、分析原因、形成对策，在实践中应用对策，再重新评估问题、提出新问题并进行下一轮探索的螺旋反复过程。因此，在未来的研究中，我们建议要积极引入行动研究的技术路线。唯有如此，才能促进系统长期有效运行。

参考文献

[1] ARNOLD C K, HELLER T, KRAMER J. Support needs of siblings of people with developmental disabilities[J]. Intellect Dev Disabil, 2012, 50(5):373-382.

[2] BARTER C, RENOLD E. The use of vignettes in qualitative research[J]. Social Research Update, 1999(25):1-6.

[3] DOUGHERTY M R, HUNTER J E. Hypothesis generation, probability judgment, and individual differences in working memory capacity[J]. Acta Psychologica, 2003, 113(3):263-282.

[4] FINCH J. The vignette technique in survey research[J]. Sociology, 1987, 21(1):105-114.

[5] GEER J G. What do open-ended questions measure?[J]. Public Opinion Quarterly, 1988, 52(3):365-371.

[6] HARREN V A. A model of career decision making for college students[J]. Journal of Vocational Behavior, 1979, 14(2):119-133.

[7] HICKEY G, KIPPING C. A multi-stage approach to the coding of data from open-ended questions[J]. Nurse Researcher, 1996, 4(1):81-91.

[8] KAHNEMAN D, TVERSKY A. Prospect theory: an analysis of decision under risk[J]. Econometrica, 1979, 47(2):263-291.

[9] RABL T. Age, discrimination, and achievement motives: a study of german employees[J]. Personnel Review, 2010, 39(4):448-467.

[10] SINGH R, GREENHAUS J H. The relation between career decision-making strategies and person-job fit: a study of job changers[J]. Journal of Vocational Behavior, 2004, 64(1):198-221.

[11] 白昊星. 城市化进程中失地农民社会保障问题研究[D]. 太

原：山西财经大学，2012.

［12］鲍海君，冯科．补偿性培训：消除失地农民社会排斥的新思路［J］．现代教育管理，2010（7）：97-99.

［13］鲍海君，何林倩．失地农民教育培训的信息化机制与操作策略［J］．成人教育，2012（9）：24-26.

［14］鲍海君．从保障生存到促进发展：论失地农民的教育培训体系建设［J］．西北人口，2012（5）：59-63，68.

［15］鲍海君．论失地农民的创业培训体系建设［J］．江淮论坛，2012（4）：50-57.

［16］鲍海君．失地农民教育培训的政策保障系统初探［J］．技术经济与管理研究，2014（9）：120-123.

［17］边玉芳．学习自我效能感量表的编制［J］．心理科学，2004（5）：1218-1222.

［18］曹荣庆．失地农民的社会保障权利与获取途径［J］．经济理论与经济管理，2005（2）：57-59.

［19］陈浩，陈雪春，谢勇．城镇化进程中失地农民职业分化及其影响因素研究［J］．中国人口·资源与环境，2013（6）：72-79.

［20］陈建安，陶雅，陈瑞．工作场所中年龄多元化前沿探析及其管理启示［J］．管理评论，2017（7）：148-162.

［21］陈建新．试论系统的目的性行为［J］．福建论坛：人文社会科学版，1985（5）：11-15.

［22］陈美球，李志朋，刘桃菊，等．失地农民市民化现状剖析与对策探索：基于南昌市红谷滩新区沙井街道的调研［J］．中国土地科学，2013（11）：31-38.

［23］陈炜伟．改革开放以来，我国城镇化水平显著提高［N］．人民日报，2018-09-11（4）．

［24］陈向明．质的研究方法与社会科学研究［M］．北京：教育科学出版社，2000.

［25］陈玉照．"应"式分解：失地农民问题研究的一种思路破析［J］．经济与管理研究，2011（12）：48-55.

［26］仇德辉．数理情感学［M］．长沙：湖南人民出版社，2008.

［27］仇德辉．突破"围城"：拓展价值理论研究和实践的思维空

间[J]. 价值工程, 2000 (2): 23-26.

[28] 邓汉慧, 张子刚. 西蒙的有限理性研究综述[J]. 中国地质大学学报: 社会科学版, 2002 (6): 37-41.

[29] 丁玲华. 珠三角地区失地农民媒介认知状况分析[J]. 江西社会科学, 2012 (2): 221-226.

[30] 董哲. 河北省新型城镇化发展问题研究[D]. 石家庄: 河北师范大学, 2014.

[31] 杜秀芳. 国外刻板印象研究新进展[J]. 河北师范大学学报: 教育科学版, 2004 (6): 105-108.

[32] 范建荣, 李宗洁, 张云龙, 等. 银川市失地农民现状的调查与思考[J]. 宁夏社会科学, 2008 (2): 61-66.

[33] 冯健. 失地农民社会保障初探[J]. 财政研究, 2004 (6): 42-44.

[34] 冯生尧, 谢瑶妮. 扎根理论: 一种新颖的质化研究方法[J]. 现代教育论丛, 2001 (6): 51-53.

[35] 傅圆圆. 城市化、工业化进程中解决失地农民生产生活问题的思考与建议[J]. 理论前沿, 2006 (3): 28-29.

[36] 高春亮, 魏后凯. 中国城镇化趋势预测研究[J]. 当代经济科学, 2013 (4): 85-90.

[37] 高清莅, 郧艳辉. 从土地的保障功能探讨失地农民社会保障对策[J]. 中国国土资源经济, 2008 (4): 16-18.

[38] 高艳, 李华, 陆宁. 失地农民就业培训现状分析及其对策: 基于西安曲江新区的调查[J]. 经济师, 2010 (3): 23-24.

[39] 高艳, 陆宁, 刘吟月. 失地农民就业培训支持系统[J]. 长安大学学报: 社会科学版, 2010 (4): 107-112.

[40] 戈尔茨坦. 认知心理学: 心智、研究与你的生活[M]. 3版. 张明, 等译. 北京: 中国轻工业出版社, 2015.

[41] 谷彬. 劳动力市场分割、搜寻匹配与结构性失业的综述[J]. 统计研究, 2014 (3): 106-112.

[42] 关宏超. 失地农民养老保障制度的创新、问题、建议: 浙江台州的实践[J]. 经济问题, 2007 (11): 74-77.

[43] 郭桂英. 公共图书馆面向失地农民开展文化服务的思考

[J]．图书馆工作与研究，2014（4）：78－80．

[44] 郭景璐．威海通过有效培训促进失地农民转移就业［J］．中国培训，2010（10）：33．

[45] 郭玲霞，高贵现，彭开丽．基于 Logistic 模型的失地农民土地征收意愿影响因素研究［J］．资源科学，2012（8）：1484－1492．

[46] 郭淼．浅析城镇化进程中失地农民再就业问题［J］．科技致富向导，2013（8）：138，240．

[47] 郭彦，孙明贵．微信朋友圈中怀旧帖引发的怀旧营销新思路：基于扎根理论的实证研究［J］．技术经济与管理研究，2016（11）：53－58．

[48] 郭叶波，魏后凯，袁晓勐．中国进入城市型社会面临的十大挑战［J］．中州学刊，2013（1）：33－38．

[49] 郭玉霞．质性研究资料分析：NVivo8 活用宝典［M］．台北：高等教育出版社，2009．

[50] 郭占恒．中国城镇化面临三大结构性调整［J］．今日浙江，2012（22）：30－32．

[51] 韩俊．保障农民土地权益需要迈出更大步伐［J］．金融经济，2006（11）：14－15．

[52] 韩明珠．城镇化背景下失地农民职业技能问题研究：以杭州市为例［J］．中国成人教育，2016（7）：157－160．

[53] 何格，欧名豪，张文秀．合理安置失地农民的构想［J］．农村经济，2005（1）：42－44．

[54] 何贵兵，于永菊．决策过程中参照点效应研究述评［J］．心理科学进展，2006（3）：408－412．

[55] 何雨，石德生．社会调查中的"扎根理论"研究方法探讨［J］．调研世界，2009（5）：46－48．

[56] 侯明．我国就业培训现状、问题及对策研究［D］．北京：中央财经大学，2011．

[57] 胡伟，王晓敏，查吉德，等．失地农民再就业培训调查研究：以广州市番禺区为个案［J］．特区经济，2008（4）：47－48．

[58] 胡伟，王晓敏，郑彩云．广州失地农民技能培训机制创新［J］．当代经济，2009（18）：57－59．

[59] 胡馨元. 失地农民就业培训现状分析及对策研究:基于对徐州高新技术产业开发区失地农民的问卷调查[J]. 徐州师范大学学报:教育科学版, 2012 (4): 92-96.

[60] 黄翅清, 刘小玲. 珠三角失地农民就业安置意愿及其影响因素分析:基于中山市6区镇的实证研究[J]. 广东农业科学, 2014 (2): 204-208.

[61] 黄建伟. 失地农民的概念问题研究[J]. 调研世界, 2009 (3): 24-27.

[62] 黄建伟. 中国失地农民问题的研究现状及其动态分析:基于对中国期刊论文和学位论文的分类统计[J]. 中国土地科学, 2008 (7): 51-58.

[63] 黄永青, 张学军. 失地农民的城市化与社会管理:以福州M村为例[J]. 福建论坛:人文社会科学版, 2012 (2): 162-165.

[64] 黄宗华. 稳妥解决失地农民问题的对策思考[J]. 理论前沿, 2007 (24): 42-43.

[65] 黄祖辉, 俞宁. 失地农民培训意愿的影响因素分析及其对策研究[J]. 浙江大学学报:人文社会科学版, 2007 (3): 135-142.

[66] 冀县卿, 钱忠好. 人力资本、物质资本、社会资本与失地农民城市适应性:基于江苏省469户失地农民的调查数据[J]. 江海学刊, 2011 (6): 88-93, 238.

[67] 贾磊, 罗俊龙, 肖宵, 等. 刻板印象的认知神经机制[J]. 心理科学进展, 2010 (12): 1909-1918.

[68] 姜爱林. 论城镇化的基本涵义及其特征[J]. 大理学院学报, 2003 (6): 26-31.

[69] 金丽馥, 陈红艳. 构建失地农民充分就业的长效机制[J]. 青海社会科学, 2009 (6): 1-5.

[70] 孔祥智, 王志强. 我国城镇化进程中失地农民的补偿[J]. 经济理论与经济管理, 2004 (5): 60-65.

[71] 冷霞, 阳乐. 妥善安置失地农民[J]. 宏观经济研究, 2004 (6): 18-20.

[72] 李春生. 中国两个城镇化率之差的内涵、演变、原因及对策[J]. 城市问题, 2018 (1): 11-16, 25.

［73］李国梁，钟奕．人力资本理论视角下失地农民的职业培训［J］．人民论坛，2013（10）：80－82．

［74］李国梁．可持续生计视角下失地农民就业能力开发［J］．开发研究，2014（1）：27－30．

［75］李晋蓉．失地农民迈向新生活：成都双流失地农民培训就业社会保障一体化探索调查［J］．四川劳动保障，2004（3）：11－13．

［76］李静，董良广，游苏宁．《中国科技期刊研究》2006年至2011年载文关键词分析［J］．中国科技期刊研究，2012（3）：404－407．

［77］李梦花，聂思玥．国内外结构性失业研究文献述评［J］．当代经济，2011（2）：152－153．

［78］李明月，胡竹枝．广州市失地农民安置的调查与思考［J］．宏观经济研究，2009（8）：80－82，95．

［79］李明月，胡竹枝．失地农民内涵与数量估算：以广东省为例［J］．中国人口科学，2012（4）：95－102，112．

［80］李善同，吴三忙，高春亮．中国城市化速度预测分析［J］．发展研究，2017（11）：19－22．

［81］李树德，赵志强．长株潭两型社会构建中失地农民的培训与再就业社会保障制度研究［J］．湖南工业职业技术学院学报，2012（4）：62－64．

［82］李苏．宁夏回族失地农民生存境况及身份认同研究：基于198户回族失地农民家庭的调查研究［J］．宁夏社会科学，2012（1）：58－62．

［83］李伟峰，梁丽霞，郑安琪．女性家庭照顾者角色及成因分析：基于山东省N村的质性研究［J］．山东女子学院学报，2013（1）：33－39．

［84］李轩红．失地农民补偿机制研究［J］．中国流通经济，2011（3）：114－117．

［85］李永友，徐楠．失地农民工作关系认同度及其决定因素：基于宁波和周口市的实证考察［J］．中国人口科学，2011（5）：103－110，112．

［86］厉以宁．中国经济双重转型之路［M］．北京：中国人民大学

出版社，2013．

[87] 梁世盛．从全面建设小康社会的高度认识和解决农民失地问题 [J]．中国乡镇企业，2004（5）：7-9．

[88] 林德明．失地农民的社会保障制度研究：以苏州为例 [J]．生产力研究，2005（8）：44-45，106．

[89] 林乐芬，赵辉，安然，等．城市化进程中失地农民市民化现状研究 [J]．农业经济问题，2009（3）：65-70．

[90] 凌文豪．论失地农民社会保障体系的构建 [J]．经济问题，2010（2）：99-102，120．

[91] 刘超伟．新常态下失地农民的再就业培训：以广西为例分析 [J]．党政干部学刊，2018（3）：77-80．

[92] 刘东皇，杜宇玮，陈利馥．中国城镇化协调性的测度 [J]．统计与决策，2017（10）：125-128．

[93] 刘凤．以政府为主导"4050"失地农民就业培训的优化分析 [J]．企业改革与管理，2014（21）：70-71．

[94] 刘红燕．失地农民培训评价体系的思考 [J]．湖南工业职业技术学院学报，2009（4）：39-40，62．

[95] 刘建勋．我国土地征用及失地农民问题探析 [J]．齐鲁学刊，2010（2）：101-104．

[96] 刘君言，陈梦玫．生态文明视角下绿色城镇化概念解读：重构经济-社会-环境可持续发展三角 [J]．现代商业，2015（27）：183-186．

[97] 刘宽．漫谈体系与标准化 [C]//标准化助力供给侧结构性改革与创新：第十三届中国标准化论坛论文集．2016：668-670．

[98] 刘乐，杨学成．开发区失地农民补偿安置及生存状况研究：以泰安市高新技术产业开发区为例 [J]．中国土地科学，2009（4）：23-27．

[99] 刘利萍．期望理论的激励作用探析 [J]．现代企业文化，2011，（11）：91-92．

[100] 刘璐，宋振源．失地农民再就业培训的有效模式：混成学习 [J]．湖南农业大学学报：社会科学版，2011（1）：52-56．

[101] 刘融融，陈怀录，陈龙．西咸新区失地农民就业路径探析

[J]．干旱区资源与环境，2014（12）：26-31．

[102] 刘儒德，宗敏，刘治刚．论学生学习观的结构[J]．北京师范大学学报：社会科学版，2006（1）：15-20．

[103] 刘声．国家应出台法规保障失地农民权益[N]．中国青年报，2009-03-14（3）．

[104] 刘世闵，李志伟．质化研究必备工具：NVivo10之图解与应用[M]．北京：经济日报出版社，2017．

[105] 刘卫杰．基于GIS的山西省城镇化空间格局研究[D]．太原：山西农业大学，2014．

[106] 刘晓霞，汪继福．失地农民的可持续生计问题及其对策探析[J]．税务与经济，2008（5）：31-34．

[107] 刘晓霞，周军．城镇化进程中失地农民"问题化"的成因分析[J]．社会科学战线，2012（5）：164-168．

[108] 刘旭浩，王永，冯俊丽，等．新农村建设视阈下失地农民网络化培训模式研究[J]．黑龙江科技信息，2014（15）：141．

[109] 刘永庭．失地农民问题研究[J]．河北法学，2005（9）：125-128．

[110] 龙吉泽．城镇化概念与城镇化率统计方法[J]．湖南农机，2013（1）：34．

[111] 卢纯佶．结构性失业的发生与应对[J]．中国就业，2010，(7)：57-58．

[112] 卢纹岱．SPSS for Windows统计分析[M]．北京：电子工业出版社，2000．

[113] 鲁江，何晓玲，王厚俊．失地农民就业培训中政府行为研究：以广州市海珠区万亩果园项目为个案[J]．南方农村，2013（11）：4-12．

[114] 骆海燕．失地农民就业培训存在的问题及对策[D]．成都：西华大学，2015．

[115] 骆建艳，周春蕾．基于社区教育的失地农民就业培训体系研究[J]．现代经济：现代物业下半月刊，2008（7）：73-74．

[116] 吕维平．失地农民住房安置模式探讨[J]．城市问题，2007（5）：57-59，64．

[117] 吕小勇，赵天宇．基于扎根理论的空港都市区空间优化策略研究：以广州白云机场为例［J］．世界建筑，2014（2）：126-129．

[118] 马鸿佳，孙红霞．转型期中国失地农民创业动机模型构建［J］．社会科学战线，2011（8）：265-266．

[119] 马琪．我国失地农民就业培训的强化措施探讨［J］．品牌，2015（12）：287．

[120] 马育运．钱学森的系统思维初探［J］．广西师范大学学报：哲学社会科学版，1991（2）：13-18．

[121] 毛祖桓．教育学的系统观与教育系统工程［M］．成都：四川教育出版社，1988．

[122] 梅建明．失业问题再认识［J］．武汉科技大学学报：社会科学版，1999（4）：63-66．

[123] 苗庆彪，杨倩，彭永超，等．西安市城中村失地农民再就业培训研究［J］．现代农业科技，2015（16）：332-333．

[124] 聂长胜．教育系统理论的再思与重构［J］．黑龙江教育学院学报，2014（6）：5-6．

[125] 潘光辉．失地农民的培训需求与供给：基于广东省的调查与思考［J］．农村经济，2010（10）：108-112．

[126] 泮敏．不确定下的前景理论综述［J］．经济研究导刊，2015（21）：285-288．

[127] 钱芳，周小刚，胡凯．受教育年限与农民工就业质量的实证研究：基于一项江西地区的问卷调查［J］．教育学术月刊，2013（7）：57-60．

[128] 秦红，石伟平．战后西方国家再就业培训政策的变革与启示［J］．职教论坛，2010（25）：84-87．

[129] 卿石松．性别角色观念、家庭责任与劳动参与模式研究［J］．社会科学，2017（11）：91-100．

[130] 丘海雄，张应祥．理性选择理论述评［J］．中山大学学报：社会科学版，1998（1）：118-125．

[131] 邱膑扬，袁霜凌，明庆忠．"5·12"地震灾后失地农民异地安置产业重建的统筹机制研究［J］．贵州社会科学，2009（6）：55-58．

[132] 邱晓雯,张钦. 决策过程中情感因素影响主观概率估计的实证研究 [J]. 浙江社会科学, 2014 (3): 85-89, 157-158.

[133] 瞿容. 后现代发展理论视野下的失地农民问题研究 [J]. 山西财经大学学报, 2012 (S3): 12-13.

[134] 任彪. 概率排序型决策的方法 [J]. 河北经贸大学学报, 1994 (3): 50-52.

[135] 邵爱国,韦洪涛. 当前失地农民再就业工作中的问题与对策:基于苏州某经济开发区的实证调查研究 [J]. 苏州科技学院学报:社会科学版, 2015 (5): 27-34.

[136] 石莉萍. 关于前景理论的理论综述 [J]. 财务与金融, 2014 (3): 76-81.

[137] 斯科特·普劳斯. 决策与判断 [M]. 施俊琦, 王星, 译. 北京: 人民邮电出版社, 2004.

[138] 宋才发. 民族地区城市化过程中失地农民权益受损的再探讨 [J]. 黑龙江民族丛刊, 2008 (6): 15-22.

[139] 宋全成. 中国城市化进程中的失地农民问题及对策:非自愿移民与社会学研究的双重视角 [J]. 社会科学辑刊, 2009 (2): 43-48.

[140] 苏东海,杨文笔. 回族地区失地农民子女教育的调查研究:以银川市为例 [J]. 人口研究, 2007 (3): 85-90.

[141] 孙建家. 做好失地农民就业培训工作的对策探讨 [J]. 现代经济信息, 2016 (31): 126.

[142] 孙蕴韬,顾红. 决策研究的进化论范式述评 [J]. 唐山师范学院学报, 2009 (3): 138-140.

[143] 谭波媚. 对拆迁失地农民再就业引导和扶持方式的探究:以南宁市邕宁区蒲庙镇为例 [J]. 农村经济与科技, 2018 (6): 161-163.

[144] 谭跃进,高世楫,周曼殊. 系统学原理 [M]. 长沙: 国防科技大学出版社, 1996.

[145] 汤夺先,高朋. 城市化进程中失地农民的贫困问题及其治理 [J]. 中国人口·资源与环境, 2012 (8): 114-120.

[146] 唐海燕. 主观价值论基本问题辨析 [J]. 内蒙古农业大学

学报：社会科学版，2012（3）：299－301．

［147］陶明芳，王世官．关于城市化进程中对失地农民就业培训问题的思考［J］．上海农业科技，2011（1）：1，3．

［148］田富强．西安失地农民就业安置研究［J］．安徽农业科学，2010（29）：16570－16571．

［149］田霖．扎根理论评述及其实际应用［J］．经济研究导刊，2012（10）：224－225．

［150］王放．中国城市化过程中的农村征地问题［J］．中国青年政治学院学报，2005（6）：64－68．

［151］王阁．行为经济学中的前景理论与企业管理［J］．产业与科技论坛，2015（18）：117－118．

［152］王慧博．失地农民社会排斥机制研究［J］．南京社会科学，2008（3）：114－120．

［153］王静，刘洋．政府在再就业培训中的职责［J］．经济与管理研究，2012（6）：119－122．

［154］王立勇，高伟．非货币补偿制度与失地农民补偿满意度研究［J］．财政研究，2014（4）：19－21．

［155］王利玲．城市化进程中失地农民就业状况调查及存在问题研究：以江苏省徐州市为例［J］．农村经济与科技，2015（1）：157－159，182．

［156］王美琴．生活空间的重构与失地农民的被动城市化［J］．苏州大学学报：哲学社会科学版，2011（3）：62－66．

［157］王明刚，肖雪，王菲．城镇化进程中失地农民就业问题探索［J］．产业与科技论坛，2014（10）：7－8．

［158］王沛，贺雯．社会认知心理学［M］．修订版．北京：北京师范大学出版社，2015．

［159］王其藩．系统动力学［M］．北京：清华大学出版社，1994．

［160］王琦．在集体土地征收补偿制度中应设定失地农民就业保障权［J］．税务与经济，2013（3）：29－31．

［161］王荣辉，尹相勇．从系统动力学角度分析大力发展城市公共交通的重要性［J］．城市公共交通，2005（10）：35－38．

［162］王瑞雪．失地农民抑或被征地农民？：换保障制度安排下的

参保主体多元化考察[J]. 社会科学战线, 2013, (06): 50-55.

[163] 王伟, 马超. 不同征地补偿模式下失地农民福利变化研究: 来自准自然实验模糊评价的证据[J]. 经济与管理研究, 2013 (4): 52-60.

[164] 王伟, 马超. 基于可行能力理论的失地农民福利水平研究: 以江苏省宜兴市和太仓市为例[J]. 农业技术经济, 2013 (6): 20-31.

[165] 王晓刚. 失地农民就业: 现状、困境与安置模式[J]. 学术论坛, 2012 (10): 124-127.

[166] 王晓红. 失地农民再就业培训体系研究[D]. 西安: 西北大学, 2008.

[167] 王晓君. 失地农民市民化及成人教育的因应举措[D]. 曲阜: 曲阜师范大学, 2007.

[168] 王玉霞. 以人为本加强对失地农民的再就业教育培训[J]. 继续教育研究, 2008 (7): 34-36.

[169] 闻齐新. 江苏盱眙: 技能培训助失地农民"失地不失业"[J]. 中国财政, 2008 (11): 73.

[170] 吴坚. 城市化进程中失地农民就业培训探析: 以浙江省湖州市为例[J]. 生产力研究, 2011 (5): 36-37, 95.

[171] 吴婧. 失地农民的再就业困境及就业率提升的路径探索[J]. 江苏社会科学, 2017 (3): 100-105.

[172] 吴丽, 吴次芳. 杭州经济技术开发区失地农民生活质量指数评价及影响因素研究[J]. 中国土地科学, 2009 (4): 70-75.

[173] 吴丽, 杨保杰, 吴次芳. 失地农民健康、幸福感与社会资本关系实证研究[J]. 农业经济问题, 2009 (2): 25-29, 110.

[174] 吴亚东, 李钊. 对体系、制度、机制、体制相关概念的辨析与理解[J]. 现代商贸工业, 2010 (4): 237-238.

[175] 吴亚伟. 扎根理论研究方法文献综述[J]. 市场周刊, 2015, (9): 20-21, 78.

[176] 吴岩, 董秀茹, 王秋兵, 等. 失地农民生活水平评价体系构建[J]. 中国土地科学, 2011 (5): 23-28.

[177] 习近平. 决胜全面建成小康社会, 夺取新时代中国特色社会

主义伟大胜利:在中国共产党第十九次全国代表大会上的报告[M]. 北京:人民出版社,2017.

[178] 谢俊贵,陈伊哲. 失地农民职业转换:技能缺陷与培训对策[J]. 中国职业技术教育,2010 (9):65-69.

[179] 谢勇. 土地征用、就业冲击与就业分化:基于江苏省南京市失地农民的实证研究[J]. 中国人口科学,2010 (2):65-72,112.

[180] 谢铮,刘东兴,张拓红. 故事测量:情境技术在卫生服务调查中的应用[J]. 中国卫生质量管理,2011 (5):66-68.

[181] 徐稼红. 风险决策[J]. 数学教学通讯,2001 (1):47-49.

[182] 徐永然. 失地农民再就业难问题分析:以尉氏县城关镇小西门村为例[J]. 农民致富之友,2015 (20):27.

[183] 许经勇. 如何破解双重城镇化率面临的挑战:兼评居住证制度[J]. 北方经济,2017 (9):7-9.

[184] 许婷婷. 推进城镇化进程中的金融支持[J]. 经营与管理,2013 (4):18-20.

[185] 许艳霞,徐飞. 论失地农民的社会保障立法[J]. 社会科学辑刊,2008 (4):64-66.

[186] 严蓓蓓,杨嵘均. 失地农民市民化的困境及其破解路径:基于江苏省N市J区的实证调查[J]. 学海,2013 (6):86-92.

[187] 颜泽贤,张铁明. 教育系统论[M]. 开封:河南教育出版社,1991.

[188] 阳盼盼. 少数民族失地农民就业问题研究:以湖南为例[J]. 贵州民族研究,2014 (3):46-49.

[189] 阳志平,时勘,王薇. 试评凯尼曼经济心理学研究及其影响[J]. 心理科学,2003 (4):724-726.

[190] 杨波. 失地农民再就业培训需求调查与思考:以河南省鄢陵县为例[J]. 人民论坛,2016 (31):96-97.

[191] 杨飞,司红玉,桑向来,等. 扎根理论在健康教育领域中的应用探讨[J]. 中国社会医学杂志,2008 (2):71-72.

[192] 杨佳. 美国再就业培训的立法历程及管理体系[J]. 教育与考试,2011 (6):63-66.

[193] 杨建池, 王运吉, 钱大庆, 等. 基于前景理论的决策模型研究 [J]. 系统仿真学报, 2009 (9): 2469-2472.

[194] 杨涛, 施国庆. 我国失地农民问题研究综述 [J]. 南京社会科学, 2006 (7): 102-109.

[195] 杨文. 让教育与培训成为失地农民转型的一双翅膀 [J]. 上海农业科技, 2010 (4): 12, 24.

[196] 杨鲜兰. 论马克思的需要动力思想 [J]. 哲学研究, 2011 (5): 17-21.

[197] 杨昭宁. 学习成本与学习收益初探: 学生厌学行为的经济学视角 [J]. 教育学报, 2007 (1): 54-58.

[198] 姚俊. 失地农民市民身份认同障碍解析: 基于长三角相关调查数据的分析 [J]. 城市问题, 2011 (8): 93-99.

[199] 叶继红. 失地农民就业的类型、路径与政府引导: 以南京市为例 [J]. 经济经纬, 2007 (5): 115-117.

[200] 于波. 远程教育培训助力失地农民就业 [J]. 北方经贸, 2010 (4): 44-45.

[201] 喻国华. 失地农民权益流失与保障机制 [J]. 生产力研究, 2006 (6): 50-52.

[202] 岳晓娜. 职业院校对失地农民培训模式研究 [J]. 时代农机, 2015 (6): 110-111.

[203] 昝宝毅. 新型城镇化进程中失地农民再就业意愿研究 [J]. 科学与财富, 2017 (29): 47.

[204] 张多蕾, 王治. 预期效用理论与前景理论的比较研究 [J]. 对外经贸, 2009 (11): 152-154.

[205] 张洪军. 失业、转岗人员的再就业培训 [J]. 企业改革与管理, 2017 (6): 93-94.

[206] 张娜, 严蓉. 浅议失地农民再就业培训中心理关怀的重要意义 [J]. 科技创业月刊, 2014 (2): 164-165.

[207] 张士斌. 衔接与协调: 失地农民"土地换保障"模式的转换 [J]. 浙江社会科学, 2010 (4): 61-67.

[208] 张雪雯, 胡万玉. 失地农民再就业职业技能培训的现状和改进对策: 以西安市长安区为例 [J]. 新西部: 理论版, 2016 (14):

32-33.

[209] 张训保,卓朗,黄水平,等. 城市化进程中失地农民就业状况对心理健康的影响分析[J]. 中国心理卫生杂志, 2009(9): 661-664.

[210] 张瑛,周国新. 南京失地农民征地补偿标准测算研究[J]. 南京社会科学, 2008(7): 143-149.

[211] 张永敏,李丽艳. 城镇化背景下失地农民就业问题探究[J]. 农业经济, 2018(5): 72-73.

[212] 章辉美,易帆. 城市化背景下失地农民的职业转移[J]. 求索, 2008(3): 46-48, 45.

[213] 章友德. 我国失地农民问题十年研究回顾[J]. 上海大学学报: 社会科学版, 2010(5): 27-35.

[214] 赵春燕,周芳. 苏州失地农民再就业培训机制的研究[J]. 时代金融, 2012(2): 41-42.

[215] 赵华亚. 如何解决"三农"的相关问题: 访国务院发展研究中心农村部部长韩俊[J]. 中国乡镇企业, 2004(10): 9-10.

[216] 赵青. 城镇化进程中失地农民就业培训问题探析: 以黄石市为例[J]. 湖北理工学院学报: 人文社会科学版, 2014(5): 45-48.

[217] 赵爽. 论失业失地农民市民化的制度障碍与途径: 基于就业保障城乡一体化的视角[J]. 中州学刊, 2007(3): 121-124.

[218] 赵兴国,张吉. 德宏州少数民族失地农民再就业培训机制研究[J]. 人才资源开发, 2016(10): 174.

[219] 赵玉田. 我国目前失地农民社会保障原因分析与制度建设[J]. 新疆社会科学, 2011(5): 112-116.

[220] 赵裕杰. 城市化进程中失地农民再就业问题分析[J]. 现代商贸工业, 2018(15): 95-97.

[221] 赵志凌,黄贤金. 为经济建设和失地农民权益找寻平衡点: 海门市农村集体建设用地的调查和思考[J]. 改革, 2003(6): 60-63, 93.

[222] 甄晓英. 失地农民就业培训现状分析: 以兰州市安宁区为例[J]. 发展, 2016(4): 74, 76.

[223] 郑风田,孙谨. 从生存到发展: 论我国失地农民创业支持体

系的构建［J］．经济学家，2006（1）：54-61．

［224］郑涛．失地农民子女的义务教育亟需有专项资金的支撑［J］．上海教育科研，2013（5）：14-17．

［225］周芳．城市化进程中失地农民创业培训体系的构建：以苏州为例［J］．经济视角，2012（5）：115-116，146．

［226］周吉，陈文．管理哲学：系统学［M］．上海：上海交通大学出版社，1985．

［227］周立华．长株潭两型社会构建中失地农民的再就业培训机制问题研究［J］．湖南工业职业技术学院学报，2012（5）：18-20．

［228］周林刚．城市化后失地农民生活质量的制约因素分析：基于深圳的问卷调查［J］．广东社会科学，2009，（02）：167-172．

［229］周晓敏．失地农民职业培训的现状、问题与对策：以浙江省余姚市为例［J］．当代职业教育，2016（4）：86-89．

［230］周晓敏．失地农民职业培训体系的优化策略［J］．新农村，2017（5）：50-53．

［231］周晓敏．优化失地农民职业培训管理机制的若干思考［J］．宁波通讯，2017（11）：61-63．

［232］周艳丽，胡江陵．海南国际旅游岛建设中失地农民就业培训体系构建［J］．旅游纵览：行业版，2016（5）：148-149．

［233］周云华，谈玉坤．切实增强失地农民再就业培训的实效［J］．中南林业科技大学学报：社会科学版，2007（4）：44-46．

［234］朱朝霞．和谐社会与我国失地农民的再就业［J］．沿海企业与科技，2010（4）：11-13．

［235］朱富强．期望效用理论是现实生活的决策基础吗？：基于前景理论的反思［J］．浙江工商大学学报，2013（3）：60-70．

［236］朱康全．培训教育及其系统工程［J］．创业者，1998（4）：22-23．

［237］朱素芬．社区老年教育教师角色特征与角色行为研究：基于Nvivo软件的分析［J］．成人教育，2017（3）：57-62．

［238］朱永新．被征地农民亟需再就业培训机制［J］．同舟共进，2017（7）：22-23．

［239］庄锦英．决策心理学［M］．上海：上海教育出版社，2006．

附 录

附录1：再就业培训长效系统的特征调查问卷

亲爱的朋友，您好！

  为了帮助失业人员更好地就业，政府部门开设了很多免费的再就业培训。贵机构在我市的再就业培训工作中做出了重要的贡献。为了优化目前我市的再就业培训系统，我们拟开展一次调查。鉴于您是再就业培训机构的资深教师或有着丰富实践工作经验的项目支持人员，非常熟悉和了解我市再就业培训工作，我们特别需要您的支持，配合我们开展这项调查。

  调查采用匿名形式，不涉及个人隐私，只想了解您对我市再就业培训系统或再就业培训工作开展情况的一些看法。在作答的过程中，您若有任何不适，都可以放弃回答。但您的认真作答将会为我们提供一手的、宝贵的信息，可作为我们研究所用。

  感谢您的支持！祝您万事顺心！

苏州科技大学课题组

一、人口变量

1. 性别：
[1] 男　　　　　[2] 女

2. 教育水平：
[1] 大专以下　　[2] 大专　　　[3] 本科　　　[4] 硕士及以上

3. 技术职称：
[1] 无职称　　　[2] 初级　　　[3] 中级　　　[4] 副高级
[5] 正高级

4. 工作岗位（可多选）：

[1] 理论教学　　[2] 实训教学　　[3] 教学辅助　　[4] 管理

二、开放式问题

5. 您认为一个<u>可发挥长效作用的</u>再就业培训系统，应具备哪些<u>重要的特征</u>？

请用1~2句话描述这些特征：
(1)
(2)

6. 您认为目前我市的再就业培训系统，在运行上所表现出来的<u>最出色的方面</u>有哪些？

请用1~2句话描述这些特征：
(1)
(2)

7. 您认为目前我市的再就业培训系统，在运行上所表现出来的<u>最薄弱的方面</u>有哪些？

请用1~2句话描述这些特征：
(1)
(2)

附录2：失地农民再就业培训访谈大纲

一、访谈人：_____

二、记录人：_____

三、受访人基本信息：

（1）性别：_____

（2）年龄：_____

开场白：

我们是苏州科技大学的老师/学生，目前正在做一项有关就业培训的调查。大概占用您15～30分钟的时间。希望能得到您的同意或支持。

访谈问题：

1. 请问在过去10年里，您家的土地有没有被政府征收？
2. 目前家里还有可耕作的土地吗？如果有，还剩多少？
3. 目前有没有工作？是不想去，还是没找到？目前找工作难吗？
4. 为了帮助失地农民就业，政府之前组织过很多次再就业培训项目，请问您是否参与过这类项目？
5. 如果今后还有这类项目的话，您是否愿意参与？
6. 愿意/不愿意参与这类项目的原因是什么？

附录3：失地农民再就业培训参与决策的影响因素调查问卷

问卷版本（＿＿／12）　　　　　**调查城市：＿＿＿＿＿＿＿**

亲爱的朋友，您好！

　　为了帮助失地农民更好地就业，政府部门开设了很多免费的再就业培训。目前，我们正在就这一主题开展一项调查，特别需要您的支持。

　　调查采用匿名形式，不涉及个人隐私，只想了解您对参与再就业培训工作的一些看法。在作答的过程中，您若有任何不适，都可以放弃回答。但您的认真作答，将会为我们提供一手的、宝贵的信息，可作为我们研究所用。

　　感谢您的支持！祝您万事顺心！

苏州科技大学课题组

一、人口变量

1. 您的性别：
[1] 男　　　　　　　　　　　[2] 女

2. 您的出生年份：
＿＿＿＿＿年（如1980年）

3. 您的学历：
[1] 小学及以下　　　　　　　[2] 初中
[3] 中专、高中等　　　　　　[4] 大专
[5] 本科及以上

4. 您出生时的户籍：
[1] 城市户籍　　　　　　　　[2] 农村户籍

如选择[1]城市户籍，请停止作答。

5. 您当前的户籍：

［1］城市户籍　　　　［2］农村户籍

二、关于家中土地情况

6. 近30年来家中是否有过被征地的情况：

［1］有过　　　　　　［2］未曾有过

如选择［2］未曾有过，请停止作答。

7. 当前家庭人均（平均每个人）耕地状况：

［1］没有土地　　　［2］少于0.3亩　　　［3］大于0.3亩

三、请阅读材料并回答问题

A是城郊一位农民，女/男，今年30/40/50岁，小学/初中文化水平。A家里原有8亩地。去年因城市发展，家中的土地全部被征用。目前家中已无土地可耕种。因土地被征用，政府按照4万元/亩的标准，给了A及家人一次性补偿32万元，并按国家政策为A及家人缴纳了农村养老保险。目前A没有了土地，失业在家。为了帮助这些没有工作的被征地农民（失地农民）更好地就业，政府经常会组织一些免费的再就业培训。

请回答第8—10题：

8. 如果您是A，是否会报名参与再就业培训？

［1］参与　（如果选择"［1］参与"，请回答第9题）

［2］不参与　（如果选择"［2］不参与"，请回答第10题）

9. 如果您选择"［1］参与"，请问最主要的原因有哪些？（可多选）

［1］自己文化水平低，所以更需要提升自己。

［2］自己相信，多一项本领，就多一条路。

［3］自己对学习一直都很有兴趣。

［4］反正是免费的，不学白不学。

［5］参与培训之后，政府才更愿意推荐或安排工作。

［6］现在找工作难，不学，缺少技能或没有任职资格，就更找不到工作。

［7］学习总归不是坏事。

［8］学习会让我觉得更踏实些。

［9］闲着也是闲着，不如去学一点本事。

[10] 是一个自我提升的机会，应该争取。

[11] 不学也能找到工作，但学了可能会找到更好的工作。

[12] 作为一个现代人，应不断提升自己，只有如此，才能更好地适应社会。

10. 如果您选择"[2] 不参与"，请问最主要的原因有哪些？（可多选）

[1] 已过了学习的年龄，学不动了。

[2] 到了这个年龄，应该多做一些照顾家庭（如带孩子、看护老人）的事情了，就不用出去工作了。

[3] 自己的文化水平不高，就是学了也好不到哪里去。

[4] 自己对学习一直都没有兴趣。

[5] 学习很辛苦，不想太累。

[6] 已经有那么多钱了，暂时不缺钱，想先舒服一段时间。

[7] 虽然培训是免费的，但会占用自己很多的时间，这会影响其他的事情。

[8] 虽然培训是免费的，但自己还要贴路费、餐费。

[9] 这类培训都是走过场，就是学了，也未必能帮助自己找到好工作或更好地创业。

[10] 参与培训，就算政府包找工作，也不会是什么好工作。

[11] 我觉得自己有足够的能力，无须参与培训也能找到一份好工作。

[12] 目前找工作容易，不用培训也能找到。

谢谢参与，全卷完！

附录4：失地农民再就业培训参与决策及就业决策问卷

调查城市：_____

亲爱的朋友，您好！

  为了帮助被征地农民更好地就业，政府部门开设了很多免费的再就业培训。为了帮助有关部门或培训机构提供更多有吸引力的培训项目，我们开展了本次调研。目前需要得到您的配合和支持。

  调查采用匿名形式，不涉及个人隐私，只想了解您及家中土地的一些基本情况，以及您对这类培训的看法。在作答的过程中，您若有任何不适，都可以放弃回答。但您的认真作答，将会为我们提供一手的、宝贵的信息，可作为我们研究所用。

  感谢您的支持！祝您万事顺心！

苏州科技大学课题组

答题方式：请直接在相应的选项上打"√"或填上相应的内容

一、人口变量

1. 您的性别：
[1] 男　　　　　　　　　[2] 女

2. 您的出生年份：
_____年（如1980年）

3. 您的学历：
[1] 小学及以下　　　　　[2] 初中
[3] 中专、高中等　　　　[4] 大专
[5] 本科及以上

4. 您出生时的户籍：
[1] 城市户籍　　　　　　[2] 农村户籍

如选择[1]城市户籍,请停止作答。

5. 您当前的户籍:

[1] 城市户籍   [2] 农村户籍

二、关于家中土地情况

6. 近30年来家中是否有过被征地的情况:

[1] 有过   [2] 未曾有过

如选择[2]未曾有过,请停止作答。

7. 当前家庭人均(平均每个人)耕地状况:

[1] 没有土地   [2] 少于0.3亩   [3] 大于0.3亩

三、开放式问题

8. 为了促进就业,很多地方政府会提供免费的再就业培训,请问:政府提供一个什么样的培训,才会让您做出"报名参与"的决定?

请用1~2句话描述此类项目所具有的特征:

(1)

(2)

---

9. 为了帮助失地农民更好地就业,政府部门或就业服务机构通常会向失地农民提供或推荐一些工作或岗位。如果您是失地农民,您认为政府部门或就业服务机构提供或推荐一个什么样的工作或就业岗位,才会吸引到您,并让您做出"接受"这份工作或就业岗位的决策?

请用1~2句话描述此类工作或就业岗位所具有的特征:

(1)

(2)

谢谢参与,全卷完!